KB200989

대한제국기 인천 지역
계몽운동과
의열투쟁을 주도한 정재홍

인천학연구총서 57

대한제국기 인천 지역
계몽운동과
의열투쟁을 주도한 정재홍

김형목

보고사
BOGOSA

책을 내면서

필자는 군복무를 마치고 복학한 후 우연한 인연으로 1983년부터 야학교사로서 활동하게 되었다. 약 10년간 활동은 자신을 되돌아보는 소중한 계기였다. 1주일에 2번 정도 참여하는 한편 명예교사를 모집·충원하는 중대한 책임까지 떠안았다. 열정 속에서 야학이 '단순한 배움터'라는 차원을 넘어 민중문화를 창출하는 매개체이자 생활공간이라는 사실을 감지할 수 있었다. 당시 야학은 공무원 시험에 대비하는 프로그램, 문맹퇴치를 위한 문해교육(文解敎育), 노동자 의식화라는 다양한 관점에서 운영되고 있었다. 백문이 불여일견(百聞不如一見)이라는 경험의 소중함을 느끼는 나날이었다.

부국강병을 위한 시무책으로 시작된 야학은 대한제국기 사립학교설립운동과 더불어 야학운동으로 전개되었다. 특히 을사늑약 이후 국망(國亡)으로 치달리는 급박한 상황은 위기의식과 더불어 국권회복을 도모하는 성격으로 변화되는 분위기였다. 실력양성을 통한 중장기적인 관점에서 근대교육은 변화를 거듭하는 가운데 민족정신을 일깨우는 한글교육과 역사교육에 치중되었다. 이는 문명사회 건설을 표방한 사회진화론이 확산되는 가운데 향학열 고조로 이어졌다. 높은 교육열과 의지에 불타는 향학열은 교육입국론으로 진전되는 결정적인 계기였다.

1990년대 초반 박사과정을 수료한 후 본격적으로 신문과 잡지 등을 중심으로 야학운동에 관한 자료를 수집·정리하기 시작했다. 기존 연구를 검토하면서 3·1운동 이후 야학이 성행했다는 통설은 사실이 아님을 깨달았다. 더욱이 한글교육으로 민족의식을 일깨웠다는 부분은 역사적인 사실과 너무나 동떨어진 내용임을 간파했다. 강제병합 이후 일본어는 국어로서 자리매김한 반면 한글은 한문과 함께 사실상 제2 외국어와 같은 신세였다. 일제강점기까지 연구하려던 '야심찬' 계획도 수정이 불가피하였다. 연구 대상이 너무나 많아 이를 정리하기에 너무나 벅찬 과제였다. 결국 3·1운동 이전 야학을 대상으로 『1910년 전후 야학운동 실태와 기능』이라는 제목으로 박사학위를 받았다. 이후 근대교육운동사는 지금까지 연구하는 주제가 되었다. 열정과 달리 아직도 뚜렷한 학문적인 성과를 제대로 내지 못하여 안타까울 따름이다.

이러한 과정에서 인천지역에서 활동한 정재홍(鄭在洪, ?~1907. 6. 30)과 지면에서 만나게 되었다. 소설과 같은 우연한 만남이라고 해도 과언이 아니다. 국권회복운동 일환으로 전개된 사립학교설립운동과 관련된 자료를 정리하면서 파편처럼 흩어진 자료를 접할 수 있었다. 이른바 정재홍의거 이후 장지연(張志淵)은 「정재홍약전」을 통하여 거의 알려지지 않은 인물을 소개했다. 단편적으로 소개된 대부분은 '이등박문저격사건' 주인공으로 서술하는 등 사실에 부합되지 않은 글을 보게 되었다. 이에 정재홍과 이동휘(李東輝)를 중심으로 인천과 강화도 계몽운동에 관심을 가지고 단계별로 연구에 매진했다.

먼저 대한제국기 인천지역 근대교육운동을 정리하여 보았다. 이를 밑거름으로 삼아 후속작업으로 정재홍 현실인식과 의열투쟁을 집중적으로 조명할 수 있었다. 거의 100년 동안 기억에서 망각된 인물을 역사무대로 불러내는 가슴 벅차고 뿌듯한 순간이었다. 인천학연구원과 인천지역에서 발행되는 신문 등은 필자의 글을 적극적으로 소개해주었다. (참고문헌 참조)

소식을 접한 주인공의 막내 손자이신 정해상(鄭海相) 선생은 부인과 함께 인천에서 독립기념관으로 단걸음에 달려오셨다. 이를 토대로 국가보훈처에 독립유공자포상을 신청했다. 정부는 공적을 인정하여 2007년 광복절을 맞아 건국훈장 애국장에 추서하였다. 너무나 극적인 순간이 아닐 수 없었다. 손자는 집에 소장된 관련 자료를 독립기념관에 기증함으로 인천지역 계몽운동·국채보상운동·의열투쟁 등을 다시 조명할 수 있도록 배려를 아끼지 않았다. "인연은 소중하다"는 격언이 빈말이 아님을 절감했다. 필자는 이를 독립기념관 소식지인 관보에 소략하나마 소개하는 등 자료 발굴에 노력을 기울었다. 최근에는 국가기록원과 수원박물관에 소장된 일부 자료도 찾았다. 오늘날 창영초등학교와 통합된 사립 인명학교(仁明學校) 설립자가 바로 정재홍임을 밝혔다. 이러한 와중에 지사의 장남인 정종화(鄭鍾華)는 중국에서 활동한 아나키스트 정해리(鄭海里, 鄭海理), 다른 이름은 정동오(鄭東梧, 鄭東吾)와 정해일(鄭海日)임을 찾았다. 그도 독립유공자로서 공적을 인정받아 2016년 건국훈장 애족장에 추서되었다. 대를 이어 독립운동에 헌신한 부자가 탄생했다.

지사가 꿈꾼 세계를 이해하기에는 필자 능력이 절대적으로 부족하다. 올바른 민족정기를 세우기 위한 자신의 생명을 민족제단에 받친 인생항로를 어떻게 이해할 수 있을까. 그렇다고 무한정 기다릴 수만은 없어 그동안 연구를 정리하려는 심정에서 만용을 부려보았다. 미진하거나 잘못 이해한 부분은 추후 자료 발굴과 아울러 보완하고자 다짐한다. 후손들의 열정적인 관심에 다시 한번 감사와 고마운 마음을 전한다.

책을 발간하는데 많은 분들로부터 과분한 격려와 도움을 받았다. 은사이신 김호일 선생님과 제자처럼 아낌없는 조언을 주신 이만열·유영렬 선생님께도 지면으로나마 감사의 마음을 전한다. 몸을 담았던 독립기념관 한국독립운동사연구소와 한국민족운동사학회 여러 선·후배 등에게도 마찬가지 심정이다. 특히 글을 쓸 때마다 바쁜 와중에 내용을 검토해 준 조은경 교류협력부장, 자료 정리에 많은 시간을 할애해준 이승윤 연구원과 자료실 황선경 학예사에게 고마움을 표한다. 책의 발간에 도움을 주신을 인천대학교 인천학연구원과 출판사인 보고사 관계자 등에게도 그저 감사할 뿐이다.

항상 필자의 인천지역 연구에 대해 조언과 격려를 아끼지 않은 (사)인천학연구소 김상태 소장과 회원들께 고마움을 전한다. 마지막으로 무능한 연구자를 불평 없이 오늘날까지 지켜준 아내 구순옥과 '애물단지' 민지·태현과 친지 등에게 감사한다. 마지막으로 이 책이 대한제국기 인천지역 민족운동의 역사적 위상을 밝히는 조그마한 초석이 되기를 바란다. 정재홍을 비롯한 그와 함께 한 인물들에 대한 인생항로가 역사무대에서 올바로 밝혀지고 기억되기를 소망한다.

2025년 2월
독립기념관 흑성산 자락에서
김형목 쓰다

책을 내면서 / 5

제1장

정재홍, 침략의 최전선 인천에
활동근거지를 마련하다

제1절 망각의 늪에서 벗어나 기억해야 한다

올해는 광복80주년인 뜻깊은 해이다. 2024년 11월 현재 독립유공자로 인정된 인물은 18,172명에 달한다. 이들 중 외국인은 9개국 76명이다. 일제강점기 강제 징병·징용·학병지원병과 일본군위안부 등으로 동원된 피해자만도 최소한 100만 명 이상으로 추산된다. 그런데 소수 명망가를 제외한 이들의 치열한 삶이나 고달픈 생활상을 서술한 연구는 매우 드문 현실이다. 조국 광복에 헌신한 독립유공자나 민주화인사에 대한 '걸음마' 단계에 불과한 연구는 이를 그대로 보여준다.[1] 국가 차원

─────────

1) 『오마이뉴스』 2004년 5월 4일 「김주열은 어떤 꿈을 꾸고 어떤 사랑했을까」.
　　과거사 청산을 위한 각종 진상규명위원회 활동은 올바른 '역사바로세우기'를 위한 시의적절하고 중요한 의미를 지닌다. '역사바로세우기와 바로알기'는 철저하게 역사적인 사실에 근거해야 마땅하다. 이는 민족정체성 확립과 사회정의를 실현하는 최소한 '사회규범'이나 다름없기 때문이다. 상황 논리나 지나친 현재적인 이념 기준은 본질을 왜곡할 가능성조차 배제할 수 없다. 그런데 현재까지 진행된 상황이나 접근

에서 이들 행적이나마 정리한 성과물도 매우 미흡하다. 더욱이 독립유
공자에 대한 연구는 지나친 편중과 미화·과장함으로 '우상화·박제화'
된 느낌을 지울 수 없다. 각종 기념사업회·문중·지방자치단체 등과 관
련된 인물연구는 이와 같은 경향성이 강하다.

이러한 원인은 절대적으로 부족한 자료와 무관하지 않으리라. 관련
자료 발굴·정리에 대한 무관심도 주요한 요인 중 하나이다. 해방 이후
생존자들에 대한 체계적인 자료 정리는 거의 없었다. 구술사는 이러한
한계와 역동적인 삶을 보완할 수 있는 생생한 자료로서 의미를 지닌다.
하지만 우리의 구술사 도입은 이제 막 '출발선'에 진입한 느낌을 지울
수 없다.[2] 이를 활용하기 위한 구체적인 방안이 모색 단계에서 벗어나
점차 진전되는 분위기는 환영할만한 부분이다. 다만 '과거와 현재의 부
단한 대화 단절'은 결국 세대 사이에 갈등을 초월하여 민족사에 대한
무관심으로 이어지는 등 우려되는 측면을 간과할 수 없다. 오직 '나만의
주장'이 객관적이라는 강변은 이러한 상황을 더욱 부채질하고 있다고
해도 빈말이 아니다.

방식 등은 기대와 달리 많은 실망감을 던져주고 있다. 당리당략에 입각한 '소모적인'
정치논쟁과 일부 전문가 집단이나 시민단체의 갈등·대립 양상은 이러한 현실과 무
관하지 않다. 과연 '무엇'을 위한 '누구'를 위한 활동인가를 진지하게 고민할 때가
아닌가 생각한다. 민족제단에 생명까지 헌신한 이들의 헌신적인 삶을 새롭게 조명해
야 당연하다. 미래지향적이고 건전한 역사인식을 공유하려는 노력이 무엇보다 필요
한 시점에 직면한 오늘날이 아닌가.

2) 윤택림, 『인류학자의 과거 여행-한 빨갱이 마을의 역사를 찾아서-』, 역사비평사,
2003, 6~7쪽 ; 정혜경, 『일제말기 조선인 강제연행의 역사-사료조사-』, 경인문화
사, 2003, 205~207쪽.

세계화·정보화시대는 민족과 민족사를 진부한 개념으로 인식하는 분위기에 기름을 붓는 격이다. 제3세계 특수성은 제대로 평가받지 못한 채 '신종' 제국주의 제물로 전락할 위기에 처하였다. '영어만능시대'에 편승한 교육현실은 이를 상징적으로 보여준다. '기러기 아빠'는 오늘날 교육문제의 심각성을 경고하는 상징어나 마찬가지가 아닐까. 더욱이 지배층에 만연한 외세의존적이고 굴종적인 자세는 광복이 주는 의미를 더욱 무색하게 만드는 주범이다.[3]

정재홍 열사도 거의 100년 동안 역사에서 '잊혀진' 인물 중 한 사람임에 틀림없다. 그의 인생역정은 오늘날 우리들에게 많은 시사점을 던져준다. 하지만 인간적인 모습을 찾으려는 노력은 거의 없었다. 아니 시도조차도 없었다는 표현이 오히려 사실에 가깝다. 정재홍은 '이또 히로부미(伊藤博文)습격미수사건' 주인공으로 기록한 이래 지금까지 그대로 알려지고 인식되고 있다.[4] 이는 역사적인 사실에 전혀 부합하지 않는다. 그는 이또 암살이나 저격 등을 시도조차 하지 않았다. 을사늑약에 분개하는 등 을사5적을 사살할 의도는 있었으나, 이는 구체적으로 실행하지 않았다. 그는 친일세력 발호에 대처하는 '비상수단'으로 박영효귀국환영회 행사장에서 스스로 자결을 선택했다.[5] 그런데 그의 일생을

3) 김형목, 「한말 야학운동의 기능과 성격」, 『중앙사론』 21, 한국중앙사학회, 2005, 395쪽 ; 유지호·권남경 정리, 『슬픈 조국의 노래-조문기선생 회고록-』, 민족문제연구소, 2005, 17~19쪽.
4) 송상도, 「정재홍, 乙巳伊藤博文暗殺計劃」, 『기려수필』, 국사편찬위원회, 1955, 84쪽 ; 독립운동사편찬위원회, 『독립운동사-의열투쟁사-』 7, 독립운동유공자기금관리운용위원회, 1976, 145~147쪽 ; 하원호, 「정재홍」, 『한국민족문화대백과사전』 20, 한국정신문화연구원, 1991, 21쪽.

〈자료 1〉『황성신문』
1903년 12월 26일 광고

소개한 일부 기록은 와전된 채로 사실상 방치되었다.

필자는 대한제국기 인천지역 근대교육운동을 다루는 가운데 계몽운동가로서 활동상을 파악하였다. 그의 생애와 현실인식, 계몽활동과 의열투쟁에 대한 당시 반응 등은 자료 소개와 함께 개괄적인 수준에서 살펴보았다.[6] 그러나 무한한 민족애·조국애에 입각한 그의 이타적인 삶은 거의 밝히지 못하였다. 이 글은 정재홍의 치열한 삶과 민족운동사상 올바른 위상을 밝히는데 중점을 두었다.

---

5) 정교, 「정재홍의 자결」, 『대한계년사』, 국사편찬위원회, 1955, 255~257쪽 ; 황현, 『매천야록』, 국사편찬위원회, 1957, 417쪽 ; 국사편찬위원회, 『고종시대사』 6, 탐구당, 1972, 628쪽 ; 고일, 「『인명의숙』 설립자는 지사 정재홍씨」, 『인천석금』, 경기문화사, 1955, 33~38쪽.

6) 김형목, 「대한제국기 인천지역 근대교육운동 주체와 성격」, 『인천학연구』 3, 인천학연구원, 2004, 76~77·89~90쪽 ; 김형목, 「정재홍의 활동과 관련자료」, 『한국근현대사연구』 32, 한국근현대사학회, 2005, 149~167쪽.

제2절　침략의 최전선 인천에 활동근거지를 마련하다

개항 이래 20세기 초반 인천은 한국근대사의 질곡에 따라 많은 변화를 초래하는 양상이었다. 제물포에 설정된 조계지(租界地)는 제국주의 열강의 '침략 전초기지'로 변모시켰다. 당시 폭발적으로 증가하는 일본 거류민은 이를 그대로 보여준다. 반면 관공리나 객주·상인 등은 일찍부터 선진문물을 수용·활용하는 등 시대적인 변화에 부응하고 있었다.[7] 박문협회·대한자강회 인천지회, 신상회사·미상회사, 영화여학당·영어학교·박문학교·영화학교 등은 이곳 근대화와 관련하여 의미하는 바가 크다.

정재홍 생애는 지금까지 거의 방치된 공간 자료를 중심으로 파악하였다. 그런데 자료적인 한계로 말미암아 출생지·출생년도·친족관계 등 기본적인 사항조차도 미흡한 수준에 그치고 말았다.[8] 그는 대한자강회

---

7) 신용하, 『독립협회연구-독립신문·독립협회·만민공동회의 사상과 운동-』, 일조각, 1975, 118쪽.
8) 국가보훈처, 「정재홍」, 『독립유공자공훈록』 17, 2009 ; 조성진, 「정재홍」, 『한국독립운동인명사전』 21, 독립기념관, 2024.
　정재홍은 1907년 대한자강회 인천지회의 회장으로 활동하였고 2월경 인천항 신상회사에서 단연동맹회를 조직하여 국채보상운동에 참가하였다. 또 사립소학교의 건립을 추진하여 천기의숙을 설립하여 교육계몽에도 힘썼다. 1907년 6월 30일, 정재홍은 서울 북서(北署) 농상소(農商所)에서 열린 박영효귀국환영식장에서 이토 히로부미가 모임에 올 것으로 생각하여 그를 죽이고 여러 사람 앞에서 당당하게 자살함으로써 충의에서 일어나는 분한 마음을 풀려고 하였다. 그러나 이토 히로부미가 오지 않자, 뜻을 이루지 못했으니 살아서 돌아갈 수는 없다고 생각하고, 끝내 스스로 총을 쏘아 세상을 떠났다. 이때 그의 손가방에서 국문으로 쓴 유서·추탁서(推托書)·사상팔변가(思想八變歌)·생욕사영가(生辱死榮歌)가 나왔는데 그의 독립을 위한 의지와 기개를 잘 보여주고 있다. 정부는 고인의 공훈을 기려 2007년에 건국훈장 애국장을

인천지회장과 인명학교(仁明學校, 전신은 千起義塾·仁明義塾) 설립과 운영 등 계몽활동에 매우 적극적이었다. 민중에 대한 무한한 애정과 신뢰감은 이러한 활동을 추진하는 에너지원이었다. 영화학교(永化學校)나 필교의숙(筆橋義塾) 등에 대한 의연금 기부는 그의 현실인식이나 정세관 등을 엿볼 수 있는 대목 중 하나이다. 자신은 물론 전 가족의 국채보상운동 동참은 이와 같은 시대 상황에 부응하려는 의도였다. 그는 '단순한' 교육·계몽활동가에서 벗어나 시대적인 소명의식으로 민족문제 해결에 당당하게 맞선 인천을 대표하는 실천가임을 여실히 보여준다.

〈자료 2〉『황성신문』 1906년 5월 18일 광고

마지막으로 순국이라는 의열투쟁에 대한 각계 반응과 민족운동사에

추서하였다.

출생년도를 1867년 6월 30일과 '이토 처단'을 언급한 부분은 사실과 다르다. 유서와 추탁서 등에서 이미 자결을 각오하고 박영효귀국환영회 행사장에 갔다. 이는 뒤에서 다시 언급하고자 한다.

서 차지하는 위상을 파악하고자 했다. 국망의 위기상황과 함께 친일세력 발호에 맞선 그의 선택은 친일파 처단이나 자결이었다. 후자는 단순한 '개인적인' 자결·자살에 그치지 않았다. 친일세력에 대한 마지막 경고이자 일제 침략에 대한 경각심을 일깨우는 '기폭제'는 바로 자신을 희생하는 자결이었다. 결행 장소로 선택한 박영효환영회 식장은 이러한 의도와 무관하지 않았다. 더욱이 그의 사후 전개된 인천지역 민족운동 활성화는 이와 같은 연원에서 비롯되었다.

불평등조약에서 비롯된 조계지는 외세 침략의 통로이자 '최전선'이었다. 제국주의 열강은 자국 이익을 위한 불법적인 침탈조차 서슴지 않았다. 조계는 개항장에서 자국 상인의 통상거주와 치외법권을 인정받은 '특수한' 지역이었다. 외국인들은 침략 강화와 더불어 불법적인 토지 매입에 적극적인 관심을 보였다. 항구적인 침탈기반은 항만정비, 철도부설, 금융기관 설치, 통신망 구축 등으로 확대되었다.[9] 이는 근대적인 도시계획과 더불어 급속하게 진행되었다. 특히 일본인에게 침탈을 위한 근대적인 도시로서 제물포항은 크게 주목을 받았다. 인천은 '완연한 한국의 요코하마'로서 국내 제1의 시장으로 인식되었다.[10] 곧

---

9) 靑山好惠,『仁川事情』, 인천활판사, 1892 ; 信夫淳平·加瀨和三郎,『仁川開港二十五年史』, 인천개항25주년기념회, 1908 ; 信夫淳平,『仁川開港二十五年史』, 인천개항25년기념회, 1908의 관청·금융·기업·선박회사 등 참조 ; 인천부,『인천부사』, 1933, 697~699쪽 ; 이희환,「근대 초기 '새인천'의 형성과정 연구-연구과제를 중심으로 한 시론-」,『인천학연구』 창간호, 인천학연구원, 2002, 9~14쪽.

10) 信夫淳平,「한국 제1의 시장-완연한 한국의 요코하마(橫濱)-」,『仁川開港二十五年史』, 43쪽 ; 이병천,『개항기 외국상인의 침입과 한국상인의 대응』, 서울대박사학위논문, 1985, 147~152쪽.

〈사진 1〉 세창양행 정경

일본 내 항구와 견주어 조금도 손색없는 국제적인 항구나 다름없었다.

　청나라 상인은 「조청상민수륙무역장정」을 계기로 급속하게 상권을 확장할 수 있었다. 덕흥호(德興號)·동순태(同順泰)·이태호(怡泰號)·의생호(義生號) 등은 대표적인 기업이었다. 열강의 기업은 시장권 장악을 위한 치열한 각축전을 벌였다. 이화양행(怡和洋行)·세창양행(世昌洋行)·타운센드양행 등은 19세기 말부터 20세기 초반 인천에서 영업활동을 전개한 대표적인 상사였다. 이에 현지 상인들도 근대적인 상업활동을 모색하지 않을 수 없었다. 인천신상협회·인천권업소·인천곡물협회·인천항미두취인소 등은 이러한 분위기 속에서 조직되었다. 이들은 주식에 의한 자본을 모집하는 등 활발한 영업활동을 전개하였다. 그러나 오늘날 '다국적 기업'에 버금가는 제국주의 열강의 후원을 받는 거대기업과 경쟁은 처음부터 힘겨운 상대였다.[11] 더욱이 식민지경제구조 재편을 위한 화폐개혁 등은 토착자본을 철저하게 붕괴시켜 나갔다.

제국주의 열강의 자국민 권익 보호책 중 하나는 '자치기구'인 민단 조직으로 귀결되었다. 이들은 한국인을 '미개인·야만인'으로 인식하는 등 자신들의 우월감을 숨기지 않았다. 자신들은 미개한 사회에 생명의 복음을 전달하는 근대문물 '시혜자'로서 자처하였다. 조선인은 깨우치고 계몽해야 '무지몽매한' 대상자일 뿐이었다. 일본인의 선민의식은 민단에 의한 의무교육 실시로 이어지는 등 침략 '첨병' 양성을 소홀히 하지 않았다. 심상소학교인 초등교육과 더불어 일찍부터 시행된 유치원 교육은 이와 무관하지 않았다. 1900년 민단은 일본황태자결혼을 기념하여 인천기념유치원을 설립하였다. 서울·부산·원산 등지는 이보다 일찍부터 유치원과 소학교를 운영하는 등 2세 교육에 노력을 기울였다.[12] 이는 일본인의 한국으로 이민을 유도하는 요인이었다.

일본어보급을 위한 일어학교 운영은 친일세력 육성으로 이어졌다. 일본인에 의하여 각지에 설립된 일본어를 중심으로 가르친 사립학교는 이를 방증한다. 경성학당(서울)·부산학원(부산)·개창학교(밀양)·삼남학당(전주)·달성학교(대구)·실업학교(광주)·일어학교(평양·성진·원산)·한남학당(강경포)·안성학당(안성) 등 무려 11개교나 운영되었다. 경성학당 학생들은 인천일어학교·일본인소학교·제일은행지점·일본영사관 등

---

11) 한우근, 『한국개항기의 상업연구』, 일조각, 1970, 105~120쪽 ; 김형목, 「한말 정재홍'의 현실인식과 의열투쟁」, 『인천학연구』 5, 인천학연구원, 2006, 36쪽 ; 강진아, 『동순태호-동아시아 화교 자본과 근대 조선』, 경북대출판부, 2011.

12) 최성연, 『인천향토사료 : 개항과 양관역정』, 경기문화사, 1955, 79~83쪽 ; 이상금, 『해방전 한국의 유치원교육』, 양서원, 1995, 70~72쪽 ; 김형목, 「1910년대 유치원 현황과 설립주체」, 『실학사상연구』 21, 무악실학연구회, 2001, 203~205쪽.

을 견학하였다. 인천은 이들에게 새로운 근대성을 '상징'하는 현장이나 다름없었다.[13] 학생들은 점차 일본문물에 대한 별다른 거부감을 보이지 않았다. 침략강화에 따른 배일감정 고조와 달리, 이를 현실로 수용하는 경우도 적지 않았다.

일어학교에 대한 호응은 '일본어만능시대' 도래를 의미한다. 특히 외국어 중 영어·일어에 대한 높은 관심은 이러한 상황과 맞물려 진행되었다. 영어·일어를 중심으로 한 야학도 대도시와 개항장을 중심으로 설립되었다. 영어야학교·제령학교(濟寧學校)·박문학교(博文學校) 등은 인천을 대표하는 영어야학이었다. 그런데 1900년 전후 겨우 0.02%에 불

〈사진 2〉 영화학교 집총훈련

---

13) 『제국신문』 1899년 5월 24일 잡보 「일인학교」; 『독립신문』 1899년 10월 10일 잡보 「일어학도」; 『황성신문』 1900년 2월 5일 잡보 「京鄕學校」.

과한 학령아동만이 근대초등교육 수혜를 받을 정도였다.[14] 이처럼 어학을 통한 문화침탈은 급격한 사회변동과 더불어 널리 파급되었다. 사회진화론에 입각한 문명화 논리는 시대적인 대세였다. 이와 더불어 만국공법(萬國公法)이자 국제사회 질서로서 점차 인식·수용되는 분위기로 자리매김했다.

일본인 유입은 새로운 삶의 터전을 찾아 한반도 이주를 더욱 촉진시켰다. 1895년 인천항 거주 한국인은 1,146가구에 4,728명이었다. 일본인 거주자는 709가구에 4,148명이나 되었다. 이듬해에는 이보다 약간 감소하였다. 이는 삼국간섭과 을미개혁 등을 둘러싼 국제적인 긴장 관계에서 비롯되었다. 당시 인천항 인구 분포를 정리하면 〈표 1〉과 같다.

〈표 1〉 1897~1905년 인천항 인구현황[15]

년도	한국인		일본인		청국인		기타		합계	
	가구수	인구	가구수	인구	가구수	인구	가구수	인구	가구수	인구
1897	2,360	8,943	792	3,949	157	1,331	24	57	3,333	14,280
1898	1,823	7,349	673	4,301	212	1,781	30	65	3,042	13,496
1899	1,736	6,980	985	4,218	222	1,736	28	67	2,971	13,001
1900	2,274	9,893	990	4,215	228	2,274	29	63	3,521	16,445
1901	2,296	11,158	1,064	4,628	239	1,640	31	72	3,630	17,499
1902	2,267	9,803	1,221	5,136	207	965	33	75	3,718	15,979
1903	2,452	9,450	1,340	6,433	228	1,160	41	109	4,061	17,152
1904	2,250	9,039	1,772	9,403	237	1,062	38	91	4,298	19,595
1905	3,479	10,866	2,853	12,711	311	2,665	33	88	6,676	26,330

14) 『경인일보』 2005년 4월 14일 「인천인물100인(22), 초등교육 선구자 전학준 신부」
    ; 김형목, 『대한제국기 야학운동』, 경인문화사, 2005, 135~138쪽.
15) 인천부, 『인천부사』, 6~8쪽.

〈표 1〉에 나타난 바처럼, 1897년 한국인은 가구수 2,360호에 인구 8,943명인 반면 일본인은 792호에 3,949명이었다. 1901년 거주 한국인은 11,158명으로 최고치를 기록하였다. 이후 감소하다가 1905년에 1만 명을 초과할 정도였다. 1897년 청국인은 157가구에 1,331명으로, 인구는 일본인의 약 1/3에 불과했다. 청국인과 일본인 비율은 이후 더 많은 격차를 보인다. 1900년과 1905년 청국인 증가는 의화단사건 등 중국 내 사정에 의한 일시적인 현상이었다. 이처럼 인천항은 일본인에 의한 독점적인 지배영역이 구축되고 있었다. 1904년을 기점으로 한국인을 압도한 일본인 거주자는 이를 방증한다.[16] 러일전쟁에서 승기를 잡자 일본인들은 대거 한반도로 유입되어 상권 장악에 혈안이었다.

일본인 대다수는 일확천금을 꿈꾸면서 한국으로 이주하였다. 이들은 수단과 방법에 전혀 개의치 않는 '망나니'나 다름없는 군상이었다. 요식업이나 고리대금업·전당포 등 종사업종은 이들의 실체와 저의를 보여준다. 고리대금을 통한 토지매입과 미곡확보는 궁극적으로 한국 내 '통치거점'을 마련하려는 의도였다. 이는 농민들의 토지로부터 일탈을 가중시켰다. 춘궁기 농민들은 일본인으로부터 사채를 사용할 수밖에 없었다. 이는 빈곤의 악순환을 초래하는 요인 중 하나였다. '일용잡급직' 부두노동자층 형성은 이러한 상황과 맞물려 급속하게 진행되었다.[17]

인천지역은 일본인들 활동이 어느 곳보다 활발하게 전개되었다. 이

---

16) 이영호, 「하와이 이민과 인천」, 『근대의 이민과 인천』, 인천광역시 역사자료관 역사문화연구실, 2004, 42~49쪽 ; 이현주, 「화교유입과 하와이 이민」, 『인천역사』 1, 인천광역시 역사자료관 역사문화연구실, 2004, 210~216쪽.
17) 노영택, 「개항지 인천의 일본인발호」, 『기전문화연구』 5, 인천교대, 1974, 63~64쪽.

들은 상호 정보를 교류하는 차원에서 1890년 2월부터 『인천경성격주상보』를 간행 보급하였다. 1892년 『조선신보』로 이름을 바꾸어 간행했다. 일본정부로부터 보조금을 받아 1902년 일간으로 전환·발행할 정도로 영향력을 넓혀갔다. 이는 단순히 일본 상인들의 이익만을 대변하지 않았다. 청일전쟁 중 경복궁 급습하여 민씨 정권을 대신하여 대원군을 옹립한 사실도 호외라는 형식으로 보도했다.[18] 비록 이 신문은 일본어로 간행되었으나 인천인들에게 정치적인 각성을 일깨우는 계기로 작용했다.

이러한 가운데 계급모순과 민족모순은 근대화의 이면에 은폐된 채로 '독버섯'처럼 자라나고 있었다. 범죄 양상 변화는 이러한 사실을 극명하게 보여준다. 인천항을 둘러싼 열강 사이에 첨예한 대립과 갈등은 점차 일제의 독점적인 승리로 귀결되고 있었다. 차관 제공을 통한 종속화는 친일세력 육성과 맞물려 실체를 서서히 드러내었다. 이는 지속적인 민중항쟁을 유발시키는 요인이었다.[19]

---

18) 양윤모, 「개항과 지역사회의 변화」, 『인천 지역의 민족운동』-인천학연구총서 44, 보고사, 2020, 33~34쪽.
19) 김정기, 「청일전쟁 전후 일본의 대조선경제정책」, 『청일전쟁과 한일관계-일본의 대한정책형성에 관한 연구-』, 일조각, 1985, 50~53쪽.

제2장

인천에 문명화 열풍이 몰아치다

제1절   근대문물이 쓰나미처럼 유입되다

선교사 내한에 따라 인천은 선교사업의 중심지로서 부각되었다. 내리교회는 아펜젤러(Henry Gerhart Appenzeller)가 도착 직후인 1885년 7월 종교집회를 가지는 등 선교사업에 첫발을 내딛었다. 이를 중심으로 인천항의 여러 지교회와 강화·부평·교동·옹진 등지로 교회 설립은 확산을 거듭했다. 동시에 사경회(査經會)와 자모회(姉母會) 등 각종 종교단체 결성도 활발하게 추진되기에 이르렀다. 성경 보급과 교리강습 극대화를 위한 방안은 한글 연구와 성경 번역사업으로 이어졌다.[1] 의법청년회·면려청년회 등은 이를 추진하는 중심단체였다. 회원들은 강습회·토론회·연설회를 통하여 자기 존재의 의미를 인식하기 시작하였다. 또한 주일학교나 영어학교 등 근대교육기관 운영은 신도 자제들에게 문맹의 굴레에서 벗어나 '광명'의 신천지로 인도하는 지름길로 점차 인식되

─────

1) 이만열, 『한국기독교문화운동사』, 대한기독교출판사, 1987, 85~94쪽.

〈사진 3〉 개항초기 인천항

는 분위기였다. 교세 신장과 더불어 선교사업은 도서 지역과 황해도 등지로 더욱 확대되었다. 외부 세계와 소통은 사회구성원으로 '자기책무'를 자각하는 결정적인 계기였다.

다양한 경험을 통한 현실인식 심화는 모순된 현실에 대한 비판으로 이어졌다. 인천항 주민들의 학부대신 신기선(申箕善)에 대한 비판은 이와 관련하여 중요한 의미를 지닌다. 이들은 한글 상용화 제한에 분개하는 등 중화주의에 매몰된 학부대신을 직접 성토하고 나설 만큼 모순된 현실을 비판하였다. 변화에 부응한 인천인들 스스로 권리를 찾으려는 노력도 시작되었다. 인천·부평 등 5개 군 주민들은 경인철도 부설로 편입되는 토지에 대한 정당한 가격을 요구했다. 이들은 서울로 상경하여 자신들의 요구를 관철시킬 만큼 자신들 권익 옹호에 직접적으로 나섰다. 지방관의 불법적인 세금남봉(稅金濫捧)에 대한 주민들 반응도 점차 집단적인 행동으로 변화되었다. 이경천(李敬天) 등은 이서층의 염전세 남봉에 대해 농상공부로 실상을 호소하는 등 자구책을 강구하고 나섰다.[2] 민권의식 성장은 이러한 변화를 초래하는 밑거름이었다.

곽일도 민권을 강조하기 위한 통문을 발송하는 등 관원들의 불법행위를 성토하였다. "제물포 곽일이란 사람이 백성에게 통문하되 개화한 나라 등에서는 백성이 권리가 있어 관원들이 무리한 일을 하면 백성이 시비하는 권리가 있다. 조선에서는 백성을 관인이 무리하게 침범하여도 백성이 아무 말도 못 하게 되었으니 이것을 바르게 하려면 민권이 성하여야 할지라. 그런 고로 우리가 자유당을 모을 터이니 유지각한 이는 이 단체에 가입하라고 통문을 한 고로 곽씨를 감리서에서 잡아 문초한즉 최진한이란 사람이 이 일을 시작하였다 하는 고로 곽·최 두 사람을 모두 잡아 법부로 올려왔다더라."[3] 이는 집단적인 행동과 더불어 민중 스스로 존재가치를 인식한 점에서 의미하는 바가 크다. 특히 사회적인 존재로서 역할은 공동체적 삶을 유지하는 기반이 되었다.

기독교인 복정채는 독립협회(獨立協會)에 대한 후원과 아울러 그의 시국관을 『독립신문』에 투고하였다. 주요 논지는 충군애국과 자주독립에 대한 강력한 의지 표현이었다. 상봉루의 기생 9명은 독립협회에 보조금을 의연하는 등 사회적인 존재로서 역할을 자임하고 나섰다. 냉대와 멸시를 받는 벙어리조차도 의연금 모집에 동참하는 상황이었다. 인천

---

2) 김형목, 「대한제국기 인천지역 근대교육운동 주체와 성격」, 『인천학연구』 3, 인천학연구원, 2004, 73~74쪽.
3) 『독립신문』 1896년 10월 6일 잡보.

주민의 독립협회에 대한 지대한 관심과 후원은 이를 통하여 엿볼 수 있다. 이용석도 독립협회에 대한 의연과 함께 지속적인 발전을 기원하였다. 인천항 거주 기독교인 등은 민중을 계몽하는 가운데 새로운 변화에 부응하는 움직임으로 이어졌다.

주지하듯이 독립협회는 자주적인 독립국가를 건설하기 위한 우리나라 최초로 조직된 민권단체이자 정치단체였다. 목표는 남녀노소를 불문하고 신분에 구애되지 않는 평등하다는 민권사상·법치주의·주권수호사상 등이었다. 고종은 러시아공사관에서 환궁한 이후 청나라 속국에서 벗어나려고 대한제국을 선포했다. 독립협회는 기관지인『독립신문』발간, 독립문·독립관(일명 독립회관) 건립, 독립공원 조성 등을 통하여 독립국가로서 위상을 국내외에 알리는데 집중하였다. 기관지를 통하여 열강에 넘어간 각종 이권 환원, 자주독립과 민권이나 참정권 의식 등도 강조했다. 만민공동회(萬民共同會)를 통한 민권에 대한 관심사는 지역사회로 점차 파급되었다.

만민공동회는 1898년 3월 9일 서울 종로에서 지식인들의 주도하에 청년·빈민·노동자·상민 등 각종 계층들이 모여 집회를 연 것으로 시작되었다. 제2차 집회는 10월 7일부터 6일간이나 계속되었다. 군중들은 갑오개혁 당시 언급한 정책 실시와 매국관료들의 처벌을 요구하였다. 10월 29일에는 정부의 금지 명령에 대항하여 다시 집회를 열어 정부와 협상을 가지는데 성공했다. 이때 이른바 헌의 6조를 정부에 제시했다. 주요 내용은 다음과 같다. ① 외국인에게 의지하지 말고 관민이 한 마음으로 힘을 합하여 전제 황권을 견고하게 할 것. ② 외국과의 이권에 관한 계약과 조약은 각 대신과 중추원 의장이 합동 날인하여 시행할

것. ③ 국가 재정은 탁지부에서 전관하고, 예산과 결산을 국민에게 공
표할 것. ④ 중대 범죄를 공판하되, 피고의 인권을 존중할 것. ⑤ 칙임
관을 임명할 때에는 (반드시) 정부에 그 뜻을 물어서 중의에 따를 것.
⑥ 정해진 규정을 실천할 것 등이었다.

인천인들은 독립협회가 조직된 직후부터 활동 등에 관심을 나타내었
다. 주요 논지는 충군애국과 자주독립에 대한 강렬한 의지 표현이었다.
내리교회 신도 김기범(金箕範)이나 전경택도 마찬가지였다. 신문에 투
고한 '경축가'와 '애국가' 등은 이들의 현실인식이나 의지를 그대로 보
여준다. '애국가'는 당시 인천인의 민권의식과 국가의식을 그대로 보여
주는 역사적인 산물이었다.

> 봉축하세 봉축하세 아국태평 봉축하세
> 꽃피어라 꽃피어라 우리명산 꽃피어라
> 열매열라 열매열라 부국강병 열매열라
> 진력하세 진력하세 사농공상 진력하세
> 영화롭다 영화롭다 우리만민 영화롭다
> 만세만세 만만세는 대군주폐하 만만세
> 즐겁도다 즐겁도다 독립자주 즐겁도다
> 향기롭다 향기롭다 우리국가 향기롭다
> 열심하세 열심하세 충군애국 열심하세
> 빛나도다 빛나도다 우리국기 빛나도다
> 높으시다 높으시다 우리임금 높으시다
> 장성한 기운으로 세계에 유명하여
> 천하각국 넘볼세라.[4]

이 노래는 고종의 탄신일을 맞아 축하와 아울러 독립국가 염원을 기도하면서 불렸다. '충심애군, 문명진보, 자주독립, 국태민안, 부국강병' 등은 주제어였다. 심지어 상봉루(相鳳樓) 기생 9명은 독립협회에 의연금을 보내는 등 변화에 부응한 '자기역할'에 충실하였다. 냉대와 멸시를 받는 장애인들도 의연금 대열에 동참할 정도로 국가의식은 충만되고 있었다. 이는 새로움과 미래에 대한 민중의 갈망이 어느 정도인지를 분명하게 보여주었다.

제2절 박문협회가 민권의식을 일깨우다

사회적으로 가장 주목할 부분은 백정 박성춘(朴成春)의 만민공동회 연사로서 등장이었다. 백정은 인간이 아니라 '짐승'과 같은 존재로서 천대를 받던 현실에서 파격적인 변화였다. 박성춘 등장은 민중의 정치 참여 의식을 획기적으로 이끄는 역사적인 현장이었다. 이와 더불어 외세배격 투쟁으로 러시아 고문관들은 친러세력 쇠퇴와 동시에 이 땅에서 물러갔다. 만민공동회를 통한 민중운동이 확산되는 가운데 개항장 인천에 최초의 계몽단체가 탄생했다. 1898년 6월 9일 조직된 박문협회(博文協會)가 바로 그것이다.[5] 명칭은 『논어』 '안연(顔淵)'편의 박학어문 약지이례(博學於文 約之以禮)라는 의미에서 나왔다. 곧 인문학을 널리 배우

---

4) 『독립신문』 1896년 9월 17일 광고.
5) 신용하, 『독립협회연구』, 일조각, 1975, 118쪽.

고 예의 규범을 몸에 익혀서 공동체를 위해 조금이라도 혼란하지 않는 다는 의미이다. 이 단체는 독립협회 자매단체이자 지회로서 '자기역할' 에 충실하려는 의지의 표현이었다.

창립 직후 회원은 130여 명에 달할 만큼 처음부터 대단한 호응을 받 았다. 우선적인 과제는 신교육 보급을 통한 민지 계발과 모순된 현실을 타파하는 데에 중점을 두었다. 이에 회관 내에 관보·신문, 시무상에 유익한 서적을 두루 완비하는 등 시세 변화에 적극적으로 부응했다. 회원들은 날마다 모여 연설과 토론을 통하여 지식과 신학문 등에 관한 정보를 교환하였다. 매주 일요일에는 통상회를 개최하여 주민들에게 일상에서 일어나는 시대변화상을 일깨웠다. 회관은 단순한 집회장소 차원을 넘어 지식과 정보를 제공하는 근대적인 도서관으로 기능했다.[6] 이는 지식이 '정보'로서 중요한 가치를 지닌 당시 상황을 잘 보여준다. 주민들은 열성적인 참여와 아울러 지원을 마다하지 않았다. 인천인으 로서 자긍심은 고조되는 등 사회적인 책무에 대한 관심을 나타내었다.

회원들은 다양한 활동을 통하여 계몽운동 확산에 진력하였다. 인천 항경무서 총순 한우근(韓禹根)은 주민 계몽과 근대교육 보급에 노력을 아끼지 않았다. 그는 연설회에서 '회(會)'자의 의미를 설명한 후 단체활 동의 중요성을 역설했다.

담비라는 짐승은 조그마한 짐승이라도 회를 모아 떼가 많기에 큰 짐

---

6) 『매일신문』 1898년 6월 25일 잡보, 7월 4일과 6일 잡보「박문협회 회원의 연설」, 7월 25일 잡보「회원위싱」.

승들보다 더 무섭고, 굿뱀 떼는 조그마한 뱀이라도 여럿이 합하기에 힘
이 큰 뱀보다도 더 많다. 또 조그마한 벌레가 회를 모아 규칙이 분명한
것이 있으니 개미는 행진할 때에 대오를 잃지 않는다. 꿀벌은 직무를 잘
못한 벌이 있으면 수문장이 목을 잘라 죽이니, 이러한 적은 벌레도 회에
모이고 규칙이 있으니 하물며 사람이 회를 하면서 규칙이 분명치 못하면
어찌 부끄럽지 않으리오. 그런즉 우리가 우리 회 규칙을 잘 지키려면 내
몸을 회에 규칙을 정하여 지킬 것이오. 내 몸에 있는 규칙을 잘 지키려면
내 집안 규칙과 내 동리 회에 규칙과 우리나라 국회에 법률과 규칙을
잘 지킬 것이라. 그런즉 우리 회 규칙을 지키기 위하여 여러 회 규칙을
지킴이 아니오. 실상은 여러 회와 우리나라 국회 법률과 장정을 지켜 우
리 대한국 회를 보존하여 남의 나라에 압제를 받지 말고 개명한 자주독
립국을 실현하자는 뜻이니 우리 국회 안에 있는 사람들은 실상 한 몸과
같은 동포형제라. 간절히 바라건대 우리 회원은 이 회자 뜻을 깊이 궁구
하고 일심 합력하여 우리 대한 국회가 세계 만국에 제일 높게 하기를
바라오.[7)

  계몽단체는 생활상에 가장 필수적인 조건이자 삶을 풍요롭게 하는
요인이나 마찬가지로 인식되었다. 하등동물인 뱀이나 꿀벌 등도 일정
한 '행동규율'이 존재한다. 그런 만큼 인천인들도 계몽단체를 조직하여
자치적인 삶을 영위함이 당연하다는 논리였다. 단체활동과 준법정신
강조는 새로운 사회질서에 부응하기 위한 기본적인 소양인 셈이다. 곧
수신제가치국평천하(修身齊家治國平天下)라는 우리 고유의 가치관이 여
기에 그대로 녹아들었다. 새로운 변화와 가치관이 전통적인 윤리의식

---

7) 『독립신문』 1898년 6월 28일 잡보.

과 융합하는 현장은 바로 박문협회였다.

연설회장에는 태극기를 앞뒤에 각각 배치하고 국가와 황제에 대한 일련의 의례 행사를 자주 개최했다. 국가의식이나 민족의식은 이러한 가운데 배가되어 나갔다. 통상회에 대한 보도 기사는 당시 계몽단체의 전형적인 모습을 반영하고 있었다. 지방자치를 위하여 각지에 조직된 향회(鄕會)·민회(民會)·민의소(民議所)·농무회(農務會) 등도 이와 유사하게 운영되었다. 민의를 수렴하는 여론 공론장으로 성격은 여기에서 찾아볼 수 있다. 통상회 주요 내용은 신문 구독의 필요성과 신교육에 대한 관심 고취 등이었다. 단체활동과 준법정신 강조는 새로운 사회질서에 부응하려는 의도에서 시작되었다. 이러한 입장은 각종 계몽단체의 연설회·토론회나 신문·학술지 등을 통하여 여러 번 언급하였다.

회원 증가와 더불어 조직 정비 등을 통한 중장기적인 계획도 수립되었다. 임원진은 회장 이학인, 부회장 나동한, 전 임시회장 강준, 회원 유한식·김기범·박현보·이용인·이동환 등이었다. 회원들은 인천해관과 경무서 재직자, 인천외국어학교 교사와 학생 등이었다. 통상회는 매주 일요일 정기적으로 개최되었다. 주요 내용은 정보 교류를 위한 신문 구독의 필요성과 효율적인 근대교육 시행 등이었다.

> …(상략)… 공부하는 사람으로 말하면 여러 가지 학문 중에 한 가지 목적과 몇 해 동안 어떻게 공부할 행위와 졸업한 후에 무슨 이익이 있음을 먼저 생각한 후에 공부를 시작하되 먼저 궁리한 바와 같이 근실히 하면 필연 재주가 유여할 것이오. 만일 중도에 폐지하고 다른 공부를 시작하면 다만 전공 가석뿐만 아니라 연세가 많아가고 총기가 줄어가니 한 가지 공부도 졸업하지 못할 것이며…(중략)…오늘날 설립하는 우리

박문협회도 또한 그리하여 초절은 신문 보고 연설할 목적이오 중절은
날마다 와서 신문을 보고 들으며 주일마다 모여 연설하는 행위오 종절은
지식을 널리 사람이 되어 남에게 수모와 압제를 받지 말고…(하략)…[8]

위생 문제와 같은 건강한 생활을 위한 부분도 주요한 쟁점으로 부각
되었다. 단발은 토론회를 거쳐 실시된 대표적인 실천사항으로 채택되
었다. 회원들은 토론회를 통하여 자신들 의견을 개진함으로써 스스로
자신감을 배양할 수 있었다. "침묵은 미덕이다"라는 격언은 점차 사회
적인 공감을 잃어가는 상황으로 귀결되었다. 특히 토론회는 학교의 정
규과목으로 채택되는 등 학생들에게 커다란 반향을 불러일으켰다.[9] 토
론문화는 이러한 가운데 계몽단체의 중요한 활동 중 하나로서 정착되는
계기를 맞았다.

근대교육 보급은 우선 회원들 능력 배양을 위한 야학교인 사립영어
학교 설립으로 귀결되었다. 이와 같은 활발한 활동으로 박문협회는 독
립협회 지회로서 설립인가를 받았다. 이후 독립협회의 해산과 더불어
단체활동도 사실상 종막을 고하고 말았다. 회원 중 일부는 이후 보안회·
헌정연구회·국민교육회에 가담하는 등 지속적인 계몽활동을 전개하였
다. 또한 외세의 경제적인 침략에 맞서 상업단체 조직하거나 근대적인
회사 등도 설립하여 시대적인 요구에 부응했다. 이들은 상업 활동과
더불어 사립학교 설립과 학교 운영비를 지원하는 등 계몽운동 영역을

---

8) 『독립신문』 1898년 7월 4일과 6일 잡보 「박문회원 연설」.
9) 김형목, 「박문협회, 경기지역 민권운동과 계몽운동을 주도하다」, 『중부일보』,
2018년 7월 17일자.

크게 확대했다. 당시 설립된 영어학교나 박문학교와 경제적인 지원을
받은 관내 사립학교 등은 이를 방증한다.

제3절 민족자본 진흥책을 모색하다

　일본인 진출에 따른 위기의식은 민족자본 발전을 위한 움직임으로
귀결되었다. 일본인 이주자들은 제일은행 부산지점의 인천출장소를 설
치한 후 영업활동이 크게 활기를 띠었다. 이후 제18은행과 일본은행
지점 개설은 일본인의 인천항으로 유입을 확대시켰다. 일본우선주식회
사와 대판상선주식회사 인천지점은 사실상 인천항 수출입상품을 독점
적으로 수송하게 되었다. 이러한 분위기에 편승하여 인천항무역조합을
조직하여 상인들은 상호 협조와 권익 보호에 나섰다. 계림장업단(鷄林
獎業團)이라는 상인단체는 내륙지역으로 상권 확대를 도모하려는 일환
으로 조직했다.

　아관파천 이후 반일 감정이 고조되는 상황에서 1896년 5월 17일 일본
내지 행상들이 상권을 확장할 목적으로 무장 대상 형태로 계림장업단을
조직하였다. 이 단체는 일본 정부와 조선주재 일본공사관이나 영사관
의 지원을 받으면서 상품 매매의 무료 알선과 여권 발부 등 상업활동을
펼치면서 조선 침략에 필요한 정보를 수집했다. 무기를 휴대하면서 폭
력적·약탈적인 상행위를 자행했기 때문에 한국인뿐만 아니라 외국인
의 반발을 크게 샀다. 일본 정부도 이를 우려해 보조금 지급을 중단함으
로써 1898년 3월 계림장업단은 해체되고 말았다.

계림장업단은 통상무역 확대를 조선의 개발과 독립에 결부시키면서 일본 상권을 회복·확장하는 것을 목적으로 삼았다. 아울러 명목상으로 조선 문화를 지도한다는 점도 내세웠다. 이를 지원한 일본영사조차 명칭이 실업단체에 걸맞지 않고 정치단체라는 오해를 불러일으키기 쉽다고 생각했다. 일본 상인 중에도 그 뜻을 이해하지 못하는 자들이 적지 않다고 지적하면서 조선내지행상협회 혹은 일조통상협회처럼 알기 쉬운 명칭을 사용하자는 의견을 개진하였다.

단원들은 상품 매매를 무료로 알선해 주고 상품을 매입·대여와 내지 행상에 필요한 여권을 발부하였다. 또 통신계를 두어 우편물 발송의 편리를 도모하고, 환 징수와 송금 및 소하물 수송 등의 사무를 취급했다. "일본군복을 본떠서 만든 단복제(團服制)를 마련하고 흉기를 휴대하여 일단 유사시에는 단원의 지휘하에 정당방위를 행하고 수시로 단원을 집합하여 집단적인 시위를 마다하지 않았다." 이러한 공포분위기에 인천인은 물론 각국 영사관까지 항의할 정도였다. 각 지역의 상황(商況)·작물 풍흉의 경제적 사항과 한국인 동향 등을 탐문·수집해서 일본영사관에 보고하였다. 단원들은 신변 안전을 도모하고 상권을 회복·확대하기 위해 단독 행상을 자제하고 무력적인 대상 조직 형태로 활동하면서 불법과 비리를 일삼고 폐해를 조장하였다.[10]

이러한 상황에 민감한 반응을 보이며 개항장으로 진출한 주류는 객주와 여각이었다. 이들 대부분은 18세기 이래 전통적인 특권시전인 육

---

10) 한철호, 「계림장업단(1896–1898) 조직과 활동」, 『사학연구』 55·56, 한국사학회, 1998.

의전(六矣廛)에 대항하면서 성장한 상인층이다. 개항장에 외국인상사가 진출하면서 민족계 상회와 상사가 설립되기 시작하였다. 이들은 외국 상인이나 국내 행상 사이에 도매업·위탁판매업·창고업 등의 상업활동을 펼쳤다. 1885년 인천항 객주들은 혜상공국의 인가를 받아 인천객주회를 조직했다. 이 단체는 정부로부터 인가를 받았기 때문에 각종 규제를 받았을 뿐만아니라 각종 명목의 세금을 부담하고 있었다. 객주회나 상업회의소·상법상사 등을 인가한 정부의 목적은 원활한 세금 징수와 무관하지 않았다. 나아가 외국 상인과 접촉하는 이들을 원만하게 통제하려는 의도도 있었다. 1889년 인천항 지정객주는 25명에 달할 만큼 유통망의 전면적인 재편이 이루어지고 있었다.[11] 이들은 각지 객주와 연대를 통하여 상권 보호에 노력을 아끼지 않았다.

　인천신상협회는 1897년 1월 인천객주회를 모체로 조직되었다. 초기 회원은 서상빈(徐相彬)·서상집(徐相集) 등 50여 명이었다. 회원은 신상(紳商)과 민상(民商)으로 상인들만이 아니라 관료 출신과 저명인사 등으로 구성되었다. 주요 발기인인 서상집은 인천감리를 역임한 거상이었다. 서상빈은 성균관진사로서 제령학교를 설립한 객주업자였다. 신상협회에 대하여 "우리나라는 오래 전부터 귀사천상(貴士賤商)의 풍습이 있어 상업에 힘쓰는 사람이 없었다. 개항을 한 지 수십 년이나 지났어도 실효를 거두지 못하고 있으니 애석한 일이 아닐 수 없다. 건양 2년에 이르러 서상집이 이를 개탄하여 제도를 고사에 따르고 실례는 서양의 조합을 본따고 회사를 조직하니 신상과 민상이 합하여 상업의 규모를

---

11) 인천상공회의소, 『인천상공회의소90년사』, 1979, 140쪽.

일신하고 상권을 주장하게 되었다. 외국인에게 사기당하지 않고 그들 매점에 이익을 갈취당하지 않으려고 한다. 이렇게 되면 사람마다 이익을 얻게 되며 국가인들 어찌 부유하지 않겠는가."라며 근대적인 상사 출현에 기대감을 나타내었다. 곧바로 신상회사로 명칭을 바꾸었다가 강제병합 이후 신상협회로 다시 환원하였다. 이는「회사령」시행에 대응하려는 의도로 생각된다. 1899년 10월 현재 임원진은 다음과 같다.[12]

> 사　장 : 이재순(청안군) 민영선(참판) 이하영(찬정)
> 부사장 : 박명규 서상집
> 위　원 : 윤사은 전도선 최하현 함선지 전사문 장익래 김세경 이인긍
> 　　　　정지척
> 상무위원 : 민선훈 서상빈
> 기초위원 : 정운구(장정개정기초위원)

　일본인 상인들은 신상협회 활동을 방해하기 위하여 인천미두취인소를 설립했다. 이를 통하여 일본으로 수출되는 미곡과 대두 거래를 중개하고 일본으로부터 들어오는 면제품을 거래를 직접 중계했다. 1908년에도 인천곡물협회를 조직하여 신상협회를 무력화하려는 온갖 책동을 서슴지 않았다. 저들 의도와 달리 민족상인의 저력은 엄혹한 현실에 맞선 저항을 멈추지 않았다. 오히려 일본상인이 이들의 요구 조건을 어느 정도 수용하는 분위기였다.

　을사늑약 이듬해에는 미두취인소에 대항하여 인천권업소를 설립하

---

12) 인천직할시, 『인천개항100년사』, 인천직할시사편찬위원회, 1983, 177쪽.

여 미두중계업을 시작했다. 창립을 주도한 인물은 김성옥·장인수·최
홍석·배명선·장준모·박명근·정영화·김인선 등이었다. 초대사장 김
성옥, 2대 사장 김병준, 3대 사장 정영화 등이 맡았다. 이에 앞서 신상
협회 내에 조선인상업회의소도 설립되었다. 일제는 '시정개선'을 구실
로 민족자본을 억압하기 위한 화폐개혁을 단행하였다.[13] 금융공황이
발생하자 이에 부응하려는 의도에서 비롯되었다.

시대적인 현안 해결에도 회원들은 노력하였다. 이들은 사립학교·강
습소·야학 등 교육기관 설립·지원이나 활인소·청결소와 같은 사회보
호시설 운영과 지원에 나섰다. 지역사회와 유대강화는 물론 '사회적인
책무'로서 사회활동은 여기에서 배태되고 있었다. 단연동맹회·노인
계·권업사 등은 국채보상운동에 동참하였다. 특히 1907년 설립된 시탄
회사는 영업상 필요를 느껴 유지 등과 동업자를 규합한 상회였다. 일종
의 동업자가 만든 연합한 회사의 성격을 지닌다. 땔감은 일상사에 긴요
한 생활필수품이었다. 임원진은 회장·부회장·총무원·서기·간사·평
의원·찬성원 등으로 구성되었다. 상호부조를 위해 회원 중 환자가 있
으며 구제하고 상을 당하면 장례를 도와주었다. 이는 지역민의 자발적
인 참여로 이어졌다. 강화석·이학인·강준·서상윤 등은 이를 주도한
중심인물이었다. 인천해관 임직원 동참은 이러한 분위기 속에서 이루
어졌다. 더욱이 사회적인 '명망성'을 지닌 노인계원 참여는 지역운동으
로 확산되는 결정적인 계기였다. 학생들은 교사나 후원자의 영향을 받
아 자발적으로 참여하였다. 심지어 일본인도 이에 가담하고 나섰다. 인

---

13) 인천직할시, 『인천개항100년사』, 178쪽.

천항 거주 일본인은 신화 100원을 의연하였다. 부평지역 주민도 동참하는 가운데 경쟁적으로 전개되었다.

제3장

러일전쟁 발발을 전후로 위기의식이 고조되다

일제의 자국민 보호책은 자치기구인 학교조합과 민단 조직으로 귀결되었다. 이들은 한국인을 '미개인이나 야만인'으로 인식하는 등 우월감을 스스럼없이 드러내었다. 자신들은 문명과 동떨어진 미개한 사회에 생명의 복음을 전달하는 근대문물 '시혜자'로서 군림하였다. 복음을 전하는 선교사 등도 서구인 중심주의 인식에서 크게 벗어나지 않았다. 제국주의 입장에서 서술한 각종 저작물이나 여행기 등은 당시 상황을 그대로 보여준다. 한국인은 자신들이 깨우치고 인도해야 할 '무지몽매한' 대상일 뿐이었다. 서구 중심적인 사고방식을 바탕으로 한국인의 가치관 전환이 곧 문명사회를 향한 지름길이라고 생각하는 동시에 그렇게 행동했다.

일본인 대다수는 일확천금을 꿈꾸면서 한국으로 이주한 침략의 첨병이었다. 고리대금업·전당포업에 다수 종사한 사실은 그들의 궁극적인 목적이 무엇인지를 생각하게 한다. 고리대금을 통한 토지 매입과 미곡 확보는 한국 내에 '통치거점'을 마련하려는 의도에서 비롯되었다. 이는 농민을 토지로부터 일탈을 급속하게 만드는 결정적인 요인이었다. 춘

궁기 농민들은 호구지책을 위해 고리대를 이용할 수밖에 없는 절박한 상황에 직면했다. 빈곤의 악순환은 '주기적'일 만큼 너무나 자연스러운 현실이었다. 개항장과 주요 도시 등을 중심으로 형성된 '일용잡급' 노동자와 토막촌(土幕村)과 같은 빈민촌 형성은 퇴락하는 민중의 실상을 그대로 보여준다.

급격한 변화 속에서 최초 근대적인 계몽단체이자 시민단체로서 독립협회가 1896년에 조직되었다. 토론회·강연회 개최와 근대교육 보급 등을 통한 민지 계발로 이상적인 문명사회 건설은 궁극적인 목적이었다. 더불어 사회활동과 준법정신 등은 새로운 사회질서에 부응하려는 행동규범으로 자리매김했다. '토론문화'는 문명인의 덕목 중 하나로 인식되는 가운데 점차 학교의 정식 교과목으로 채택되었다. 조선 후기 이래 관치보조적(官治補助的)인 향회·동회·민회·민의소 등은 정세 변화와 맞물려 반전을 거듭했다. 토론회는 다양한 의견을 표방하는 등 민권의식을 일깨우는 생활현장으로 다가오는 직접적인 계기였다.

'절대자'라는 제한적인 의미를 지닌 만민평등도 신분제로 신음하던 사회적인 약자에게 커다란 위안이자 안식처였다. 민중생존권을 위협하는 사회적인 불안은 구복적인 신앙에 의존하려는 욕구와 맞물려 있었다. 동학이나 개신교 등이 하층민과 여성들에게 크게 호응을 받은 이유도 이러한 배경에서 찾아진다. 이들이 외부 세계와 접촉할 수 있는 유일한 통로는 종교와 관련된 활동이 거의 전부였다. 또한 '부러움과 의구심'이 병존하는 등 외래문물에 대한 시선은 각자 입장에 따라 다양했다. 서구적인 근대문물에 대한 인식도 마찬가지였다. 외래 사조와 문물은 민중의 가치관과 인식을 변화시키는 가운데 점차 종교적인 차원을 벗어나 일상의 변화라는 작은 부분에서 시작되었다.

　식민지 기반 조성을 위한 은행·세무서 등 금융·세무기관이나 행정
관서 확대는 주민들에게 경제적인 부담을 증가시켰다. 촘촘한 감시망
구축을 위한 경찰서·주재소나 금융업무를 병행한 우편소 등은 대표적
인 경우였다. 특히 농촌경제 빈궁화는 지방관이나 지주의 자의적인 수
탈로 더욱 가속화되었다. 토지소유권이나 경작권 관련 소송과 절도범
증가 등은 각박한 당시 생활의 '민낯'을 그대로 보여준다. 인천지역도
이러한 변화에서 결코 예외적이지 않았다.

　만성적인 굶주림은 현실에 대한 비관과 비판으로 중첩될 수밖에 없
었다. 만주·연해주 등지로 국경을 넘는 위험천만한 불법적인 이주나
하와이·멕시코 등지로의 이민은 생존권마저 위협받는 상황을 극명하
게 보여준다. 이들은 금의환향(錦衣還鄕)을 꿈꾸면서 정든 고향을 등지
고 고국을 떠나야만 하는 가련한 존재였다. 소망과 달리 대한제국 몰락
으로 이들은 영원히 돌아오지 못하는 '국제적 미아'가 되고 말았다.

　시세 변화와 더불어 민중 스스로 자신의 권리를 찾으려는 노력도 있
었다. 집단적인 저항은 생존권을 보호하기 위한 차선의 선택이었다. 이
는 민중 스스로 존재가치를 인식한 점에서 의미하는 바가 크다. 특히
사회적인 존재로서 역할은 상호부조에 의한 공동체적 삶을 유지하는
든든한 밑거름이었다. 지방관의 불법적인 수탈에 대한 주민들 반응도
점차 저항적으로 변화되었다. 인식변화는 사회변동과 더불어 새로운
사회질서 수립을 위한 용트림으로 이어졌다. 계급모순과 민족모순이라
는 이중적인 고통은 스스로를 방어하기 위한 자구책을 모색할 정도로
성장했다.

외국인들은 침략에 편승하면서 활동 반경을 확대하는 등 한국인과 점차 빈번하게 접촉했다. 청일전쟁 이후 잠시 주춤하던 일본인의 한반도 이주는 20세기에 들어오면서 급증하는 분위기였다. 이들은 대도시나 개항장뿐만 아니라 점차 농업지대와 광산지대 등으로 유입되었다. 신변 안전보다 경제적인 이해관계는 가장 중대한 현실적인 문제로서 인식되었다. 황무지 개척이나 광산개발권의 확보를 위한 일본인들의 경쟁은 피비린내 나는 전쟁터와 같을 정도로 살벌한 분위기였다. 저들은 경제적인 이윤 추구를 위해 생명 위험까지 감수하며 산간벽지조차도 전혀 고민하지 않고 몰려들었다.

광산개발에 따른 피해는 고스란히 현지 주민들에게 전가되었다. 광산업에 종사하는 사람들은 관권과 결탁하거나 외세를 등에 업고 불법행위를 저질렀다. 지배체제 이완에 따른 초적이나 화적의 횡행도 사회적인 불안감을 가중시켰다. 이들은 민가에 들어와 닥치는 대로 재물을 약탈하기를 서슴지 않았다. 저항하거나 저들의 요구를 거절하면 방화까지도 전혀 주저하지 않았다. 심지어 생명마저 위협하는 등 곳곳에서 무법천지가 판을 치는 세상이었다.

경인선 부설에 따른 철도 연변 주민들도 많은 고통을 받았다. 부설공사에 부역으로 강제 징발하는가 하면 조상 대대로 물려받은 선산이나 토지 등도 철도부지로 강제 수용되는 경우가 허다했다. 설령 보상을 받았다고 해도 시가에 훨씬 못 미치는 가격이었다. 더욱이 공사장에 투입된 일본인 기사나 노동자 등은 함부로 민가에 들어와 미곡을 강제로 매입하거나 부녀자를 겁탈하는 만행을 저질렀다. 이들의 행패는 미풍양속을 해칠 뿐만 아니라 가정과 사회적인 안정을 크게 위협했다.

　한편 의료사업과 교육사업에 치중된 선교사업은 초기 의구심에서 점차 벗어나기 시작했다. '난생' 처음 보는 신기한 문물은 호기심 대상으로 변화되었다. 새로움에 대한 갈망은 가치관 변화와 더불어 주요 관심사였다. 약육강식에 의한 사회진화론도 보편적인 국제질서로 수용되는 분위기였다. 그런 만큼 제국주의 본질을 제대로 간파하지 못하는 한계를 드러낼 수밖에 없었다. '야만과 문명'이라는 이분법적인 논리는 객관적인 현실을 파악하기에 역부족이었다. 지배층의 외세의존적인 자세는 이러한 상황과 맞물려 국가 존망을 위협하는 심각한 상태로 내몰렸다.

　1894년 청일전쟁과 1904년 러일전쟁을 목격하면서 인천인들의 인식은 급격한 변화를 초래할 수밖에 없었다. 동아시아의 영원한 강자라고 생각한 청나라는 일본에 의하여 '종이호랑이'에 불과한 실상을 직접 목격했다. 러일전쟁도 제국주의로 발돋움하는 일제의 위력을 유감없이 보여준 충격적인 사건이었다.

　명분도 중요하나 '국력=힘'에 의한 무력임을 절감하는 순간이 시시각각으로 다가왔다. 만국공법에 의한 국제적인 정의는 제국주의 열강의 이해관계에 따라 좌지우지되는 상황을 맞았다. 생존을 위한 약소국 몸부림은 저들에게 허공에 외치는 메아리에 불과할 뿐이었다. 일제의 침략이 강화되는 가운데 식민지화에 대한 위기의식은 상상을 초월할 정도로 고조되는 분위기였다. '쪽발이·왜놈'이라고 멸시하던 일본이 한민족을 지배한다는 현실에 매우 강한 적개심이 표출되는 것은 당연한 반응이었다.

　재야세력은 변화에 부응하려는 대응책 마련에 절치부심했으나 뚜렷한 대안이 없었다. 이에 개신유학자와 선각자 등은 중장기적인 관점에서 민지 계발을 위한 계몽활동에 주목하기 시작했다. 이들은 내수자강 (內修自强)을 위한 계몽단체 조직과 활동에 힘을 기울였다. 이러한 상황은 이질적인 문물에 대한 인식변화를 수반했다. 선교사업 일환으로 전개되는 교육활동은 일상의 변화와 더불어 가치관을 새롭게 변화시키는 결정적인 계기였다. 이는 각자 능력을 기르는 지름길로 근대교육운동을 추동시키는 에너지원이 되었다.

계몽론자들은 새로운 상황을 타개하기 위한 본격적인 활동에 나섰다. 변화를 모색하는 방안은 사회구성원으로서 존재감을 일깨우는데 있었다. 사회적인 책무를 각성하려는 활동은 결국 광범위한 근대교육 시행으로 귀결될 수밖에 없었다. 이는 개인적인 실력양성과 더불어 민족의식이나 국가정신 고취를 위한 일환임은 두말할 필요조차 없었다. 변화를 추구하기 위한 조그마한 디딤돌이 되려는 노력은 일제 침략에 비례하여 확산을 거듭하였다.

주지하듯이 계몽운동은 근대교육운동, 언론·출판운동, 민족산업진흥운동, 신문화·신문학운동, 국학운동, 민족종교운동 등 다양한 영역을 차지한다. 이 중 가장 중점적으로 전개된 근대교육운동은 사립학교 설립운동과 야학운동이었다. 공교육기관에 의한 근대교육은 부국강병을 위한 시무책 일환으로 추진되었다. 지배층 의도와 달리 근대교육은 사실상 '개점휴업'인 상황이었다. 「교육조서」가 공포된 이래 1903년까지 교육 관련 예산은 전체의 3%를 밑도는 수준이었다. 서울에 설립된 관립소학교나 각지에 설립된 공립소학교는 지방관의 무관심과 예산 부족 등으로 별다른 주목을 받지 못했다. 난관을 타개하려는 역동적인 모습도 거의 찾아볼 수 없었다. 다만 국망(國亡)이라는 위기의식이 고조되는 가운데 활로를 모색하려는 노력은 공존하고 있었다.

　대한제국기 전개된 계몽운동은 지역 독립운동사에서 중요한 의미를 지닌다. 변화에 부응하려는 노력에 대해 역사적인 의미를 부여할 수 있으리라. "최선은 아니나 차선을 향한" 당시 움직임은 한민족 장래를 역동성을 부분적이나마 감지할 수 있기 때문이다.

제4장

인천을 대표하는 계몽론자로서 자리매김하다

제1절 대한자강회 인천지회장으로 활동하다

을사늑약을 전후로 식민지화에 대한 위기의식과 더불어 교육계몽운동은 확산되었다. 갑신정변 실패 후 일본에 망명한 박영효(朴泳孝)는 국정 개혁을 위한 상소문에서 처음으로 의무교육론을 제기했다. 그는 사회질서 유지와 국가 발전의 원동력을 교육에서 찾았다.

사람이 어려서부터 교육을 받지 않으면 성장하여 무식한 사람이 된다. 이러한 사람은 서로 사랑하는 마음과 믿는 마음이 부족하여 경거망동하거나 일의 전후 순서를 제대로 구별하지 못하여 결국 죄를 짓는 경우가 비일비재하다"라며 근대교육 중요성을 강조했다. 6세에 달한 모든 아동을 취학하게 해 국사·국어 등을 중심으로 하는 의무교육 시행도 역설하였다. 의무교육이 어느 정도 달성된 후 장년교(壯年校, 중등교육과 고등교육을 병행)를 설립해 청년자제와 젊은 관료들에게 정치·내외법률·역사·지리·산술·이화학 등을 교육한 후 장차 관리로서 채용을 주장했다. 국내 여건은 이를 당장 실행할 수 없어 당분간 외국인교사 초빙에 의한 시행을 모색하였다.[1]

근대교육 시행을 위한 혁신적인 개혁론도 박영효가 망명객 신세여서 사회적인 주목을 받기에 역부족이었다. 다만 근대교육을 통한 부국강병책을 도모한 사실은 근대교육사에서 중요한 위상을 차지한다.

일찍이 유학을 경험한 유길준(俞吉濬)은 저서『서유견문(西遊見聞)』에서 서구 열강의 의무교육을 소개했다. 이의 즉각적인 시행은 조선을 문명사회로 이끌 수 있는 원동력임을 강조했다. 그는 근대교육 시행 여부야말로 국가 흥망성쇠를 좌우하는 근본요인이라고 인식하였다. 이어 모든 학령아동(學齡兒童)이 의무교육 혜택을 받을 수 있게 국가가 소학교를 설립하라고 주장했다. 또한 학부형에게 학교 설립은 물론 운영비 부담 등도 의무임을 강조하였다. 대다수 개화론자처럼 그는 서구사회를 지선극미(至善極美)한 상태로 인식했다. 그런 만큼 전통교육기관을 개조·개량한 근대교육 계획은 모색될 수 없었다.

독립협회는 기관지인『독립신문』을 통해 의무교육의 중요성과 즉각적인 시행을 강조하였다. 의무교육 시행만이 문명국으로 발전하는 가장 빠른 지름길이라고 주장했다. 당시 교육 부재가 초래하는 폐단은 크게 다섯 가지로 지적할 정도로 사회적인 관심을 집중시켰다.

첫째는 잘못된 구습에서 벗어나지 못할 뿐만 아니라 목전의 이해관계만을 생각하는 등 사회 기강이나 법령이 제대로 운용될 수 없다. 둘째는 일에 대한 안목을 가질 수 없어 시사의 선후를 판단하지 못한다. 셋째는 시시비비를 판단하지 못해 세력가의 판단에 오직 의존할 뿐이다. 넷째

는 의심이 많아 화합하지 못하고 서로를 비난하는 데 급급하다. 다섯째
는 사소한 문제에 일생을 허비한다.[2]

독립협회는 문명사회 건설을 위한 가장 빠른 방법은 바로 의무교육
시행임을 역설하는 등 민중계몽에 노력했다.

이러한 취지에 따라 외국의 모범 사례는 반복적으로 소개되었다. "사
람마다 어릴 때 배우는 것이 장성한 후에 배우는 것보다 쉽다"며 아동교
육의 중요성도 일깨웠다. 이른바 동몽교육 강조는 시세 변화에 부응한
인재 육성과 밀접한 관련성을 지닌다. 더불어 여성교육의 즉각적인 시
행과 사회적인 관심도 촉구하고 나섰다. 한글판 『독립신문』 간행은 이
러한 의도와 맞물려 이루어졌다. 곧 한글 연구와 일상에서 적극적인
사용은 아동교육이나 여성교육 시행에 의한 문명사회 건설과 맞물려
있었다.

나아가 조선 사회의 문명화는 근대교육 시행 여부에 달려 있다는 논
리였다. 근거는 청일전쟁에서 승리한 일본의 원동력을 광범한 근대교
육 시행에서 찾았다. 일본은 메이지유신(明治維新) 이후 전통교육기관을
근대학교로 전환하는 등 광범한 보통교육을 실시하고 있었다. 또한 각
종 교육법령과 제도를 정비하는 한편 서구 열강에 유학생도 대대적으로
파견했다. 반면 우리의 근대교육은 미미하므로 초등교육기관을 많이
설립해 교육 기초를 세우는 것이 급선무임을 강조했다. 이를 기반으로
장차 중등교육과 실업교육 등으로 확대하면 소기 성과를 거둘 수 있다

2) 『독립신문』 1899년 1월 6일 「교육이 데일 급무」.

는 낙관적인 입장이었다. 『황성신문』·『제국신문』·『매일신문』등도
이와 비슷한 관점에서 동조하는 입장을 밝혔다. 신문을 통한 의무교육
강조는 계몽론자들에게 신선한 충격이자 자극제로서 성큼 다가왔다.

　계몽론자들은 주·야학을 겸설하거나 야학과나 야학교를 운영하는
등 근대교육 확산에 누구보다 적극적이었다. 사립학교를 통한 근대교
육이 점차 확대되는 가운데 박은식(朴殷植)은 의무교육 시행에 대한 구
체적인 방법까지 제시해 커다란 반향을 불러일으켰다. 유년기는 교육
효과를 극대화할 수 있는 가장 적절한 시기이므로 초등교육 중심의 의
무교육을 주장했다. 즉 학부모들이 학령기의 자제를 교육받게 하지 않
을 경우에는 부모에게 벌금을 부과하는 등 '강제성을 수반한 의무교육
(당시 강제교육이나 강박교육으로 소개)'을 강조했다. 아울러 학문을 태만하
거나 유희·오락을 탐닉하는 학령아동은 부모에게 그 책임을 묻게 하자
는 의견을 제시했다. 부모 역할 강조와 함께 연대책임으로 교육 효과를
극대화하려는 의도였다. 특히 상층사회는 변화를 싫어하는 경향이 강
하므로 이들에게 교육 효과를 기대하기란 어렵다고 보았다. 노동자·부
녀자 등을 대상으로 하는 민중교육론은 이러한 인식에서 비롯되었다.
현실적인 대안은 곧 야학 시행이었다. 빈민 자녀로서 학교에 입학할
경제적인 여유가 없는 사람은 야학과 선택을 권유하는 등 흥학을 도모
했다. 민중교육론에 입각한 주장은 당시 상황을 충분히 고려한 탁견이
었으나 민중교육기관 설립은 매우 부진하였다.

　을사늑약 이후 다양한 의무교육론은 시대적인 상황과 맞물려 사회적
인 주목을 받기 시작했다. 근대교육을 받은 새로운 지식인층 형성은
이를 가능케 하는 요인이었다. 사회진화론에 입각한 이들의 인식은 경

쟁사회를 '만고불변'의 원리로서 수용하였다. 당시 군·면을 단위로 시행된 의무교육은 학구(學區)를 기준으로 삼았다. 강화도·김해·해주·의령·평양·포천·안악 등지의 의무교육은 지방자치제 일환으로 시행되는 계기를 맞았다. 계몽론자들은 지방자치의 선결 조건을 민지 계발로 보았다. 이들에게 근대교육은 지방자치제 실현을 위한 기반이자 지름길로 인식되었다. 나아가 문명사회 실현과 국민국가 건설을 위한 밑거름은 바로 의무교육 실현이었다.

근대교육운동도 이와 비슷한 상황이었다. 다만 지역적인 특성을 반영하듯, 시기가 조금 늦었을 뿐이다. 사립학교 설립주체는 전·현직 지방관리나 교사·개신유학자 등이었다. 운영비 대부분은 유지들 기부금이나 의연금 등으로 마련되었다. 일부 지역은 주민의 생활 정도에 따라 차등 부과하는 '의무교육비' 형태였다. 이어 관내 근로청소년은 피교육생으로 수용하는 등 매우 적극적이었다.

유생들은 시세 변화와 더불어 근대교육의 필요성과 중요성을 점차 인식하기 시작하였다. 특히 사립학교 설립 확산에 따라 분위기는 조성되었다. 이는 성리학적 분위기나 영향력이 비교적 미약한 서북지역에서 남부지역으로 파급되어 나갔다. 유생들은 향교를 근대교육기관으로 전환하는 한편 부속 전답 등을 운영비 재원으로 충당하였다. 각지의 명륜학교는 향교를 기반으로 설립된 대표적인 경우이다.

문중을 단위로 하는 이른바 '문중학교'도 설립되었다. 이들은 매월 1회씩 모임을 개최하여 문중 자제들에게 농업·과학 등 긴요한 학문을 가르쳤다. 이는 사숙·의숙 등에서 근대학문을 가르치는 계기로 작용하였다. 이른바 개량서당은 이러한 분위기와 맞물려 운영되기에 이르렀다.

기생도 직접 사립학교를 설립하는 등 근대교육운동에 동참하였다. 이들 중 일부는 국채보상회를 조직·활동하였다. 이는 사회적인 존재로서 여성에 대한 인식변화를 초래하였다. 영화여학교 운영은 이러한 분위기와 무관하지 않았다. 이후 이들은 교육운동은 물론 3·1운동 등 민족해방운동에 적극적으로 가담하였다. 각지에 기생들을 중심으로 설립한 강습소나 야학 등은 이들의 인식을 보여준다는 점에서 의미하는 바가 크다.

심지어 친일단체도 근대교육에 동참하는 상황이었다. 동아개진교육회를 계승한 제국실업회는 이러한 사실을 보여준다. 제국실업회도 상권보호 등을 구실로 조직되었다. 부대사업인 회원들 자제교육은 학교 설립·운영으로 이어졌다. 지회장은 공금을 횡령하는 등 교육을 핑계로 협잡질을 일삼았다. 이들은 특히 일어과 설립을 주도하는 등 일본어 보급에 많은 관심을 보였다.

이러한 가운데 대한자강회 인천지회도 설립되었다. 당시 설립인가된 경기도내 지회는 3개소였다. 1906년 8월 18일 남양군(현 화성시) 이창회(李昌會) 등은 입회신청서를 제출하였다. 본회는 시찰위원 김상범(金相範)의 현황 보고와 여병현(呂炳鉉) 등의 찬성으로 지회설립을 인가했다. 37명의 회원으로 출발한 지회는 이듬해 1월 43명으로 증가하는 추세였다. 인천지회와 강화지회는 1907년 1월과 3월에 각각 설립인가를 받았다. 강화지회원은 48명인 반면 인천지회원은 70여 명에 달할 만큼 크게 공감을 받았다. 본회 윤효정의 지회 시찰 강연회에는 무려 240여 명이나 운집하는 등 대성황이었다.[3] 박문협회에 의한 계몽활동이 을사늑약 이후 다시 빛을 발하는 순간을 맞았다.

인천지회 설립인가는 사실상 정재홍의 노력에 의한 결실이라고 해도 과언이 아니다. 그는 일찍이 본회 회원으로 활동하는 등 대한자강회 취지에 공감하고 있었다. 주요 활동은 민지 계발을 위한 강연회 개최와 관내 교육기관 설립·지원 등이었다. 임원진은 지회장 정재홍, 부회장 장석근(張錫根) 등으로 처음부터 사실상 지회 운영을 주도하였다. 부회장은 자신의 20칸 기와집을 지회 사무실로 제공했다.

정재홍은 이학인·강준 등과 광학회(廣學會)를 조직하여 외국어는 물론 이화학·기계학·농업·상업 등을 관내 학교에 가르칠 계획을 세웠다. 이를 위한 기금을 조성하는 등 근대교육을 통한 인재 양성에도 노력했다. 정재홍 장남인 정종화(鄭鍾和)가 11세 어린 나이에 상하이(上海)로 유학한 사실은 이를 방증한다. 가정 형편이 어려운 상급학교 진학희망자와 유학생에 대한 장학금도 지원했다. 영화여학교 여학생의 일본유학비를 지원하는 등 여성인력 양성에 대한 의지도 엿볼 수 있다. 김활란(金活蘭)이 근대교육 수혜로 신여성으로 성장할 수 있었던 배경도 이러한 인천지역 변화와 무관하지 않았다. 특히 농아인 유원표(劉元杓)의 통상회 연설은 주민들에게 깊은 인상을 남겼다. 수백 명에 달한 방청객은 그에 대한 격려와 찬사를 아끼지 않았다. 영화학교와 제령학교는 그를 초빙·연설함으로써 학생들의 향학열을 크게 고조시켰다.[4] 아울러 장

3) 김도형, 『대한제국기의 정치사상연구』, 지식산업사, 1994, 148쪽.
4) 김형목, 「'한말 정재홍'의 현실인식과 의열투쟁」, 『인천학연구』 5, 인천학연구원, 2006, 42~43쪽.

애인에 대한 사회적인 인식도 민권에 대한 관심사와 더불어 변화를 초래하였다.

1908년 1월 조직된 기호흥학회는 경기도와 충청도 흥학과 식산흥업을 널리 알리려는 학회였다. 본회는 학업을 권장하는 한편 회보를 간행하여 일반 인사의 지식을 주입하는 등 관할지역의 근대교육에 크게 이바지하였다. 1909년 7월 현재 설립인가된 지회는 18개소로, 도내에는 광주·수원·장단·교하·강화 등 8개소였다. 연사들은 지회를 순회하는가 하면 신문이나 잡지를 통하여 근대교육의 시급함을 역설하였다. 강화지회가 설립 인가되기 이전 강화학무회는 이미 조직되어 교육계몽운동을 주도하고 있었다. 군수 한영복(韓永福)을 비롯한 계몽활동가 90여 명이나 발기총회에 참석하는 성황이었다. 본회는 시찰을 마친 후 이를 인가하는 한편 계몽운동 활성화 방안 등을 지속적으로 논의했다.[5]

한편 강화진위대장을 사임한 이동휘는 근대교육 보급을 통한 민족교육에 집중하였다. 그는 강대흠(姜大欽)·황범주(黃範周) 등과 주민 부담에 의한 의무교육 시행을 위한 단체 결성을 주도했다. 면장·이장 등을 비롯한 유지 수백 명이 군청에 모인 가운데 임시의장 이동휘 사회로 강화학무회 발기대회는 개최되었다. 당시 지방관의 의무교육 실시에 대한 의지와 주민들 열의는 대단한 기세였다.

강화군에서 의무교육을 실시하기 위하여 해군 신사 이동휘 강대흠 황

5) 김형목, 「기호흥학회 경기도 지회 현황과 성격」, 『중앙사론』 12·13합집, 중앙사학연구회, 1999, 72~75쪽.

범주 제씨가 발기하고 군내 신사와 면장 이장 수백 인이 금월 24일에
군청에 회집하여 학무회를 조직하였다. 임시회장 이동휘 씨가 개회 취
지를 설명하고 본군수 고청룡 씨는 의무교육 실시하는데 미개한 인민이
방해하는 사람이 있으면 비록 강제라도 결단코 실시하겠다고 격절하게
권면하고…(중략)…각 학교나 의숙 경비는 각 구역 내 사민(士民)의 분
담한 의무전곡과 지사의 특별의연과 학도의 월사금으로 영원 유지케 한
다하니 강화 일군이 우리 대한의 의무교육 실시를 이끄는 모범이 되기를
확신하겠더라.[6]

즉 군수는 강제적인 방법을 동원한 의무교육 시행을 역설하고 나섰
다. 이에 신사유지와 면장·이장 등도 호응하는 등 강화도 내 근대교육
은 도약을 위한 새로운 '계기'를 마련한 셈이다. 당시 피선된 임원진은
회장 강대흠, 부회장 조상석, 총무 황범주 등이었다. 임원 선정 후 의무
교육의 시급성을 역설한 이동휘는 참석자로부터 대대적인 환호를 받았
다. 의무교육 시행방안은 생활 정도에 따라 주민 부담에 의한 사립학교
설립으로 이어졌다.

의무교육 시행을 위한 주요 내용은 다음과 같다. "첫째는 강화도 내
16면 114개 마을을 56개 학구(學區)로 나눈다. 둘째는 학구마다 사립학
교를 설립한다. 셋째는 학령아동은 강제로 각 '구역학교'에 입학시킨다.
넷째는 15세 이상 20세 이하 한문에 능숙한 사람은 보창학교 중학과에
입학시킨다. 다섯째는 20세 이상 40세 이하 한문에 능한 사람은 중성학
교(中成學校) 사범속성과에 입학시킨다. 여섯째는 학교운영비는 주민들

---

6) 『황성신문』 1908년 3월 8일 잡보 「江華義務敎育」.

생활정도에 따라 부과한 의무금, 유지들 의연금, 학생 월사금 등으로 충당한다.〞의무교육은 민족지도자와 교사 양성 등 긴밀한 계획에 따라 시행되었다.[7] 보창학교 중학과와 중성학교 사범과 설치는 이를 방증한다. 또한 신·구학 절충은 지역적인 특성을 반영한 부분이다. 한문 능통자에 대한 우대책과 교사로서 양성은 이러한 현지 분위기와 결코 무관하지 않다.

이는 주민들의 적극적인 호응 속에서 실천에 옮겨졌다. 면장과 이장 등 교육활동에 적극적인 입장은 이러한 상황에서 비롯되었다. 내가면장 한병렬은 교육활동에 열성을 다하였다. 또한 행정사무도 공평무사하게 처리하는 등 주민들의 절대적인 신임을 받았다. 유혜비(송덕비의 일종) 건립은 현지 분위기를 상징적으로 보여준다.[8] 이러한 가운데 강화학무회도 '의무학교' 내에 국문야학교를 운영하였다. 이는 근로청소년과 문맹한 성인을 위한 의무교육 확대의 일환이었다. '의무학교' 운영은 주민들에게 시세 변화를 직접 실감하는 교육현장으로 자리매김했다.

이러한 분위기는 인근 지역과 연합한 근대교육 보급을 위한 단체 결성으로 이어졌다. 김포·통진·부평 등지 유지는 사린흥학회(四隣興學會, 일명 사린학회)를 조직한 후 긴밀한 협조에 따라 사립학교와 야학 등 근대교육기관 설립을 모색하였다. 1906년경 조직된 인천교육회는 고등교육

---

7) 신용하, 『한국민족독립운동사연구』, 을유문화사, 1985, 164쪽.

8) 『황성신문』 1910년 3월 12일 잡보 「面長의 頌德碑」 ; 『大韓每日申報』 1910년 3월 13일 잡보 「韓氏有頌」 ; 『대한매일신보』 1910년 3월 13일 잡보 「한씨송덕」.

을 통한 인재양성에 노력하였다. 회장 정치국(丁致國)을 비롯한 임원들
은 청소년을 선발하여 외국유학을 알선하기에 이르렀다. 재원은 회원
들의 의연금으로 충당되었다. 사립학교설립운동과 더불어 새로운 배움
터인 야학에 대한 관심은 향학열 고조로 귀결되었다.[9] 이러한 분위기는
주민들의 근대교육에 대한 관심을 이끄는 요인이었다.

　노동자의 권익 신장과 친목도모를 위한 대한노동회의 경기지회와 각
군에 지부도 설립되었다. 1908년 8월 15일 조직된 경기지회 임원은 회
장 김사홍, 총무 송병두 등이었다. 노동자의 문맹 퇴치는 노동야학 운
영으로 이어졌다. 인천지부 회장은 김사홍으로 나머지 회원이나 구체
적인 활동상 등은 파악할 수 없다.[10] 다만 개항장 노동자들은 일찍부터
자신들의 권익 신장을 위한 노동단체를 조직하였다. 모군청·한산청·
두령청 등은 대표적인 노동자조직이었다.

제2절 근대교육 보급에 심혈을 기울이다

　정재홍은 일찍이 실업에 투신하여 상당한 재산을 모았다. 이를 기반
으로 동지 몇 사람과 더불어 교육기관 지원에 나섰다. 인명의숙(仁明義
塾 이후 인명학교)은 그의 주도로 설립하여 운영한 인천을 '대표'하는 사립
학교였다.[11] 그는 교감으로 재직하면서 재산 대부분을 학교 운영비에

---

9) 『大韓每日申報』 1908년 8월 12일 잡보 「花開四隣」 ; 『대한매일신보』 1908년 8월
　12일 잡보 「스린학회발긔」.
10) 『황성신문』 1909년 6월 23일 잡보 「勞動會發展」, 8월 21일 잡보 「支會景況」.

사용하는 등 근대교육을 통한 인재양성에 노력하였다. 이에 그의 사후 가족들은 경제적인 곤경에 처하고 말았다. 또한 대한자강회 인천지회 설립도 주도하는 등 인천을 대표하는 자강운동가로서 부각되었다.

을사늑약에 분개한 그는 한때 자결을 결심하였다. 그런데 실행하지 못한 이유는 첫째로 늙은 모친을 생각함이요, 둘째로 국가의 장래를 위해 장차 '무언가' 실행해야 할 일이 있었기 때문이다. 사립학교 설립에 의한 '민족교육' 시행은 바로 이러한 활동 중 하나였다. 공립보통학교는 정재홍에게 식민교육기관으로 인식되었다. 학부의 공립학교 설립 요청에 반대한 이유도 이와 무관하지 않다.[12] 그는 자결을 앞두고 모친을 찾아뵙는 등 자식된 도리를 다하였다. 홀어머니에게 남긴 「어머님 전 상빅서」는 사실상 유서나 다름없었다. 나아가 자신의 죽음은 결코 헛되지 않는 후세인에게 사범(師範)으로서 귀감될 것임을 예견하였다. 담당한 심경은 지사로서 인간적인 면모를 여실히 보여준다.[13]

---

11) 대한자강회, 「회원동정」, 『대한자강회월보』 13, 78쪽 ; 會員 李達元, 「詞藻, 哭烈士 鄭在洪」, 『서우』 9, 39쪽 ; 고일, 『인천석금』, 34~36쪽 ; 경기도교육위원회, 『경기교육사, 1883~1959』 상, 경기도교육청, 1975, 181쪽. 『서우』에서는 仁昌學校 설립자로 서술하였다. 이는 인명학교(인명의숙)의 오기이다.

12) 『황성신문』 1907년 3월 13일 광고 「入札廣告」, 3월 16일 잡보 「公私競址」, 5월 3일 잡보 「志士義擧」.

13) 정해상 소장, 「어머님 전 상빅서」.

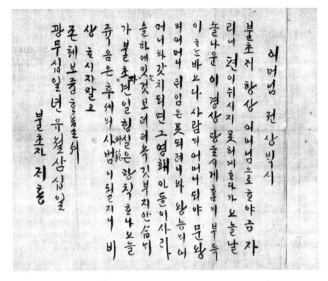

〈자료 3〉「어머님 전 상백서(독립기념관 소장)」

성장과 생활 근거지는 서울인 반면 활동한 지역은 바로 인천이었다. 이는 직장인 근무지가 인천이라는 사실과 무관하지 않았다. 그는 1903년 말경부터 해운업체인 대한유성태호회사(大韓裕盛泰號會社) 사무장과 총무로서 재직하고 있었다.[14] 곧 근무지를 따라 그는 인천을 중심으로

---

14) 『仁川港案』 규장각17863-1 ;『황성신문』 1903년 12월 26일~29일과 1904년 1월 4일~7일 광고; 서은영, 앞의 논문, 49쪽 ; 곽호제, 「조선후기 내포지역 장시의 형성과 변화」,『충청남도 내포지역 지역엘리트의 재편과 근대화(Ⅲ)』, 충남대 인문과학연구소, 2004, 25~30쪽.
　　회사는 충남 아산·홍주 등지를 왕래하면서 수산물·농산물 등을 인천으로 수송한 반면, 생필품·공산품 등을 그곳으로 운반하였다. 그곳은 해상교통 발달과 더불어 내포지방 물물집산지이자 교통요충지였다. 위탁물 대부분은 농수산물과 생필품 등이었다.

사회활동을 전개하고 있었다. 물론 대한자강회 본회와 정동교회 주요 인사들과 빈번한 교류는 지속되었다.[15] 장례식에 참석한 인물들은 그의 사회적인 인간관계를 잘 보여준다.

러일전쟁 발발과 을사늑약은 한국인들에게 위기의식을 절감시키는 계기였다. 선각자들은 내수자강을 표방한 각종 자강단체를 조직하기에 이르렀다.[16] 대한자강회 조직도 이러한 인식에서 비롯되었다. 자강단체는 계몽운동의 지역적인 활성화를 위한 지회 설립인가를 유도하였다. 본회는 취지서를 선전하는 한편 시찰원 파견을 통하여 이러한 목적을 관철시켜 나갔다. 경기도내에 설립인가된 지회는 남양·인천·강화 등 3개소였다.[17] 인천지회는 1907년 1월 본회로부터 설립인가를 받았다. 강화지회원은 48명인 반면 인천지회원은 70여 명에 달할 정도로 크게 공감을 얻고 있었다. 이는 박문협회 활동을 통하여 축적된 다양한 경험과 외세침략 '최전선'이라는 위기의식과 결코 무관하지 않았다.[18]

인천지회 설립인가는 정재홍의 노력에 의한 결실이나 다름없었다. 그는 일찍이 본회 회원으로 활동하는 등 대한자강회 취지에 공감하고 있었다.[19] 1906년 12월을 전후하여 인천항 유지신사와 빈번한 접촉을

---

15) 『황성신문』 1906년 12월 19일 잡보 「有志斯人」.
16) 김형목, 『1910년 전후 야학운동의 실태와 기능』, 44~51쪽.
17) 김도형, 『대한제국기의 정치사상연구』, 지식산업사, 1994, 148쪽 ; 차선혜, 「구국 계몽단체의 성립과 경기지역 지회」, 『경기도사(한말)』 6, 경기도사편찬위원회, 2004, 311~312쪽.
18) 김형목, 「대한제국기 인천지역 근대교육운동 주체와 성격」, 73~75쪽.
19) 편집부, 「회원명부」, 『대한자강회월보』 4, 81쪽 ; 『만세보』 1907년 1월 22일 잡보 「自强支會」.

통한 지회 설립준비는 이러한 상황 속에서 이루어졌다. 취지에 찬동한 이들은 지회 설립인가에 노력을 기울였다.[20] 1907년 1월 본회 윤효정(尹孝定)의 지회 시찰 강연회는 주민들의 계몽운동에 대한 인식을 확산시키는 계기였다. 신상회사 내에 개최된 강연회에서 발기인 정재홍은 「지회 설립 취지」, 윤효정은 「아국가(我國家)의 유래위약(由來萎弱)을 훈치(馴致)한 폐원(弊源)과 본회창립(本會刱立)한 취지목적(趣旨目的)과 지회에서 타일행동(他日行動)이 여하(如何)할 것」을 각각 연설하였다. 입회청원 70여 명과 방청객 140여 명 운집은 이들을 크게 자극·고무시켰다.[21]

헌신적인 활동은 회원은 물론 주민들의 전폭적인 지원을 유도하는 밑거름이나 마찬가지였다. 밀아자 유원표를 초청한 강연회에는 회원과 주민 수백 명이나 운집하는 등 성황을 이루었다.[22] 영화학교와 제령학교 생도들에 대한 훈화는 향학열을 고취시키는 기폭제였다. 사무실은 임시로 신상회사 일부를 사용하였다. 회원 증가와 활동영역 확대에 따라 사무실 이전 등은 주요 의제로서 논의되었다. 이에 부회장 장석근(張錫根)은 지회사무실로 자기집 와가 20칸을 제공하는 등 경제적인 지원을 아끼지 않았다.[23] 주요 활동은 강연회 개최와 관내 교육기관

---

20) 『황성신문』 1906년 12월 19일 잡보 「有志斯人」 ; 『경인일보』 2005년 1월 20일 「애국지사 정재홍 재조명 작업」 ; 『인천일보』 2005년 1월 26일 「정재홍 선생은 누구」, 1월 27일 「애국지사 정재홍 선생 조명, 인천학연구소 세미나」.
21) 편집부, 「본회회보」, 『대한자강회월보』 7, 63쪽 ; 『대한자강회월보』 8, 50쪽 ; 『대한자강회월보』 9, 45쪽 ; 『대한자강회월보』 10, 45~46쪽 ; 『황성신문』 1907년 1월 11일 잡보 「支會視察」.
22) 『만세보』 1907년 4월 30일 잡보 「仁川自强總會」.
23) 『황성신문』 1907년 2월 2일 잡보 「張氏熱心」.

설립·지원 등이었다. 그의 사후 공식적으로 파악된 지회원은 40명에 불과하다. 구체적인 원인은 알 수 없으나, 본회에 정식 등록된 회원이 아닌가 한다. 주요 인물은 인천감리와 해관 근무자인 전·현직 관료나 실업가 등이었다.[24] 이들은 지배층이자 여론주도층으로서 사회적인 명망과 아울러 막강한 영향력을 행사할 수 있었다. 사립학교 설립·운영과 지방자치제를 위한 인천부민회 조직 등은 사실상 이들에 의하여 주도되었다.

특히 농아인 유원표의 통상회 연설은 주민들에게 깊은 인상을 남겼다. 수백 명에 달한 방청객은 그에 대한 격려와 찬사를 아끼지 않았다. 영화학교와 제령학교는 그를 초빙·연설함으로써 학생들의 향학열을 자극시켰다.[25]

근대교육에 의한 인재육성은 광학회 조직으로 이어졌다. 장남 정종

---

24) 편집부, 「회원명부, 지회원(인천군) 합사십인」, 『대한자강회월보』 12, 67~68쪽.
　　朴榮集 朴元淳 徐相彬 安昌鎬 李承根 廉完基 林鏞煥 姜允模 金弘潤 李時永
　　鄭在寬 康洪311 趙容九 崔殷湘 朱明濬 俞鎭億 朴三洪 韓禹根 朴用來 朴來興
　　朴勝壆 韓　稷 金廷鎭 李東皓 崔鳳賢 河導容 李容海 姜　準 李庚鳳 金允星
　　金斗基 千光殷 南基薰 金鎭淵 崔夏永 李鍾煥 李恒來 李宗源 鄭寅台 李敬泰.
25) 『황성신문』 1907년 4월 29일 잡보 「蜜啞請演」; 『만세보』 1907년 4월 30일 잡보
　　「仁川自强總會」.
　　유원표는 국민교육회·여자교육회·평남연합운동회 등을 비롯한 당시 계몽단체 연사로 초빙되어 근대교육 중요성을 주장하였다. 이는 학생들로 하여금 향학열을 고취시키는 요인이었다(『大韓每日申報』 1907년 3월 12일 잡보 「蜜啞演說」, 3월 16일 잡보 「國民會演說」, 4월 9일 잡보 「密(蜜의 오자)啞흠歎」, 4월 10일 잡보 「平妓志學」, 9월 6일 기서 「蜜啞子經歷」; 『황성신문』 1907년 1월 10일 잡보 「蜜啞演說」, 1월 11일 잡보 「徽塾演說」, 3월 8일 잡보 「女會演說」, 3월 11일 잡보 「女會會況」, 3월 16일 잡보 「國民會演說」, 3월 20일 잡보 「愈出愈寄」, 6월 8일 논설 「蜜啞子問答」, 6월 19일 잡보 「養塾進步」 참조).

화의 상하이 유학도 이러한 인식에서 비롯되었다.[26] 또한 가정형편이 어려운 상급학교 진학희망자와 유학생에 대한 지원도 이루어졌다. 일본유학생 친목단체인 태극학회에 대한 의연금 동참도 이와 같은 활동의 일환이었다.[27] 정재홍은 권봉수·최태현(崔台鉉)·이준(李儁)·신우선(申佑善)·이종태(李鍾泰)·이종우(李鍾宇) 등과 더불어 유학생 지원에 나섰다. 동지들은 그의 사후에 영화여학교 학생의 일본유학비를 지원하는 등 여성인력 양성에도 노력하였다.

정재홍은 우각동에 소재한 천기의숙(千起義塾, 인명의숙 전신) 설립·운영을 주도하였다. 인천부윤 김윤정(金潤晶)은 그와 함께 학교 설립에 노력하였다. 신상회사·미상회사를 비롯한 기업가들은 경쟁적으로 의연금 모집에 동참하고 나섰다.[28] 또한 사립학교 대신 공립학교 설립을 학부에서 요청하자, 이를 거부하는 의미에서 '의무학교' 설립도 추진하기에 이르렀다. 그는 공립학교 설립의 부당성을 반박하는 한편 주민들 여론을 수렴하였다.[29] 이를 위한 대대적인 의연금 모집도 그의 주도로 추진되었

---

26) 고일, 『인천석금』, 37~38쪽.
　　정종화는 11세에 인천감리 아들 서병의와 함께 상하이로 유학을 떠났다고 한다. 이는 민족지도자 양성을 위한 그의 교육관을 극명하게 엿볼 수 있는 대목이다. 그런데 서상집 자제들은 신기품 외제물품이나 오토바이 등을 타고 다니는 인천을 대표하는 '모던 뽀이'였다. 상하이·텐진 등지에서 생활하던 일가족은 해방 이후 친일파 혐의를 받다가 독립운동가들에 의하여 모두 살해되었다고 한다(『경인일보』 2004년 10월 21일 「인천인물100인(5), 개항기 대부호 서상집」 ; 최성연, 『양관과 역정』 참조).
27) 편집부, 「太極學報第七回義捐人氏名」, 『太極學報』 11, 태극학회, 60쪽 ; 『황성신문』 1907년 6월 17일 광고 「在日本東京大韓留學生太極學會贊助金」.
28) 『大韓每日申報』 1907년 5월 16일 잡보 「千起新起」 ; 『만세보』 1907년 5월 23일 잡보 「仁明開塾」 ; 편집부, 「학계휘문, 仁校義捐」, 『기호흥학회월보』 7, 38쪽.

다. 학부는 일본 이사청을 통하여 이를 제지하려고 노력하였다.

> 인천항에 거주하는 유지인사들이 발기하여 사립소학교를 건축할 지
> 단(地段)을 3,450환에 매득하였는데 학부에서는 공립학교를 설립하려
> 고 경비 절반은 민간에 부담할 의도로 해당 부윤과 교섭하되 듣지 아니
> 하고 사립으로 건설하려할 때에 일본이사청으로 문서가 도착하였는데
> 그 문서는 학부에서 통감부에 촉탁하여 학부로서 일본이사청에 도착한
> 것인데 그 의도는 해당 학교 기지를 견탈(見奪)하지 말고 공립으로 인정
> 하라 한지라. 본 부윤이 이 일을 인민이 상의하여 보낸다고 함으로 면장
> 최진한(崔鎭翰) 씨가 발문(發文)하여 각동 대표자와 각사회 대표자가 회
> 동하여 학교찬성장 정재홍 씨가 모인 취지를 공포한 후에 난상협의하여
> 기어히 사립으로 건축하겠다고 의논이 일치되었는데 그 중에 김정곤(金
> 貞坤)이 성언(聲言)하되 나는 노동자의 대표인즉 매일 모군(募軍) 100명
> 식을 부역케하되 고가(雇價)는 자담보용(自擔補用)하겠다고 널리 알리
> 고 현금 시역(始役)하는 중이라더라.[30]

학교설립찬성장 정재홍은 주민들과 난상토론으로 의견을 수렴하였
다. 이는 어떠한 외압에도 전혀 굴복하지 않는 실천적인 활동가로서
그의 진면목을 보여주는 부분이다. '의무학교' 설립은 계획대로 추진되
는 가운데 주민들의 적극적인 지원을 받을 수 있었다. 특히 그에게 근대
교육은 '단순한' 실력배양에만 머물지 않았다. 인재육성은 독립국가 건
설과 직결된다는 인식에서 비롯되었기 때문이다.

---

29) 『황성신문』 1907년 3월 13일 광고 「入札廣告」, 5월 3일 잡보 「志士義擧」, 5월
  6일 잡보 「校長延聘」, 6월 6일 잡보 「仁校基址買收訓飭」.
30) 『황성신문』 1907년 3월 16일 잡보 「公私競址」.

이러한 가운데 향학열은 고조되는 등 근대교육운동을 확산시키는 기
폭제나 다름없었다. 영화여학당 출신인 여성운동가 김활란은 이와 같
은 분위기 속에서 성장할 수 있었다.[31] 선교사업은 인천지역 근대여성
교육을 위한 시발점이자 여성 지위향상에 크게 이바지하였다. 이는 사
립학교 설립에 의한 근대교육을 확산시키는 주요한 계기였다. 1904년
이후 인천에 설립된 근대교육기관은 이러한 사실을 그대로 보여준다.
정재홍이 인천에서 활동한 이래 설립된 사립교육기관을 정리하면 〈표
2〉와 같다.

〈표 2〉 1904~1909년 인천지역 사립학교현황[32]

년도	학교명	소재지	설립자	교사	교과목	전거
1904	사립학교	인천	김정곤	좌동	신구교육 절충	황1904.8.9.; 大1907.5.2
1906	상업전문 강습소	인천	미상회사	임원진	상용부기, 주산	황1907.2.16.,3.29; 大1907.2.17;『김』
	의무남학교	인천 구읍	유지 제씨	신재환, 뺑임	엄국보; 교비지원	大1907.11.17
	의무여학교	〃	〃	〃	〃	〃
	사립학교	인천	서병규, 정치국, 박흥삼,	이학인, 강준, 박흥삼	사범학, 보교과정	大1906.4.28,5.1,5.3 ,1907.5.12

---

31) 김정옥, 『이모님 김활란─탄생100주년 기념 개정·증보판』, 정우사, 1998 ;『경인일
보』 2005년 2월 17일 「인천인물100인(18), 우월 김활란」.

32) 김형목, 「대한제국기 인천지역 근대교육운동 주체와 성격」, 83~84쪽.
  1904년 사립학교와 1906년 의무남학교·의무여학교 등은 누락된 부분이다. 이처럼
  대한제국기 사립학교 설립현황은 정확하게 파악하기 어렵다. 지금까지 대부분 연구
  도 이러한 부분을 간과하였다. 일제강점기 인천지역 보통학교승격운동·야학운동
  등 근대교육운동은 차후에 다루고자 한다.

				강치황, 이학인, 강준, 장내홍, 김광수			
1907	천기의숙; 인명의숙; 인명학교	인천 우각동	김윤정· 정재홍 등	서병철;숙장, 김윤성· 남기동;숙감, 이종준;총교사, 교사 2인	보교과정		대1910.4.5.,4.16; 황1907.5.9.,5.21,19 08.7.2;大1907.5.16 ..,1908.3.8,3.15,3.1 8,1909.1.6,12.4,19 10.4.14;『제』1907.1 1.2;『인천』;『서우』9 .11;『자강』11호와 13;만1907.5.9
	보명학교; 인종학교	영종도	유지제씨	남필우;교감 박원상;찬성장	박문학교와 연합운동회		황1908.6.24,7.19
1908	명신학교	인천 신창동	유지신사	이용회;교장,이 교원;부교장,차 성선;교감,이교 웅;학감,이교원 ·이종호;교사	40		대1908.11.26;大190 8.11.28
	홍인의숙	인천 신현면 국동	엄선영;교주	이세근;숙감	30		대1908.9.12;大1908 .10.19,12.19
	창인의숙	인천	정우택	정우택;숙장			황1908.7.17
	명덕학교	인천 덕적면	허광모, 장은식	박현일			황1908.6.19,1909.2 .25
	화도의숙	인천 화도	초동목수	최인기,박창병, 조경찬	130		大1908.10.14,10.25 ,11.14,11.24;대190 8.10.24
	사립학교	영종도	주민				대1908.7.1
	창흥측량학교	인천 황등천면 사곡리	김우태	좌동	측량학		大1908.11.27
1909	진명의숙	인천 신지면	정형택 정우택	좌동	30		대1909.4.28;大1909 .4.27;『기호』10

〈표 2〉에 나타난 바처럼, 인천지역 사립학교설립운동은 정재홍 사후 '최전성기'를 맞았다. 1908년 무려 7개교나 설립된 사실은 그의 활동과 관련하여 시사하는 바가 크다. 인천민의소나 기호흥학회 인천지회 등 은 의무교육에 의한 근대교육운동을 모색하였다. 이는 강화도와 서북 지역 교육구국운동을 주도한 이동휘와 정재홍 활동과 무관하지 않았 다.[33] 강화도 사립학교설립운동은 학구에 의한 의무교육이었다. '의무 학교'인 보창학교지교 설립계획은 강화도내에만 무려 72개교에 달하였 다. 이후 서북지방을 중심으로 100여 개교나 설립되는 등 대한제국기 민족교육 '메카'는 바로 보창학교였다.[34]

대한자강회 인천지회·광학회나 단연동맹회를 비롯한 이곳 계몽단체 조직은 사실상 정재홍 주도로 추진되었다고 해도 과언이 아니다. 그의

---

33) 『황성신문』 1907년 7월 8일 잡보「鄭志士葬禮」.
　이동휘와 정재홍이 직접 교류한 흔적은 자료를 통하여 나타나지 않는다. 이동휘의 장례식 참석과 조사 낭독 등은 이전부터 상호교류를 부분적으로나마 엿볼 수 있는 대목이다. 곧 이들은 대한자강회 회원으로서 일찍부터 일정한 관계 속에서 계몽운 동을 주도하였다고 생각된다. 1908년 5월 개최된 연합대운동회에는 인천·통진· 개성·안악 등지의 80여 개교나 참가하였다. 이는 인천·강화도 근대교육운동을 이 해하는 데 중요한 시사점을 던져준다(『大韓每日申報』 1908년 5월 12일 잡보「江校 運動」, 5월 17일 잡보「江校運動盛況」; 『황성신문』 1908년 5월 17일 잡보「江華學 校運動」). 곧 연합운동회는 '단순한' 친선도모 차원을 넘어 새로운 사회질서를 모색 하는 계기로 활용되는 분위기였다. 운동경기를 통한 경쟁심과 상무정신 고취는 물론 협동심을 일깨우는 현장이 바로 연합운동회였다고 해도 과언이 아니었다. 조국이 처한 위기의식은 이를 통하여 자연스럽게 학생들에게 인식되었다. 또한 자강론자들 은 시세 변화에 따른 정보 교환과 아울러 민족교육 실천방안을 모색하는 계기였다 (김형목, 『대한제국기 야학운동』, 255~263쪽).
34) 김형목, 「대한제국기 강화지역의 사립학교설립운동」, 『한국독립운동사연구』 25, 독립기념관 한국독립운동사연구소, 2005, 26~27쪽.

사후에 조직된 기호흥학회 인천지회나 인천민의소 등도 그의 동지들에 의해 조직되었다.[35] 주요 활동가들은 그와 함께 이곳 계몽활동을 주도한 인물들이었다. 또한 그는 민족자본 육성을 위한 대열에 동참하였다. 대한유성태호회사 근무는 이곳 실업가들과 더불어 일제 경제침략에 맞선 적극적인 대응책 중 하나였다. 또한 인재육성을 위한 기금 확보와 의연금 지원도 이러한 가운데 모색되었다.

제3절 속성부기야학 운영으로 실무능력을 배양시키다

이와 더불어 실무능력 향상을 위한 속성부기야학 설립에 앞장섰다. 시세 변화에 따라 죄수들조차도 향학열을 불태웠다. 인천감옥소에 수감 중인 김창수·양봉구는 죄인들에게 학문에 근면하라고 권유하였다. 김창수는 바로 대한민국임시정부 주석인 백범 김구이다. 해서교육총회 학무총감을 비롯한 양산학교 운영 등 그의 교육구국운동은 이때 이미 배태되고 있었다.[36] 죄수들은 두 사람의 영향을 받아 학문에 매진하는 등 모범을 보였다. 이승만(李承晩)도 감옥 내에 설립된 사립학교 교사로서 활동하였다. 감옥에 수감된 죄수들조차도 근대교육을 통하여 다른 죄수들에게 사회적인 존재로서 의미와 역할을 일깨웠다. 이리하여 감옥을 '인천감리서학교'라고 할 정도로 세인의 관심과 집중적인 주목을

---

35) 김형목, 「대한제국기 인천지역 근대교육운동 주체와 성격」, 77·88~89쪽.
36) 김형목, 『대한제국기 야학운동』, 경인문화사, 2005, 103쪽.

받았다. 이곳 근대화는 개항이라는 외부충격과 아울러 내재적인 기반
에 의하여 축적되고 있었다.

이와 아울러 야학운동도 활성화되었다. 서울 급수상들의 야학설립
요구에 서북학회가 이를 실행한 이후 각지에는 초동야학·국문야학 등
이 우후죽순처럼 운영되었다. 신문·잡지 등은 이를 대대적으로 보도하
는 등 사회적인 분위기를 조성시켰다. 특히 노동자들이 설립한 사립학
교·야학이 장차 근대교육 보급 중심지로서 발전을 기원하였다. 이러한
현상은 우리 사회를 새로운 사회질서로 지향하는 중요한 계기라고 극찬
을 아끼지 않았다.

야학운동은 주로 군수·하급관리나 지역유지들에 의하여 추진되었
다. 미상회사 임원들은 근대적인 상업 활동을 진작하려는 의도였다. 입
학자격은 15세 이상 40세 미만으로 수업기간은 5개월로 계획하였다.
교사는 상업학교를 졸업한 유능한 청년들의 채용한다고 밝혔다. 이를
주도한 미상회사 총무 이시영(李時永), 찬성원은 정재홍·한우근을 비롯
하여 주명준(朱明濬)·김홍윤(金弘潤)·이승근(李承根)·장세익(張世益)·심
능현(沈能炫)·김기호(金基浩)·장내흥(張乃興)·강윤모(姜允模)·유진억(俞
鎭億)·이만식(李晩植)·이중목(李重穆) 등이었다. 이들은 단지동맹한 일
본 유학생들의 의연금 모금에 솔선수범하는 모범을 보였다. 설립 초기
임원진은 교장 이시영, 교감 정재홍, 학감 장석건 등이었다.[37]

인천해관 재직자를 중심으로 조직된 계몽단체는 광학회였다. 목적은

---

37) 『황성신문』 1906년 8월 14~15일 광고, 8월 15일 잡보「速成簿記會」, 1907년 1월
     24일 광고「在日本斷指留學生學資義捐」; 『大韓每日申報』 1906년 8월 14~15일 광고.

회원들에게 신학문 소개·공유를 통한 근대교육 보급이었다. 회원 중 곽중근·전규영 등은 박문학교 내에 영어·일어·산술을 중심으로 하는 야학을 설립하였다. 이들은 장기빈 등과 명예교사로서 활약하였으며, 생도수는 일시에 30여 명이나 응하는 등 대성황이었다. 학생들이 직접 야학 설립은 물론 교사로 자원하는 경우도 있었다. 인천 다소면 송림동 부근에 거주하는 허환(許還)·이갑규(李甲奎)·이명호(李明浩)·신영우(申永愚) 등은 노동자 교육기관인 이문학교가 폐지되자, 이를 복설하고 교육을 하기에 이르렀다. 마을 주민이나 유지들이 연합하여 야학을 설립하였다. 구읍면 관청리의 김재옥(金在玉)·하석현(河錫炫)·채룡명(蔡龍明)·정태준(鄭泰俊) 등은 야학교를 설립한 다음 농업에 종사하는 청년자제 30여 명을 가르쳤다.[38]

노동아동을 위한 화도의숙은 주·야학으로 시작되었다. 인천항 화도동 초동아동 수십 명이 모여 요즘 시대는 학문이 없으면 생활할 방도마저 없을 뿐만 아니라 필경에 노예를 면치 못하리니 우리들이 비록 가난한 까닭으로 초목운경(樵牧耘耕)에 하루를 보내 여가가 없다. 그러나 하루 2시간이라도 여가가 있으니 금석(金石) 같은 시간을 허비하지 말고 한 글자나 한 문장이라도 학습함이 가능하다 하고 비슷한 동료 중 인근 학교에서 공부하는 사람을 교사로 선정하고 방 한 칸을 빌려 매일 야간에 3~4시간씩 공부한다. 교과서 구비하지 못함과 지필묵의 충분하지 못하여 아동들이 방황하며 동리 부로들에게 학교 설립을 간청하는 정황

---

38) 김형목, 「대한제국기 인천지역 근대교육운동 주체와 성격」, 『인천학연구』 3, 인천학연구원 2004, 84~85쪽.

과 동리에 교육기관이 개탄하는 형용이 사람에게 감상(感傷)함으로 동리
의 열 분이 협력하여 가사(家舍) 빌려주고 약간 자금을 모으고 지묵(紙墨)
을 제공하고 교육가 조경찬은 이들의 생각함이 이와 같음을 가상히 여
겨 열심히 가르치며 학도 50여 명에 달하였다. 재정이 부족하고 빌린
가사가 기한에 다가오니 유지방침이 거의 없음으로 폐학지경(廢學之境)
에 이르렀다더라. 소식을 접한 인천부윤 김윤정은 여가를 이용하여 노
동아동을 소집하여 근대교육 중요성에 대해 연설하였다. 이에 감화된
노동자는 일제히 삭발한 후 곧바로 부근에 설립된 학교에 자발적으로
입학했다. 교사 최인기·박창희·조경찬 등은 열심 교육함으로 어상회사
에서는 130여 명의 교육배양을 화도의숙에 모두 위임하는 한편 교과서
와 지필 등을 보내었다.[39] 또한 영구적인 유지방침도 모색하는 등 이들
의 교육적인 지원을 아끼지 않았다. 당시 설립된 야학은 〈표 3〉과 같다.

〈표 3〉 대한제국기 인천지역 야학일람표[40]

야학명	위치	설립자	교사진	교과목	학생수	출전
속성부기야학	미상회사 내	미상회사 임원	상업학교 졸업생	부기 주산 산술	다수	황1906.8.14-15; 大1906.8.14-15
박문야학	인천박문학교 내	광학회	곽중근; 일어 전규영;	영어 일어 산술	30	황1907.12.18

39) 『大韓每日申報』 1908년 10월 24일 잡보「嗟哉此洞」, 10월 25일 잡보「金石可透」, 11월 14일 잡보「花島大明」 ; 『대한매일신보』 1908년 10월 24일 잡보「유지방침 유지」.
40) 김형목, 『대한제국기 야학운동』〈부록 Ⅱ-2〉와 김형목, 「대한제국기 경기도 야학 운동의 성격」, 『대한제국기 경기도의 근대교육운동』을 참조하여 정리함.

			일어 장기빈; 산술			
인천의숙;화 도의숙	인천 화도리	김윤정; 부윤수	최인기 박창희 조경찬	보교과정; 주야학	130	대1908.10.24; 大1908.10.24 -25.11.14
명신야학교	인천 신창동	명신학교	명신학교 교사	보교과정	30	대1908.11.26; 大1908.11.28
노동야학과	인천 신현면 진명의숙내	정형택 정우택	정우택	〃	30	大1909.4.27 대1909.4.28 『기월』10
야학교	인천 구읍면 관청리	김재옥 하석현 최경현 정태준 채룡명	좌동	〃	30	대1910.2.20; 大1910.2.22; 황1910.3.18
이문학교; 노동야학	인천 다소면 송림동	허환 이갑규 이명호 조재영 등	좌동	〃	50	대1910.4.9;大 1910.4.9

〈표 3〉에 나타난 야학은 비교적 널리 알려진 경우이다. 이외에도 일부 야학은 운영되었다고 생각된다. 다만 실례는 구체적으로 밝히기는 난제 중 하나이다. 야학운동의 특징은 여성야학이 전무한 사실이다. 여자교육의 중요성은 『독립신문』이나 『제국신문』을 비롯한 신문과 학회지 등에서 일찍부터 주장되었다. 이는 유아교육의 중요성에서 비롯되었다. 여성은 단순한 유모로서 뿐만 아니라 2세의 유아교육자·가정교육자로서 역할을 강조하였다. 그럼에도 삼종지도(三從之道)가 공존하는 상황에서 여자야학은 부진할 수밖에 없었다.

이러한 한계는 3·1운동에서 여성들이 대거 진출하면서 점차 극복되는 계기를 맞았다. "개조 열풍"이 풍미하는 가운데 신여성들의 다양한 여성단체를 조직했다. 민족해방과 여성해방을 위한 지름길로 문맹퇴치를 최우선적인 과제로 인식·실천하는데 매진하였다. 이는 여성야학을 진전시키는 밑거름이었다.

제5장

국채보상운동을 견인하다

제1절 차관 공세로 대한제국을 '식물국가'로 만들다

조선을 강제로 개항시킨 일본은 조선에 대한 침략을 일순간도 멈추지 않았다. 친일세력 육성, 경제적인 예속화, 포고를 빙자한 종교활동, 일본유학생에 대한 지원, 국내 일어학교 운영 등은 이러한 목적과 맞물려 추진되었다. 경제침략은 갑신정변 이후 더욱 강화되는 상황이었다. 특히 청일전쟁 발발에 즈음하여 적극적인 차관 제공은 조선을 경제적으로 예속시키려는 의도에서 비롯되었다. 각종 이권도 강탈하는 만행을 거리낌 없이 자행하였다. 국제적인 세력 균형이 이루어진 삼국간섭기에는 약간 둔화되었을 뿐이다. 반면 외교를 통한 독점적인 지배를 위한 계획은 더욱 엄밀하게 추진되고 있었다. 영일동맹이나 미일동맹 등은 대한제국 식민지화를 위한 대표적인 사례 중 하나이다. 자국의 이익을 위하여 제3세계 국가의 안위에는 전혀 관심조차 보이지 않았다. 오직 원료의 공급지이자 상품시장 공략에만 혈안이었다.

러일전쟁 이후에는 군사력을 동원한 가운데 더욱 긴박하게 움직였다. 전쟁에서 승기를 잡은 일제는 제1차 한일협약 체결로 차관 공세를 강화할 수 있는 영역을 구축하였다. 이는 대한제국 재정을 완전히 종속시킬 뿐만 아니라 차관으로 식민지 경영에 필요한 기초적인 작업을 병행하려는 의도였다. 재정고문 메가다 다네타로(目賀田種太郎)은 1905년 6월에 문란한 화폐를 정리하기 위한 화폐정리채(貨幣整理債) 명목으로 관세수입을 담보로 일본 제일은행으로부터 300만 원을 차입하였다. 또 구채상환(舊債償還)을 구실로 국고금 수입을 담보로 일본에서 공채로 모집한 200만 원을 들여왔다. 12월에는 천일은행·한성은행 보조대부와 금융조합 창립자금으로 150만 원을 차입했다.[1]

이듬해 통감부 개설 이후 시정개선비(施政改善費) 명목으로 4차례에 걸쳐 1,150만 원에 달하는 막대한 차관을 도입하였다. 메가다는 화폐개혁을 주도하면서 한국인 화폐자산을 수탈하는 한편 식민지용 화폐인 불환지폐 제일은행권 유통을 선두에서 지휘했다. 실질적인 구매력이 없는 통화를 차관으로 하여 식민지화에 필요한 제반 경비는 이로 대체하여 나갔다. 이는 금융공황을 초래하는 가운데 민족자본을 파산상태로 내모는 형국이었다.

국채보상운동이 전개될 무렵 국채는 1,300여만 원에 달하는 엄청난 거액이었다. 대한제국 재정은 세입총액 1,318만 원과 세출총액 1,395만 원이었다. 국채는 대한제국 1년 예산에 버금가는 액수로 외채를 상환하기에 불가능하였다. 차관용도로 각 은행과 회사에 분급한 금액 300만

---

1) 김형목, 「사회적 책무를 공감한 국채보상운동」, 『인천항일독립운동사』 상-인천광역시사 ⑫, 249쪽.

원, 수도국과 위생비용 370만 원, 일본유학생 비용 300만 원, 일본이
구문으로 가져간 액수 100만 원, 미지금액 630만 원 등이었다. 여기에
서 대부분은 한국에 대한 경제침략 비용으로 활용되었다.

　일제의 경제적 침탈에 의한 급속한 식민지화 과정은 한국인들에게
국권상실이라는 위기의식을 고조시켰다. 빈약한 국고로는 거액의 국채
를 상환할 수 없다는 여론이 점차 형성되었다. 국채가 국가 멸망을 초래
할 수 있다는 위기의식은 이보다 먼저 제기된 바가 있었다.

제2절 한민족이 운명공동체임을 일깨우다

　국채보상운동은 1907년 1월 29일 대구광문사 사장 김광제(金光濟)와
부사장 서상돈(徐相敦) 등 발의로 시작되었다. 이날 특별회는 대구광문
사를 대동광문회(大東廣文會)로 회명을 개칭하는 문제를 다루었다. 서상
돈은 2천만 민중이 3개월간 단연하여 국채보상을 민간에서 달성하자는
내용을 발의하였다.

　　…(상략)…우리 대한이 처한 현상의 우려하고 경계할 문제는 한두 가
　지가 아니로되 제일 패망할 일과 제일 시급한 일은 1,300만 원의 국채올
　시다. 이 국채 원인으로 말하면 이른바 정부당국자의 잘못 조치한 과실
　이로되, 그 마지막에 미쳐 잘못된 결과는 최우선적으로 인민과 국가가
　같으니 연후에 과실이나 과실이 아닌 것을 의론할 여지도 없이 후회막급
　하리로다. 이번 달과 내년에 이자는 물과 같이 늘어나고 한두 번 구르니
　산과 같이 늘어나 채권자 요구는 나날이 감독하고 채무자가 보상할 방법

이 없을 경우를 잠시라도 생각합시다.

재판소법률에 기대어 집행하는 이외에 방법이 없습니다. 집행할 경우이면 채무자가 어떤 물건을 소유하였는가를 다시 한번 생각합시다. 호호통재라. 본인은 참아 입으로 말하기 어렵습니다. (오랫동안 하늘을 바라봄에 눈물을 비와 같이 흘리며) 토지와 인민뿐입니다. 이후 참상은 여러분도 응당 생각할 바와 나라에 이러한 채무를 그대로 놓아둔다면 토지는 나의 소유가 아니며 인민도 우리 인민이 아니로다. 보상합시다. 우리 인민의 피눈물 같은 강직한 정성으로 보상합시다.

아버지 부채를 아들이 알지 못하는 것이 불가하며, 군주의 부채를 신하가 모른다는 것도 역시 불가합니다. 현재 우리 못사는 인민들 생활상으로 1,300만 원에 달하는 거액을 보상한다는 말과 논리가 전혀 적절하지 않을 듯하지만 결코 그렇지 아니하오. 제일 좋은 하나의 대안이 있으니 이것을 생각하시오. 우리 대한 2찬만 동포의 매일 소비하는 중 가장 적게 소비하지 않아도 역시 무방한 것이 재정 한 건이 있으니 피우는 담배올시다. 궐연과 엽초로 예산하면 사람마다 매일 피우는 담배값이 3전 가량이라. 2천만 명이 매일 소비하는 담배값을 3개월 90일만 계산하여 보시오. 3~4개월 흡연을 아니한다고 사람이 사경에 이를 이유가 없고, 이 부채를 갚지 않고는 국가나 인민이 어떠한 처지에 처하겠소. 금일부터 단연하기를 결정하여 전국에 권고합시다.

(큰 소리로 환호하고 박수갈채를 보내다) 만약 일을 성사시키지 못하면 천하의 망령된 미치광이라 놀리고 부를 것이니 발기자 사장 김광제와 부사장 서상돈으로 스스로 서명하오리다. 하늘이 감응하여 전국 인민으로 한마음으로 합심하여 대사를 순조롭게 이루어 인민과 국가를 보존하게 하옵소서.(합장 재배).

연설을 마치면서 합장 재배하자 분위기는 박수갈채와 더불어 흥분의 도가니였다. 참석한 회원들은 이러한 제안을 만장일치로 찬성하고 나섰다. 서상돈은 즉석에서 의연금으로 800원을 내놓았다. 사장인 김광제는 자신의 담뱃대·담뱃갑을 버리고 3개월 담뱃값 60전과 의연금 10원도 함께 내놓았다. 회원들은 경쟁적으로 의연금 대열에 참여하였다.

2월 초순 발기인 대구광문사 사장 김광제와 부사장 서상돈, 대동광문회 회장 박해령(朴海齡), 회원 김윤란(金允蘭)·장상철(張相轍)·이종정(李鍾楨)·길영수(吉永洙)·이우열(李遇烈)·강신규(姜信圭)·천교정(千敎廷) 등은 이른바「국채보상취지서」를 작성하여 김광제·서상돈 공동명의로 발표하였다. 이들은 취지서를 국내 언론사와 계몽단체는 물론 국외 일본 유학생단체인 태극학회(太極學會)에 발송했다. 이는 선전활동을 통하여 국민운동으로 전개하기 위함이었다.『제국신문』1907년 2월 16일 잡보란을 통하여 이러한 소식을 제일 먼저 알렸다. 이어 2월 21일『대한매일신보』는「국채일천삼백원보상취지」를 게재함으로써 자립경제운동의 시작을 알렸다. 횃불에 불을 당긴 셈이다. 보도는 입에서 입으로 전달되는 등 태풍처럼 전국 방방곡곡을 강타했다. 이러한 소식을 전하는 사람은 마치 자신의 일처럼 생각하고 행동하는 분위기였다.

> …(상략)…지난번 청일전쟁과 러일전쟁 때 작은 나라가 큰 나라를 이긴 것은 죽음을 두려워하지 않은 병사와 결사대는 피바람이 몰아치는 전쟁터를 낙지(樂地)에 나아가는 것으로 생각하였습니다. 후방에 있는 백성들은 짚신을 삼아 팔거나 죽을 먹고, 여자들은 반지를 팔아 군비를 마련하는데 조금도 인색하지 않았습니다. 마침내 동서 역사상 처음 있는 큰 공을 이루어서 위세와 광영이 천지를 진동시킴은 일본인 5천만 모두가 각자 열심히 한 공이며 진정한 충의에서 나온 때문이니, 어찌 흠모하고 감탄하여 본받을 일이 아니겠는지요.…(중략)…

지금 국채 1,300만 원은 우리 한국의 존망과 직결되는 중요한 문제입니다. 이를 갚으면 나라는 보존되나 그러하지 못하면 나라가 망함은 필연적인 추세입니다. 현재 국고에서는 이를 갚을 여력이 전혀 없는 형편인 즉 장차 삼천리 강토는 우리나라 소유도 우리 국민 소유도 되지 못할 일임에 분명합니다. 국토는 한 번 없어지면 다시 돌이킬 수 없는 것이니, 우리가 어찌 월남 등과 같은 나라의 운명을 면할 수 있으리오.

일반 국민들은 국채를 국민 의무로 갚는 것은 불가능하다면서 시대 추세를 모르는 까닭이라고 말하며 갚을 방법이 없어 거의 불가능하다고 말합니다. 국채를 갚는 방법은 그다지 힘 들이지 않고 재산을 축내지 않으면서 돈을 모으는 일입니다. 2천만 동포가 3개월만 금연하여 한 사람마다 한 달에 20전씩만 대금을 모은다면 거의 1,300만 원이나 됩니다. 만약 그래도 부족한 금액은 1원, 10원, 100원, 천원씩 특별출연금으로 충당하면 가능합니다.

국민들이 이를 당연한 의무로 생각하여 잠시만 결심하면 쉽게 실행될 수 있습니다. 이 일을 저들 일본의 결사대나 짚신을 삼아 팔고 반지를 거두어 군비에 조달한 일과 비교한다면, 어느 편이 귀중하고 어느 편이 가벼우면, 어느 편이 더 어렵고 어느 편이 더 쉬운 일인지를 누구나 알 수 있습니다. 우리 2천만 동포 중 정말로 털끝만큼이나마 애국충정이 있는 사람은 반드시 두 말하지 않고 동참하겠지요.

저희들이 여기에서 감히 발기하여 취지를 알려드리어 피눈물로 호소합니다. 바라옵건대 우리 대한 신민 여러분은 보시는 대로 곧 말로 글로 서로에게 알리어 한 사람이라도 모르는 일이 없게 하시고 반드시 실시되어 위로는 우리 성상께 보답하고 아래로는 강토를 유지하게 된다면 이 이상 더 다행한 일이 있겠습니까.

광무11년 2월 21일
대구광문사 사장 김광제　부사장 서상돈

운동론은 충의관(忠義觀)과 애국심에 입각하고 있었다. 잠재된 의리관에 입각한 민족의식이나 국가의식 고취에 중점을 두었다. 발기인들은 충의를 숭상하여 부강한 나라로 발전한 사례를 이웃 일본에서 찾았다. 지리적으로 멀리 떨어진 유럽이 아닌 우리를 침략하고 국권을 농단한 일본의 역사적인 사례를 들었다. 청일전쟁과 러일전쟁을 직접 목격한 이들은 일본인의 충만된(?) 애국심을 두 눈으로 직접 목격하였다. 약소국 일본이 대제국 청나라와 러시아를 격파할 수 있었던 원천은 자발적인 애국심과 충만한 국가정신에서 찾았다. 인종주의 확산과 더불어 한국인 지식인들도 이를 적극적으로 수용하는 입장이었다. 약육강식과 적자생존에 기반한 사회진화론은 당대를 풍미한 사조로서 영향력을 발휘하였다.

나아가 국채보상은 한민족으로서 '의무'임을 강조했다. 이를 위한 구체적인 '실천강령'도 제시되었다. 이는 일상사에서 가장 쉽게 실천할 수 있는 요소였다. 거창한 슬로건이나 구호가 아니었다. 2천만 동포가 3개월 동안만 자발적으로 단연하여 국채 1,300만 원을 갚자는 내용이었다. 누구의 재산이나 재물상 손실을 전혀 주지 않는 가운데 기호품을 절연하자는 '명쾌한' 논리였다. 결심만 하면 누구라도 동참할 수 있는 분위기였다.

구체적·실천적인 방법으로 단연에 주목한 이유는 위생이나 건강상 폐해 등을 들 수 있다. 그때나 지금이나 건강은 소중한 자산 중 하나였다. 육체적인 노동이 중시된 당시에는 더욱 그러했다. 대다수는 육체적인 노동에 의하여 생계를 유지하고 있었다. 보다 근원적인 요인은 다른 이유에 있었다. 당시 담배는 한국에 이주해온 일본 상인들이 폭리를 취하는 대표적인 상품 중 하나였다. 이들은 군수품을 유출하거나 권련을 만들어 시중에 팔아 막대한 이득을 보았다. 일본제 담배는 종가세를 20% 부과하는 반면 군수품은 면세품이었다. 군납업자들과 결탁한 일본 상인들은 이를 적극적으로 활용하였다. 이는 대구지역은 물론 일본인 거류지가 형성된 곳에서는 일반적인 현상이었다. 금연은 일본제품배척운동 성격을 내재하고 있었다. 이는 1920년대 토산품 애용인 물산장려운동으로 계승·발전되었다.

대구광문회는 국채보상을 주도하는 단체로 대구국채담보회(擔保會)를 조직하였다. 2월 21일 대구 북후정(北堠亭)에서 국채보상을 위한 군민대회(郡民大會)도 개최되었다. 장지연(張志淵)은 이날 광경을 『대한자강회월보』 9호에 상세하게 게재하는 등 전국민적인 관심을 촉발시켰다. 경상북도 경무부는 이 대회를 무허가 집회로 규정하여 해산을 종용하였다. 3일 후 대구국채담보회는 장날을 맞아 역시 같은 장소에서 대대적인 민중대회를 개최했다. 경찰은 연사를 체포·연행하는 동시에 운집한 군중들을 강제로 해산시켰다. 군중들은 서상하(徐相夏)·도정호(都正浩)·이근영(李根泳) 등 3명을 군대표로 선정하였다. 이들은 서울로 파송되어 각계 참여와 지원을 호소하는 대대적인 활동을 펼쳤다.

이러한 열기는 여성들에 의한 남일동패물폐지부인회 결성과 활동으로 이어졌다. 발기인들은 순한글인 「경고 아 부인동포라」라는 격문을 반포하는 등 여성들 동참을 요구하고 나섰다. 이는 여성의 사회적인 참여를 촉발시키는 '기폭제'였다.[2] 사회구성원이라는 자각과 인식은 사

---

2) 김형목, 「사회적 책무를 공감한 국채보상운동」, 『인천항일독립운동사』 상-인천광

회적인 편견을 불식시키는데 크게 이바지하였다.

소식은 삽시간에 국내외 한인사회로 파급되었다. 2월 22일 서울에서 김성희(金成喜)·유문상(劉文相)·오영근(吳榮根) 등 발기인 24명은 국채보상기성회를 조직하였다. 이는 전국 각 지방에서 요원의 불길처럼 일어나는 국채보상운동 총괄기구로서 취지서와 회칙을 발표하는 등 합법적인 단체로서 형식을 갖추었다.

- 본회는 일본에 대한 국채 일천삼백만원을 보상하기로 목적함.
- 보상방법은 일반 국민의 의금(義金)을 모집함. 단 금액의 다소를 불구함.
- 본회에 의금을 납부한 사람은 본회 회원으로 인정하고 이름과 금액을 신문에 공포함.
- 본회와 목적이 동일한 각 단회(團會)는 상호 연합하여 목적을 달하기를 힘씀.
- 의금은 수합하여 목표액에 도달하기까지 신용이 있는 본국 은행에 임치(任置)함. 단 수합금액은 매월 말에 신문으로 포고함.
- 본회는 목적을 달한 후에 해산함.[3]

국채보상기성회는 의연금을 낸 사람과 액수를 신문에 게재하기로 한 후 유사한 단체와 보조를 같이 할 의향을 밝혔다. 의연금수전소로 7곳을 선정하였다. 중서 박동 12통 1호 보성관 내 야뢰보관 임시사무소,

역사사 ⑫, 252쪽.

3) 최기영, 「국채보상운동」, 『애국계몽운동 Ⅱ-문화운동』-한국독립운동의역사 13, 한국독립운동사편찬위원회·독립기념관 한국독립운동사연구소, 2009, 235~236쪽.

중서 포병하 김상만(金相萬)의 광학서포, 남대문 외 유한모(劉漢模)의 도동 건재약국, 서서 석정동 대한매일신보사, 남대문 내 상동청년학원사무소, 남서 대광교 37통 4호 고유상(高裕相) 서포, 중서 파조교 월편 주한영(朱翰榮)의 서포 등이었다. 즉 서울 중심부에 소재한 출판사를 겸하는 책방, 신문사나 잡지사, 학교 등이 수전소였다.

발기인 중 김대희·신해용·안국선·오영근·윤병승·최병옥·현공렴 등은 대동상회(大東商會) 간부였다. 잡지『야뢰』는 이곳에서 발행된 것으로 보인다. 야뢰보관 임시사무소는 국채보상기성회 수전소였고, 발기인 중 상당수는『야뢰』필진으로 활동하고 있었다. 대동상회 회장 오영근은『야뢰』발행인이었다. 김광제와 서상돈의 취지서가『대한매일신보』에 실린 다음날 국채보상기성회가 조직이 가능할 수 있었던 원인은 대동상회 관계자들이 발 빠르게 움직인 결과로 생각된다. 고유상·김상만·김주병·박태서·윤태영·이상익·주한영 등은 출판이나 저술에 관여한 인물이었다.

서병담(徐丙淡)·윤흥섭(尹興燮)·박규순(朴圭淳) 등 59명도「국채보상포고문」을 발표하고 국채보상중앙의무사를 설립함으로써 분위기를 한껏 고조시켰다. 의연금수전소는 황성신문사였다. 서울에서 전개되는 양상은 신문을 통하여 '실시간'으로 보도되고 있었다. 신문은 '사회적인 공기(公器)'로서 역할에 충실했다. 이는 경쟁적인 의연금 모금을 촉발시키는 요인이었다.

각 지방에서도 국채보상회 설립과 더불어 취지서를 발표하는 등 주민들의 적극적인 동참을 유도하였다. 지방에 조직된 주요 단체는 국채보상서도의성회(西道義成會)·충북옥천군국채보상단연의무회(斷烟義務

會)·동래부국채보상일심회(一心會)·국채보상해서동정회(海西同情會)·
은율군국채보상회·예산군의연금모집소(義捐金募集所)·한북국채보상
단성회(團成會)·국채보상관서동맹(關西同盟)·한산호서국채보상기성의
무사(韓山湖西國債報償期成義務社)·전북전남국채보상의무소·경남애국
회·제주의성회(義成會)·국채보상경남회(慶南會)·창원마산항국채보상
의연소(義捐所)·충청남북도국채보상의성회(義成會)·상무회의소단연회
(商務會議所斷煙會)·국채보상전북기도회(期圖會)·단천군국채보상소 등이
었다. 이 외에도 수많은 국채보상 관련 단체가 조직되어 의연금 모집에
적극적으로 나섰다. 운동 기간 중 확인이 가능한 국채보상소를 설립한
곳은 전남(제주도 포함) 18개소, 경기 15개소, 충남 20개소, 충북 14개소,
강원도 12개소 등이었다. 다른 지방도 이와 비슷한 양상이었다. 학교나
면을 단위로 설립된 경우도 적지 않았다.

　국민운동으로 진전된 국채보상운동은 의연금 관리와 선전활동 등 보
다 효율적인 운영을 위한 통합기구의 필요성이 대두되었다. 1907년 4
월에는 김광제·박용규·서병규·오영근·이종일 등 주도로 지도·총괄
할 통합기구로서 국채보상지원금총합소를 대한매일신보사 내에 조직
하였다. 임원진은 소장 한규설(韓奎卨, 후임 尹雄烈), 부소장 김종한(金宗
漢), 총무 김광제, 회계감독 박용규·서병규, 검사원 이강호·양기탁·이
면우, 사무원 안덕용·윤치호 등 12인, 유지인사 20명으로 평의원을 구
성했다.

　이와는 별도로 국채보상연합회의소가 만들어졌다. 4월 초에 보성관
에서 개최된 연합회의소에서 선출된 임원은 소장 이준(李儁), 위원장 윤
효정, 총무 김광제 등이었다. 이후 소장 이도재(李道宰)과 부회장 이용

직(李容稙)으로 교체되었다가 소장 이용직과 부회장 지석영으로 바뀌었다. 5월 말에는 소장 김종한, 부회장 이용직, 금액처리 담당 윤이병·강윤희·정성우 등으로 교체되었다. 연합회의소 소장 이준은 순한글인 「국채보상연합회의소취지서」를 발표하는 등 적극적인 참여를 유도하였다.

> 대저 빚이 있으면 반드시 갚는 것은 사람마다 일반이거늘 하물며 국가리요. 그러므로 국채보상하는 의무가 경향 각 발기소취지서에 이미 다 말씀하였거니와 이제 연합회의소를 바로 설치함은 다름이 아니라 대저 국채를 상환함은 국민의 일대 의무라. 경향 각 지방의 인심이 동하여 다소간 '의무금'을 구취하오니 대한이 다시 흥복함을 바라거니와 다만 중대한 일을 쉽게 의론하기 어려운지라. 돈 거두는 규모와 돈을 맡기는 방법을 만일 일정한 규칙이 없으면 반드시 한 가지 일에 사람마다 현행하는 방침이 달라서 이같이 좋은 의무도 만일 재정에 충절이 있으면 보상하는 날의 결과를 잘못하면 어찌 우리 동포가 능욕을 면하리요. 그런고로 각기 발기하신 사람과 유지하신 각 단체를 연합하여 좋은 규칙을 의정하여 서로 실지에 나아가 기어코 목적에 도달하옵기가 곧 본소의 취지이오니 바라건대 여러분은 부량하옵서서 동정을 표하며 의무를 완전케 하심을 바랍니다.
>
> 광무11년 4월 4일 국채보상연합회의소장 이준[4]

보상금에 관한 전반적인 실태를 조사하기 위한 국채보상조사회(張博)

---

4) 김형목, 「국민운동으로 승화되는 발판을 마련하」, 『김광제, 나랏빚 청산이 독립국가 건설이다』, 도서출판 선인, 2012, 113쪽.

와 이를 검사하기 위한 국채보상검사소(閔宗植)도 설립되는 등 통합과
장기적인 발전 방향을 모색했다. 총합소와 연합회의소는 유사한 취지
에 따라 조직되었다. 두 단체 출범에 대하여 분열을 초래할 수 있다는
여론이 비등하였다. 이에 연합회의소 총무 김광제와 지원금 총합소 검
사원 이강호를 대표로 협의하여 연합회의소는 지도·권장 업무만 총괄
하는 대신 총합소는 의연금 수합·관리하도록 했다. 그러나 두 단체 통
합은 끝내 이루어지지 않았다. 의연금 수합과 국민 계몽이라는 역할
분담은 각지에 조직된 국채보상회를 통하여 이루어졌다.

국채보상운동에는 고관이나 양반·부유층은 물론 노동자·농민·부녀
자로부터 상인·군인·학생·기생·승려·걸인·죄수에 이르기까지 다양
한 계층이 참여했다. 유아나 소학교 학생들도 자신들 용돈이나 세뱃돈
을 기꺼이 의연하였다. 서울 남문내 포목전에 사는 12세 전득영(田得永)
과 수원에 사는 6세에 불과한 신천동(申天動) 동참은 대표적인 경우 중
하나이다. 이는 주민들뿐만 아니라 전국적인 관심을 촉발시켰다.

> 수원부내에 6세 아동 신천동이가 국채보상의 다른 지역 연조(捐助)함
> 을 보고 세뱃돈으로 받은 50전을 해회(該會, 수원국채보상회)에 와서 직
> 접 의연하였는데, 꿈 속에서도 국채보상 4자를 끊임없이 말하는 고로
> 주민들이 모두 황천감동(皇天感動)이라 한다더라.[5]

이러한 분위기는 경쟁적인 의연금 모금으로 이어졌다. 관립수원농림

---

5) 『대한매일신보』 1907년 6월 11일 잡보 「幼兒感動」.

학교·수원공립보통학교 직원과 생도 등도 분위기 조성에 크게 이바지
하였다. 이는 근대교육 필요성과 자립경제 수립를 위한 경각심을 주민
들에게 일깨웠다.

충추 감옥에 수감 중인 죄수 이택규(李澤珪) 등 16명은 6환 60전을
거두어 의연하면서 이들은 대한매일신보사로 공함까지 보내었다. 주요
내용은 "국채보상운동 소식을 듣고 비록 나라에 죄를 진 죄수이지만 동
참하지 않을 수 없다. 음식값을 절약하여 한푼 두푼 모금한 의연금을
보낸다"고 밝혔다.

충남 직산군 성환 학소동 최두경(崔斗卿) 가족과 고용인들의 의연은
당시 고조된 열기를 보여준다. 최두경은 그리 넉넉하지 않은 생활임에
도 가사를 방매한 대금 중 50환을 흔쾌히 의연하였다. 아들 최성학은
2환, 부인 서씨는 은반지 1개(시가 2냥5전), 모친 이씨는 은비녀 1개(시가
1냥2전)를 각각 의연하는 등 가족들 동참으로 이어졌다. 고용인 염영린·
윤복쇠도 각각 1환과 10전을 의연하는 등 주민들 사이에 널리 회자되
었다.

여성들은 상상을 초월할 정도로 적극적이었다. 서울 원동에 사는 94
세 노파와 70대 딸 등 의연 소식은 신선한 '청량제'였다. 이들은 반찬값
을 절약하거나 비녀·가락지·은장도 등을 의연품으로 기꺼이 내놓았
다. 평양에서는 술집 여자종업원 30여 명이 의연금으로 가락지를 모았
다. 미주·러시아에 거주하는 교포들도 의연금을 보내왔다. 이는 국내
에서 전개되는 민족운동에 동참하려는 의지와 이를 격려하는 의도에서
비롯되었다. 자신들도 한민족임과 운명공동체라는 인식을 공유하고 있
었다.

제3절 단연동맹회 결성으로 국채보상운동을 주도하다

인천 신상회사 임원들을 중심으로 조직된 단연동맹회(斷煙同盟會)는 정재홍 주도로 전개되었다. 국채보상취지서가 보도된 그날 보도 기사는 이미 이전부터 준비되고 있었던 사실을 분명하게 보여준다. 주지하듯이 국채보상운동은 김광제·서상돈 등에 의하여 대구에서 시작되었다. 그런데 경기도에서 최초 의연금 모집은 인천이었다. 이는 인천의 지역적인 특성을 반영한다는 점에서 주목된다. 곧 외세 침략에 대한 경각심은 다른 어떤 지역보다 이곳 주민들에게 심각하게 인식시켰다. 사환들에 대한 입회 권유는 노동자 참여를 비롯한 다양한 계층의 참여를 유도하는 '촉진제'나 마찬가지였다.

> 인천항 신상회사에서 단연동맹회를 조직하고 각기 성명하에 맹자(盟字)를 쓰고 서명(捺章)한 사람이 박원순 김도선 김윤성 김종일 강윤모 정재홍 장내홍 제씨인데 해사 사환 우창근 김봉규 윤보영 안성오 장진환 5인을 소집하여 말하기를 "평일은 비록 사환과 사원으로 구별하나 국민된 의무로 이를 말하면 전혀 차별이 없으니 만약 지원자가 있으면 곧 일반회원이라" 하니 5인이 모두 입회하여 당장 20인에 달하고 인천항 뜻이 있어 지원한 사람이 부지기이니 대구 서상돈의 단연상채하려는 뜻이 우리 대한 독립의 기초를 가히 바라볼 수 있으리라.[6]

주도 인물은 정재홍을 비롯한 박원순(朴元淳)·김도선(金道善)·김윤성

---

6) 『황성신문』 1907년 2월 21일 잡보 「斷煙決心」.

(金允星)·김종일(金鍾一)·강윤모(姜允模)·장내홍(張乃興) 등이었다. 이들은 회사 사환인 우창근(禹昌根)·김봉규(金鳳圭)·윤보영(尹輔永)·안성오(安聖五)·장진환(張鎭煥) 등에게 국민 된 의무로서 의연금 참여를 간곡하게 설득하여 뜻을 이루었다. 이와 같은 의연한 사실이 알려지자, 권업사·미상회사·신상회사 임직원은 물론 제령학교 생도 90여 명도 동참하였다. 이는 개인적인 차원에서 그치지 않았다. 정재홍 가족 전체도 국채보상운동에 의연금을 내는 등 적극적으로 동참하였다.[7]

인천항 거류하는 외지인의 의연금 동참은 정재홍의 영향력과 아울러 시사하는 바가 크다. 당시 의연금을 낸 사람들은 개성인 마응휘·장인순 각 1원, 한재희·이정림 각 60전, 김재학·박창규 각 50전, 평산인 이택룡 50전, 개성인 최병렬·고광한·장영순 각 30전, 개성인 최상익·장상학·동몽 김석돌 각 20전 등이었다.[8]

분위기는 여성들에 의한 조직적인 모금운동으로 확산되었다. 국미적성회(掬米積誠會)는 인천지역 개신교를 믿는 부인들이 주요 구성원이었다. 1907년 3월 29일 주요 발기인은 박우리바·여누이사·정혜스터·장마리아·송전심 등이었다. 이름과 세례명을 그대로 수록한 사실은 여성 근대의식 성장을 가장 직설적으로 보여준다. 한국 근대 여성운동의 시작은 1898년 서울 북촌 양반여성들의 「여권통문」에서 시작되었다. 당시 발기인은 김소사·이소사 등 성씨만 수록되었다. 국채보상운동을 위

---

7) 『황성신문』 1907년 7월 2일 광고 「國債報償義務金 集送人員及額數, 南小洞 명在 洪家中」, 7월 8일 광고.
8) 김형목, 「'한말 정재홍'의 현실인식과 의열투쟁」, 『인천학연구』 5, 47쪽.

한 최초의 여성단체인 대구 남일동패물폐지부인회도 정운갑의 모 서씨, 서병규의 처 정씨, 정운화의 처 김씨, 서학균의 처 정씨, 서석균의 처 최씨, 서덕균의 처 이씨, 김수원의 아내 배씨처럼 온전히 자신의 이름을 남기지 못했다. 이준의 부인이 참여한 서울 대안동 국채보상부인회도 이씨·송씨·김씨·박씨·계씨·염씨·한씨 등과 같이 성씨만 남겼다. 이는 전통적인 가치관이 온존한 가운데 자신의 정체성을 밝힌 사실에서 매우 시사하는 바가 크다. 이처럼 인천항 여성들의 적극적인 자기존재성은 이후 국채보상운동이 진전되는 가운데 여성의식을 일깨우는 커다란 자극제나 마찬가지였다.

초기 회원만도 80여 명에 달하는 등 부인들의 적극적인 호응 속에서 진행되었다. 이 중 선발된 권고위원 20명은 2명씩 1개조로 편성하였다. 이들은 각각 동리를 맡아 여성들 동참을 권고하는 등 여론 조성에 노력을 기울였다. 활동 1개월 만에 회원이 500여 명으로 급증하는 등 대단한 성과를 거두었다.

> 대저 지금 우리나라 형편을 생각하면 결단코 편히 자고 편히 앉아 먹고 마실 때가 아니다. 개인으로 말하여도 남에게 빚을 지고 그 전주를 보면 압기(壓氣)가 되어 스스로 자유권리를 잃어버리고 필경 그 집은 점점 쇠퇴하여 보존치 못하나니 나랏일도 또한 일반이라.…(중략)…지금 세계 각국을 볼진대 남녀의 분별은 있으나 권리는 남자와 조금도 등분없는 것을 본즉 이것이 떳떳한 이치입니다. 여자도 우리 대황제 폐하의 적자는 일반인데 어찌 녹녹히 옛법을 지키고 안연히 부동하오리까. 비록 일푼일지라도 보조할 터인데 우리 여자가 다른 권리는 없으나 집집마다 양식 다루는 주권은 우리 여자에게 있는 고로 몇 사람이 작정하고

매일 먹는 양식 중 식구 수효대로 때때에 한 술씩 모아 국채 갚기로 이 회를 만들어 적성회라 하니 그 뜻은 밥 한술씩 모을 때마다 오로지 국채 갚기만 생각하며 국권회복하기를 축원하고 정성을 쌓자는 것이옵니다. 음력 정월 17일 엄씨 누이 사택에서 개회예식을 열고 회원 80여 명 중 권고위원 20명을 책정하여 두 사람이 한 동네씩 맡아 권고하기를 매일 먹는 양식 중 매 끼니 한술씩을 모은 회원이 500여 명에 달하였습니다. 특히 자원하는 회원이 적지 않으며 권고하기 전부터 소문만 듣고도 식구 수효대로 매 끼니 한술씩 모으는 이들이 많다 하니 이 상황을 미루어보 면 실로 인천항 부인들은 모두 적성회원이 되겠사오니 그저 감사할 따름 입니다. 우리는 밥 한술씩 덜 먹고 십시일반으로 모으는 쌀로 국채를 갚 아 노예를 면하고 자유를 찾아 영원히 독립하여 세계상 상등국이 되기를 바라나이다. 여보 자유를 잃고 백성 수효 밖에 버려져 있던 부인들아. 이때에 이르러 기꺼이 국민된 의무를 행하여 봅시다.[9]

　권고위원은 매주일 의연한 곡물을 수합했다. 활동 1개월 만에 회원은 500여 명으로 급증하는 등 대단한 성과를 거두었다. 1개월 동안 의연미 는 18섬 8되 8홉, 동화는 254원 36전, 1냥중짜리 비녀 2개가 모였다. 국미적성회 활동은 '이단체가 단연회보다 좋다'라고 평할 정도로 당대 인의 주목을 받았다. 심지어 전교관 김종대 대부인 허씨는 장기간 와병 중에도 의연금 모집에 동참하였다.[10] 이는 사회활동을 통한 여성들 스 스로에 의한 지위 향상은 물론 사회적인 인식을 바꾸는데 크게 이바지 했다. 계백산인(桂白山人)은 부인들의 활약상에 찬사를 아끼지 않았다.

9) 『제국신문』 1907년 4월 1일 잡보 「인천항적성회취지서」.
10) 박용옥, 『한국근대여성운동사연구』, 한국정신문화연구원, 1984, 130~132쪽.

인천 일대 의부(義婦)와 열녀가 밥 먹을 때마다 음식을 줄이고 그 나머지를 모았다가 의연금으로 내놓았다. 또다시 남의 집을 찾아다니며 권면하고 인도하기를 마치 거지가 구걸하는 듯이 한다. 길에서 서로 만나는 사람 모두에게 무어라 무어라 말하는데 그 말을 들어보면 모두 국채보상이라 하고 그 안색을 보면 당황하는 모습이 쫓기는 사람과 같다. 한 곳이 이와 같은데 다른 곳이 어찌 홀로 그렇지 않겠는가. 곧 온 나라가 마치 미쳐서 마음에 병든 자와 같은데 시험삼아 묻노니 누가 그것을 주장한 것이며 시간은 장차 어디로 돌아갈 것인가. 붓을 잡고 글을 쓰려 함에 손이 떨리고 간담이 놀라서 어리석음이 백치와 같아지고 붓을 던지고 종이를 찢음에 몇 번이나 눈 뜨고 숨만 쉬는 바보로 살고 싶지 않아서 이 인간 세상을 교화한 지가 오래되었다.[11]

분위기가 확산되는 가운데 김포군 검단면 고잔리에 거주하는 한씨·노씨·김씨 등은 국채보상의무소를 조직했다. 이들은 각 동리를 방문하여 취지서를 배포하는 동시에 부인들 동참을 권유하였다. 취지서 주요 내용은 "충효의 윤리에는 남녀의 차별이 없고 국채보상은 국가 흥망과 직결됨을 강조했다. 나라가 위급한 때에 부인들이라고 편안하게 있으면 부끄럽고 두려운 일임을 지적하는" 등 애국심을 일깨웠다.[12] 출연 방법은 돈만 의연할 것이 아니라 패물은 물론 곡식까지 출연함을 강조했다. 전황(錢荒)으로 고통을 받는 부인들 의연금 모집은 경제적으로 크다른 타격이 있으리라 인식에서 비롯되었다. 이는 경제적인 곤궁 속에서 전개되는 국채보상운동을 효과적으로 추진하려는 일환이었다.

---

11) 계백산인, 「國債義捐現狀記」, 『大韓每日申報』 1907년 3월 10일자.
12) 『제국신문』 1907년 3월 25일 잡보 「婦人發文」.

사회적으로 멸시와 냉대를 받던 부평군 남자 무속인의 단체인 부평무부청(富平巫夫廳) 회원들도 동참하였다. 석천에 거주하는 신흥복·신흥선·조양득 등 20명은 8원 80전을 의연하는 등 분위기에 편승하고 있었다.[13]

참여를 통한 인간적인 유대감은 사회적인 책무를 절감하는 소중한 경험이었다. 국미적성회 활동은 '차회(此會)가 승어단연회(勝於斷煙會)'라고 평할 정도로 당대인의 주목을 받았다. 이는 사회활동을 통한 여성들 스스로에 의한 지위 향상은 물론 사회적인 인식을 변화시키는 데 크게 이바지하는 요인이었다.

한편 국채보상취지서 내용은 크게 국가관·운명공동체관·경제관 등으로 구분할 수 있다. 당시 일반인들은 유교적 국가관과 민주공화주의적 국가관이 혼재하는 상황이었다. 유교적 국가관은 신민으로서 국가의 위기 상황에 충효로서 헌신해야 한다는 입장을 견지하고 있었다. 국민과 국가 사이에는 '충과 효'라는 유교적 국가관이 강하게 작용하는 분위기였다. 견리사의(見利思義, 이익을 보면 의를 생각함)는 행동으로 표출되었다. 즉 유교적 국가관은 근본적으로 민본주의적 가치관에 입각하였다. 나라는 백성을 위해 존재하고 백성은 나라를 위하여 헌신한다는 이민위심(以民爲心, 백성으로 마음을 삼음)의 민본적 정치원리를 실천하려는 의도와 밀접한 관련성을 지닌다. 조선 후기까지 민본적 정치관과 국가관은 백성들 사이에 강하게 자리잡고 있었다.

이와 동시에 공화주의적 국가관도 나타나고 있다. 국가 구성은 영토

---

13) 『황성신문』 1907년 7월 31일 광고 「국채보상의연금집송인원급액수」.

와 백성으로 정의하는 가운데 국가와 백성의 관계를 머리와 몸의 관계로 인식하였다. 이때 머리인 국가는 영토와 백성으로 이루어진 국가의 주권을 의미하며 주종 관계로 보지 않았다.[14] 공화주의적 국가관은 개인적 자유주의 국가관과 달리 국가의 공공선을 밝혔다. 이는 자유주의적 권리보다 공화주의적 책임을 매우 중시하는 입장이었다.

국민이 국채보상운동에 참여함으로 국가를 구하는 일이 국민의 의무이자 책임이라고 강조했다. 국채보상기성회의 창립은 13도가 하나로 연결되는 일이다. 국민과 정부는 손과 발처럼 서로 보존하는 일이 아니리오. "인간이 세상에 진 의무가 둘이 있으니, 나라를 위하고 가정을 위함이라. 가정은 나라 안에 있으니 나라가 흥왕한 즉 영내의 가정이 따라서 흥왕하고 나라가 쇠락한 즉 화를 면할 수 없다." 특히 국채보상을 위한 여성단체 조직도 남녀동등권 실현을 위한 과정으로 인식하였다. 자발적이고 경쟁적인 참여는 운명공동체라는 인식에서 비롯되었다. 당대인들은 국가와 마을과 가족 등을 생활공동체이자 불가분의 관계로 보았다.

가족 중에 빚으로 토지와 가옥을 빼앗길 상황에서 누가 책임을 질 것인지 따지지 않는 이치와 같다. 그대로 둔다면 부모와 집안 식구들이 다 집에서 나가 떠돌이 생활을 하게 된다. 나의 몸마저 둘 곳이 없게 된다는 논리이다. 국가와 가족과 나를 하나의 경제공동체로서 인식하

---

14) 엄창옥, 「국내 국채보상운동의 기반과 성격」, 한국여성독립운동연구소·국채보상운동기념사업회, 『국채보상운동과 여성구국운동의 재조명』, 도서출판 천지당, 2017, 46쪽.

고 있었다. 지역공동체 운영 원리는 국채보상에 도입됨으로 주민들 적
극적인 참여를 견인하는 기반이었다. 남자를 조사한 성책에 의하여 의
연금은 마을별로 할당되었다. 흉년으로 의연금 갹출이 어려운 경우에
는 마을이 소유한 공유지를 매각해서 할당된 의연금을 충당했다.[15] 특
히 경상북도 고령군·성주군·상주군·경주군 등은 이와 관련된 자료가
풍부하게 남아 당시 상황을 엿볼 수 있다.

20세기에 접어들면서 당대인은 군사적 제국주의가 지나가고 경제적
제국주의가 도래하고 있음을 감지하는 분위기였다. 제국주의 열강은
물론 러일전쟁에서 승기를 잡은 일제는 차관 공세에 전력을 기울이는
형국이었다. 이집트나 베트남 망국사에 대한 관심 고조는 이와 같은
상황과 밀접한 관련성을 지닌다.

> …(상략)…어떤 사람이 말하기를 '누가 그 돈을 썼나?' 남이 쓴 거라도
> 한 푼이라도 구경을 했나. 왜 우리에게 물어내라고 하는가. 무슨 돈을
> 1,300만 원이나 차관하여 모두 어디에 썼는가. 우리들이 추렴하여 물어
> 준다면 재미가 있어 또 자꾸 차관만 하게 되리라. 그 사람의 말이 그럴듯
> 하기는 하나 조금만 생각해보면 잘못 생각하고 있음을 자각하게 된
> 다.…(하략)…[16]
> …(상략)…일본이 억지로 빌려준 금액을 한국인들이 의연금으로 상환
> 하려는 일은 희귀한 일이라고 일전의 보도에서 간략하게 말했다.…(중
> 략)…일본이 자기를 살찌우려는 욕심이 우리나라 사람을 핍박함이 한층

---

15) 심상훈, 「한국국학진흥원 소장 자료를 통해 본 국채보상운동의 전개양상과 성격」,
『동아인문학』 33, 동아인문학회, 2015, 358쪽.
16) 『大韓每日申報』 1907년 2월 28일 잡보 「국채보상에 대하여 동포에게 경고함」.

더하여 날마다 심해지고 있다.…(하략)…[17]

국채는 부패하고 무능한 대한제국 정부와 일제의 유혹 등에 시작된 사실을 지적하는 내용이다. 논자는 차관에 의한 무능한 '식물정부'나 마찬가지인 근본적인 원인을 진단할 만큼 현실 인식이 심화되고 있었다. 자립경제를 통한 국민국가를 건설하려는 실천적인 사회운동으로 진전은 이후 항일운동을 이끄는 에너지원이었다. 개인보다 사회, 나아가 주권국가로서 유지는 곧 공익을 위한 행위임을 강조했다.

일제의 침략 강화는 배일의식을 새삼 일깨우는 동시에 민족적인 자긍심을 북돋우는 계기였다. 특히 상권을 둘러싼 경제적 불평등은 일상사에서 너무나 빈번한 현실이었다. 일본인 상인이나 자산가 등은 식민당국자의 지원하에 불법적인 행위를 일삼았다. 권력 비호와 거대 자본으로 무장한 이들과 경쟁은 애초부터 상대하기에 거대한 '괴물' 같은 존재였다. 전국 각지에 설립된 금융기관·기업 등의 자본력은 이러한 사실을 그대로 방증한다.[18] 제일은행권 통용은 민족자본 억제와 아울러 토착자본을 수렁으로 내몰았다. '침략의 최전선'에 거의 방치된 상인층의 적극적인 의연금 동참은 이와 맞물려 있었다. 물론 일본인과 결탁하여 자신들 이윤추구에만 매달리는 경우도 적지 않았다.

자발적·경쟁적인 의연금 동참은 변화하는 현실을 절감하는 현장이나 마찬가지였다. 동시에 사회구성원으로서 최소한 '사회적인 책무'를

17) 『大韓每日申報』 1907년 3월 2일 논설 「개량」.
18) 서은영, 「대한제국시기 민영회사의 설립과 그 성격」, 경희대석사학위논문, 1995.

인식하는 순간을 맞았다. 자아 각성은 민족운동 참여로 이어지는 등 역동적인 대응책 모색으로 귀결되었다. 특히 아낙네나 노파·주모·기생 등은 자신의 존재성을 재발견하는 중요한 계기였다. 타율적·소극적인 참여가 아닌 변화에 부응하는 새로운 가치관을 정립·견지하는 차원에서 이루어졌다. 이는 경제운동 차원을 넘어 새로운 사회질서를 모색하는 방향으로 진전되었다. 인습이나 잔존한 신분제 철폐와 약자에 대한 인식 변화는 이러한 사실을 그대로 보여준다.

인천지역 국채보상운동과 관련된 기록물을 정리하면 〈표 4〉와 같다.

〈표 4〉 인천지역 국채보상운동 기록 현황

기사제목	주요내용	주요인물	전거
단연결심(斷烟決心)	신상회사에서 단연동맹회 조직	정재홍, 김도윤, 강윤모, 장내홍 등 8명	황07.2.21, 2.23
인천항신상회사회동 의연	신상회사 사원들의 국채보상운동 참여	신상회사 사원	제07.3.4
인항용동(仁港龍洞)	인천항에 전개되는 국채보상운동 진행 상황 알림	박삼홍(朴三弘)	대07.3.5
인천항내동회동	내동 주민의 의연 참여		제07.3.6
보상의연현상기	의연활동 소개	계백산인(필명)	대07.3.10
인천제령학교 국채보상운동 의연	제령학교 의연금 모금		황07.3.14
인천항노인계 국채보상운동 의연	노인계 의연금 모금		황07.3.15
인천항어상회사 첨원 회동	어상회사 국채보상운동 참여		제07.3.25
부기졸업(簿記卒業)	미상회사 부기야학교 참여 결의	김홍윤	황07.3.29
인항 축항 김춘식가회동 의연	김춘식가의 의연	김춘식	제07.3.29

국채보상지론이 시자부산으로	권업사 직원 44명의 참여		대07.3.31
인천항적성회취지서	국미적성회 취지서		제07.4.1
인천해관회동	인천해관 직원의 참여		황07.4.11
2회출의(二回出義)	대한운수회사 인천지점 참여	김명환 등 44명	대07.4.17
인항 치치전 회동	치치전 참여		제07.4.17
인천항 축현철물점 회동 의연	축현철물점 직원 참여		〃
인천군 전반2리 장락동의연	장락동 주민 참여		제07.4.18
특이의연(特異義捐)	답동 하은 이기정이 대전장날에 의연	이기정	대07.4.24
인천항화개동사곽 회동	화개동 사곽 참여		제07.4.24
인천 조동면	조동면 주민 참여		황07.4.26
인천 전반면 제1리	전반면 제1리 참여		〃
인천 전반면 안현리	전반면 안현리 주민 참여		〃
가위적성(可謂赤誠)	국미적성회의 주요 활동		제07.4.29
인천항인의회(人宜會) 의연	인의회원의 참여		황07.4.29
인천항내동지상옥2회 의연	내동 지상옥 등 참여	지상옥	제07.5.2
인천 조동면 제3리 의연	조동면 제3리 참여		황07.5.3
인천 조동면 운곡리 의연	조동면 운곡리 참여		황07.5.3
인천 이리면 매착리 국채보상운동 의연	매착리 주민의 참여		대07.5.3
단연영맹(斷煙永盟)	미상회사 사원고 부속학교 차여	김홍윤:부교장	대07.5.12

병중출연(病中出捐)	김종대 대부인 출연	김종대 대부인	대07.5.12
인천항청년계 인천항 관시상 회동	회원들의 의연 참여		제07.5.14
인천항 내동 조용구	조용구의 의연참여	조용구	황07.5.17
인천 주안면 간촌 의연	주민들 의연		제07.5.20
인천해관 회동 제2회	해관원 의연 참여		황07.5.21
인천항 내동 김치수가 회동, 인천항 용동	김치수가와 용동 주민 참여	김치수	제07.5.22
인천 영종후소면 각동, 당하광동리	주민들 의연	김승배 김병후 등 94명	제07.5.22
일인의연(日人義捐)	일본인이 100원 의연		대07.5.29
인천 다소면 화동리, 인천항 외홍성동	주민들 참여	이승우 김운학 등 33명	제07.6.8
인천항내유인(仁川港來留人)	인천항 거주 상인 참여	개성인 마응휘 장인순 등 12명	대07.7.13
의기피착(宜其被捉)	인천노동회장 의연금 착취	宜其被捉	황07.9.25
독융희원년12월역사 (讀隆熙元年 十二月歷史)	단연동맹회를 논설로 다룸	단연동맹회 활동상 소개	황08.1.7

제6장

친일세력 발호에 정면으로 맞서다

제1절 친일세력 발호에 경각심을 주다

개항 이래 일본은 다양한 방법을 통하여 자국에 유리한 여론 조성에
몰두하였다. 수신사(修信使)와 신사유람단(紳士遊覽團) 등에 대한 우호적
인 입장은 이를 대변한다. 민간인이나 종교단체 등도 갑신정변 이후
이에 동참하는 등 전방위적으로 전개되었다. 불교계나 대일본해외교육
회는 대표적인 단체였다. 이들은 선교사업과 근대교육을 구실로 각지
에 포교당이나 사립학교를 설립하는 등 친일세력 육성에 앞장섰다.[1]
명성황후시해사건과 삼국간섭 등으로 잠시 주춤하던 활동도 이후 재개
되었다.

일제의 친일세력 육성책은 크게 4가지 영역에서 이루어졌다. 관·사
비유학생 지원, 정치적 망명자 비호, 고위관료 비호·매수, 친일단체 육
성은 대표적인 경우이다. 이들에 의하여 일제의 한국침략은 급속하게

---

1) 한용진, 「개화기 일본 민간단체 설립 학교 고찰-경성학당을 중심으로-」, 『동양학』
   38, 194~196쪽.

추진될 수 있는 기반을 구축할 수 있었다. 러일전쟁 발발과 더불어 친일
세력은 사회적인 영향력을 증대하는 계기를 맞았다. 일진회로 통합된
진보회나 유신회 주요 임원들은 중앙정계와 지방관으로 점차 진출하기
시작하였다. 이들은 을사늑약에 가담하는 등 자신들의 정체를 드러내
었다.[2] 심지어 자신들 기득권 유지를 위한 어떠한 불법적인 행위도 서
슴지 않았다.

　지역사회 대립·갈등 격화는 이러한 상황 속에서 점차 심화되지 않을
수 없었다. 상호간 불신은 외세에 대한 저항정신을 반감시키는 요인이
었다. 의병전쟁론자와 계몽자강론자 갈등도 이와 더불어 격화되었다.
일제는 '시정개선'을 구실로 사회구성원 상호간 대립을 조장시키는 등
민족적인 역량을 약화시키는 데 노력하였다.[3] 각지에서 자행된 일진회
원에 의한 불법적인 침탈은 이러한 상황과 맞물려 있었다. 곧 친일세력
에 대한 방조는 악랄한 식민통치의 일환이었다. 일제는 대립과 갈등을
통한 민족분열책마저 자행하였다.

　초대통감으로 부임한 이또는 한국 '병합'을 위한 기초작업에 착수하
였다. 행정기구와 행정구역 개편, 「보통학교령」 실시, 치안기능 강화,
한국군대 약화를 위한 군제개편 등은 이러한 의도에서 비롯되었다. 아
울러 친일세력도 정부 요직에 점차 등용하는 등 '침략통로' 구축에 노력
하였다. 일본에 망명 중인 인사에 대한 대대적인 사면과 한국으로 귀국
은 이러한 가운데 진행되었다.[4] 박영효나 유길준 등에 대한 사면은 대

2) 강동진, 『일제의 한국침략정책사』, 한길사, 1980, 119~141쪽.
3) 홍영기, 『대한제국기 호남의병 연구』, 일조각, 2004, 427~433쪽.

표적인 경우였다.

박영효 귀국은 당시 정계는 물론 조야에 커다란 파문을 일으켰다. '을사오적'에 대한 반감은 이완용 내각에 대한 불신으로 이어졌다. 이또가 구상한 대안 중 하나는 박영효내각 구성으로 귀결되었다.[5] 그런데 자강단체 임원들은 대대적인 박영효환영회를 준비하느라 부산하게 움직였다. 주요 인물은 권동진·오세창·김규식·여병현·장지연·윤효정·오상규·최병헌과 장헌식·김가진·유성준 등이었다. 이들은 국민교육회·대한자강회·서우·한북흥학회 등 당시 자강단체를 주도하거나 정계를 대표하는 지도자나 다름없었다. 환영회비 수합소인 황성신문사·제국신문사·만세보사 등은 이와 관련하여 의미하는 바가 적지 않다.[6] 친일세력은 이러한 가운데 활동영역을 점차 확대하는 등 사회적인 영향력을 강화시켜 나갔다. 이에 직면한 정재홍은 수많은 번민을 거듭하지 않을 수 없었다. 그는 친밀한 동료들조차도 일제 침략에 편승하는 분위기 감지와 행위를 직접 목격하였기 때문이다.[7] 어느 때보다 사회적인

---

4) 『만세보』 1906년 11월 8일 논설 「國事犯」 ; 『황성신문』 1907년 3월 14일 잡보 「國事犯特赦說」, 7월 2일 잡보 「韓日親睦經營」.

5) 『황성신문』 1907년 6월 7일 잡보 「巷說誰信」.

6) 『황성신문』 1907년 6월 25~29일 광고 「朴泳孝氏歡迎會 趣旨」 ; 『만세보』 1907년 6월 25일 잡보 「朴氏歡迎會」, 6월 26일 논설 「歡迎」, 6월 28-29일 광고 「朴泳孝氏 歡迎會 趣旨」.

7) 정재홍과 교류하는 인물 중 일제 식민통치 체제 내로 편승은 박영효환영회발기인 명단에서 엿볼 수 있다. 발기인 명단은 다음과 같다.

權東鎭 金相天 金達河 金東完 金益南 金奎植 呂炳鉉 柳東作 劉文煥 劉秉珌 李鍾一 李宇榮 李人植 李冕宇 李敏卿 朴殷植 朴宗桓 石鎭衡 申羽均 沈宜性 安國善 魚瑢善 吳世昌 俞星濬 俞承兼 尹孝定 尹致昨 尹昌烈 張志淵 張燾 鄭雲復 崔炳憲 崔岡 韓基

경각심을 일깨우는 실천적인 행동이 요구되는 시기였다.

정재홍의거는 당시 신문이나 학회지 등지에 여러 번 보도되는 등 세인의 관심을 집중시켰다.[8] 『대한매일신보』·『황성신문』과 『대한자강회월보』·『서우』 등은 당시 상황을 자세하게 보도하였다. 미주지역 『공립신보』도 상세하게 보도하는 등 동포사회에 커다란 반향을 불러일으켰다. 심지어 저격대상자인 박영효도 대리인을 통하여 적십자병원으로 이송된 그를 위문할 정도였다.[9] 「사상팔변가」와 「생욕사영가」는 일제 침략에 대한 노골적인 적대감을 보여준다. 「유서」는 현실에 대한 자신의 입장을 분명하게 드러내었다.

> 저 대일본 보호한국국민 정재홍은 뜻이 있어 나라를 근심하는 우리 동포 모인데 한 말씀 경고문을 삼가 드리노라. 나라 위하여 마땅히 죽을 땅에 죽으면 효력이 천배나 만배까지라도 미치나 그러나 죽기 싫고 살기 좋은 인정이라. 남으로 하여금 죽어 나의 살 영화를 도으라 하면 그 어찌 되리오. 차라리 내가 이곳에서 죽어 우리 동포 제군으로 하여금 몸을 버려 나라에 도움이 될 경우에 생각하게 하심이로다.
> 광무11년 6월 30일.[10]

準 洪在箕 玄隰 李甲 池錫永 吳相奎 徐相八 姜윤熙 崔錫昌 俞鎭泰 金基元 鄭鎭弘 羅壽淵 李成鎬 李舜夏 俞鎭衡 朴台胤 郭台鉉 朴正銑 鄭熙燦 李敏高 張憲植 尹錫準.

8) 『대한매일신보』 1907년 7월 2일 잡보 「정씨ᄌ결」, 7월 6일 잡보 「리씨후의」, 7월 13일 잡보 「정씨츄도」, 16일 잡보 「정씨츄도회」 ; 『황성신문』 1907년 6월 24~25일 논설 「朴泳孝氏」, 7월 1일 잡보 「歡迎會槪報」, 7월 2일 잡보 「志士長逝」와 「志士一聲」, 7월 3일 잡보 「歡迎會」.

9) 황현, 『매천야록』, 417쪽 ; 『대한매일신보』 1907년 7월 2일 잡보 「금릉위위문」 ; 『大韓每日申報』 1907년 7월 2일 잡보 「錦陵尉慰問」 ; 『황성신문』 1907년 7월 2일 잡보 「志士一聲」 ; 『공립신보』 1907년 8월 2일 본국소문 「志ᄉ一셩」.

그는 당시 상황을 일제의 '보호국'으로서 인식하고 있었다. '대일본 보호한국국민'은 그의 인식을 가장 함축적으로 나타낸 부분이다. 그런데 대부분 우국지사는 당시 상황을 심각하게 받아들이지 않았다. 개인적인 안락한 삶을 버리고 자결을 선택한 이유는 숭고한 나라사랑이었다. 민족과 국가를 위한 죽음은 그에게 진정한 삶의 의미를 부여하는 요인이었다. 즉 그는 자결을 통하여 멸사봉공하는 정신을 동포들에게 일깨우려는 의도였다. 또한 실천적인 행동은 위기상황에 대한 경각심을 일깨우려는 의도와 무관하지 않았다.[11] 이는 계몽활동을 가장한 '사이비 선각자'에 대한 선전포고나 다름없었다.

「사상팔변가」는 인간으로서 고뇌를 고스란히 드러내었다.[12] 「유서」와 마찬가지로 죽음에 대한 두려움은 이를 방증한다. '매국역적' 처단은 그의 계획 중 하나였다.

제일변 : 나라하고 상관된 / 공변되게 미운놈
한매에 쳐죽여서 / 이내 분 풀리로다.

---

10) 『황성신문』 1907년 7월 1일 잡보「鄭氏自砲, 遺書」;『大韓每日申報』 1907년 7월 2일 잡보「鄭氏自砲, 遺書」;『대한매일신보』 1907년 7월 2일 잡보「졍씨ᄌ결」;『공립신보』 1907년 8월 2일 본국소문「뎡氏유書」; 대한자강회,「會員動靜, 遺書」『대한자강회월보』 13, 72쪽.

11) 황현, 『매천야록』, 417쪽.

12) 정교, 『대한계년사』, 256쪽.
    "則第一變日, 與國相關公憎之漢, 一棒打殺泄我之憤, 第二變日, 不善擊而不中, 徒然我死, 第三變日, 以六血砲速放快走, 則無事, 第四變日, 六血砲當場買, 第五變日, 欲殺他而我生, 於天理不爲, 第六變日, 殺之後我亦死, 第七變日, 只殺他一人, 我死只兩人爲相讐, 第八變日, 只一人我死, 若全國感醒爲此身之榮華, 國家之幸福."

제이변 : 잘못쳐서 못마치면 / 속결읍시 나만죽네.

제삼변 : 육혈포로 얼른놓고 / 빨리뛰면 일없도다.

제사변 : 육혈포를 당장샀네.

제오변 : 남죽이고 나살아면 / 천리에 못될리로다.

제육변 : 죽이고서 나도 죽자.

제칠변 : 한사람 남죽이고 / 한사람 나죽으면
　　　　양인상수 될뿐이라.

제팔변 : 한사람 나만죽어 / 전국이 감성하면
　　　　이몸에 영화되고 / 국가에 행복일세.[13]

　개인적인 입장은 매국노 친일인사 처단이었다. 제1변의 "나라하고 상관된 공변되게 미운 놈"에 대한 비판은 이를 방증한다. 그런데 이는 감정적·일시적인 반향만 불러올 뿐이라고 생각하였다. 남을 처단하고 자신이 살려고 한다면, 이는 천리(天理)에 어긋나는 도리나 다름없었다. "남을 죽이고 자신만 살고자 한다면 천리에 어긋난다"는 입장은 이러한 인식을 그대로 보여준다. 친일파에 대한 처단이나 자결을 위한 비상수단은 육혈포 구입이었다. "육혈포를 당장 살 수밖에 없었던" 이유는 그만큼 시급한 문제였기 때문이다. 자결이나 처단 등 방법은 그에게 부차적인 문제로서 인식되었다. 제6변은 고뇌하는 인간으로서 모습을 연상시킨다.

---

13) 『황성신문』 1907년 7월 1일 잡보 「鄭氏自砲, 思想八變歌」 ; 『大韓每日申報』 1907년 7월 2일 잡보 「鄭氏自砲, 思想八變歌」 ; 『대한매일신보』 1907년 7월 2일 잡보 「정씨ᄌ결, ᄉ상팔변가」 ; 『공립신보』 1907년 8월 2일 본국소문 「뎡氏유書, ᄉ상八변가」 ; 편집부, 「會員動靜, 思想八變歌」, 『대한자강회월보』 13, 73쪽.

그는 오직 자신을 희생하는 가운데 국민들에게 보다 현실을 직시할
수 있도록 계기를 부여하는 문제에 봉착하였다.[14] 제8변은 이러한 인식
을 그대로 보여준다. 자기희생을 통한 독립국가를 유지하려는 의도는
이를 통하여 엿볼 수 있다. 더욱이 자결을 앞둔 인간으로서 고뇌와 갈등
은 여기에 고스란히 드러난다. 이는 기독교인으로서 순교적인 삶의 자
세와 무관하지 않았으리라.[15] 조국과 민족을 위한 참된 죽음은 언젠가
'부활'한다는 소망을 고스란히 드러내고 있다. 지사로서 초연한 자세는
'영화된 죽음'을 마다하지 않는 점이다.

이는 「생욕사영가」를 통하여 더욱 구체화되었다.[16] '영화로운' 죽음
으로 표현은 복잡다단한 심경 표현과 아울러 시대상황에 적극적으로
부응하는 내면세계를 잘 반영하였다.

> 영화로다 영화로다 / 이내죽음 영화로다.
> 흑같이 썩은말도 / 죽은후엔 금언일세.
> 군사길러 전쟁보담 / 지사죽음 유력하의.
> 지사열만 잘죽으면 / 잃은국권 되찾는다.
> 인생한번 아니죽나 / 조만상관 뿐이로다.
> 죽지않고 살아한덜 / 서서살땅 어디잇나.

---

14) 『大韓每日申報』 1907년 7월 3일 기서 「鄭君在弘捨生論, 辨義尉生」.
15) 『大韓每日申報』 1907년 7월 3일 잡보 「筆下權聲」.
16) 정교, 『대한계년사』, 256~257쪽.
  "榮華榮華, 此我死榮華, 似土之腐說, 死後則金言, 比養兵而戰爭, 志士死之有力,
  十箇志士若善死, 失國權之可復, 人生誰無一死歟, 只早晚之相關, 不死而欲生, 立而
  生地在何處, 死於他人手之日, 犧牲爾非耶."

남의손에 죽는날은 / 희생이 네아니야.
나죽어 영화됨을 /보고어서 따라오게.[17]

그는 일제 보호국으로 전락한 현실을 강력하게 비판하였다. 군사 양성에 의한 일제와 전쟁은 그에게 중요한 의미를 지닌다. 그런데 현재 상황에서 보다 시급한 일은 국권회복을 위한 지사들의 실천적인 행동이었다. 더욱이 현실은 죽지 않고 마땅하게 살 수 있는 땅조차 찾을 수 없었다. 이에 치욕적인 삶보다 조국을 위해 죽음을 선택할 때, 그는 참된 지사로서 삶에 의미를 부여할 수 있다는 입장이었다. 이처럼 스스로는 선각자로서 행동을 주저하지 않았다. 곧 자결은 국권회복에 바탕을 둔 정상적인 현실로 되돌리기 위한 최선책이나 다름없었다. 스스로 죽음을 영화롭다고 표현한 대목은 의미하는 바가 크다.

한편 너무나 인간적인 면모는 곳곳에서 볼 수 있다.[18] 가장으로서 가족에 대한 애틋한 감정은 「추탁서(追托書)」에 그대로 나타난다.

밖으로는 부귀지욕(富貴之慾)
안으로는 의가지락(依家之樂)

---

17) 『황성신문』 1907년 7월 2일 잡보 「鄭氏自砲, 生辱死榮歌」 ; 『大韓每日申報』 1907년 7월 2일 잡보 「鄭氏自砲, 生辱死榮歌」 ; 『대한매일신보』 1907년 7월 2일 잡보 「졍씨ᄌ결, 생욕ᄉ영가」 ; 『공립신보』 1907년 8월 2일 본국소문 「뎡氏유書, 싱욕ᄉ영가」 ; 대한자강회, 「會員動靜, 生辱死榮歌」, 『대한자강회월보』 13, 73~74쪽.
18) 정교, 『대한계년사』, 256쪽.
"外則富貴欲, 內則室家之樂, 盡棄不顧之際, 更何憂矣, 然而一付托, 兩個子敎育事, 相愛之同胞, 惟勉力之爲望."

다버리고 불고(不顧)할때
다시 무엇 걱정하리
그러하나 한 부탁(付托)은
두명 자식교육(子媳敎育)할일
사랑하는 동포게에(에게)
바라나니 힘써주오.
정재홍
국내 동포중.[19]

자식·남편·아버지로서 입장은 사회적인 부귀와 안락한 삶이었다. 스스로도 이러한 삶을 동경하고 있었다. 그런데 자신은 오직 조국을 위하여 사사로운 감정에서 벗어나고자 하였다. 자식인 정종화·정종원에 대한 교육문제 부탁은 부친으로서 인간적인 모습을 새삼스럽게 보여준다. 근대교육에 대한 남다른 관심은 여기에서 고스란히 엿볼 수 있다. 이는 전국민에 대한 마지막 부탁이자 염원이나 다름없었다.

한편 그는 동료인 인천감리 서상집의 3개월 신문구독료 체납을 대납하였다. 하상기(河相冀)·유찬(劉燦)·서병규(徐丙珪)를 비롯한 인천감리와 경무관·군수·서기·향장 등은 신문구독료를 제대로 납부하지 않아 많은 비난을 받았다.[20] 구독료 독촉을 위한 광고는 당시 상황을 잘 방증

---

19) 『大韓每日申報』1907년 7월 2일 잡보「鄭氏自砲, 追托書」;『대한매일신보』1907년 7월 2일 잡보「정씨ㅈ결, 츄탁셔」; 편집부, 「회원동정, 追托書」, 『대한자강회월보』13, 74쪽.
　여기에는 '정재홍'이라는 성명이 없다. 내용은 거의 유사하나 몇몇 글자만 다를 뿐이다.
20) 『황성신문』1907년 3월 5일~7일 광고「皇城新聞價」.

한다. 이는 인천지역에 한정된 문제가 아니라 전국적인 현상이었다. 황
성신문사의 각도 관찰사에게 체납된 신문구독료 징수 요청은 이러한
상황과 맞물려 있었다. 신문사는 『황성신문』 폐간 등을 고려할 정도로
심각한 상상이었다. 그는 서상집 재임시 체납된 황성신문구독료 전부
를 청산하는 등 동료에 대한 우의를 베풀었다.[21]

경성고아원에 대한 후원도 정에 넘치는 인간미를 보여준다. 이는 생
명에 대한 외경심과 무관하지 않았다. 인권의식이 거의 전무한 당시에
고아들에 대한 무한한 사랑은 이러한 의식에서 비롯되었다. "이번 박영
효 씨 환영회장에서 스스로 자결하여 죽은 정재홍 씨는 원래 이필화
씨와 교분이 자별할뿐더러 경성고아원을 설립한 후에 정씨가 특별히
찬성원으로 이 고아원의 유지방침을 열심 주선하다가 이번에 자기 마음
을 결정하고 자선사업에 유명한 임원인(林元忍) 씨로 사무를 대리하게
했다. 별도로 고아원 주인에게 부탁할 일이 있었던지 세 번이나 심방(尋
訪)하였다가 결국 만나지 못하고 한탄하더라는 말을 이씨가 이후에 들
었다. 애처롭고 미안한 마음으로 즉시 병원으로 갔다가 보지 못하여
대단히 비통한 심정을 위로하고자 수천 냥에 달하는 매우 비싼 수의(壽
衣) 한 벌을 보내어 장사하게 하였다더라.[22] 자결을 앞두고 경성고아원
을 세 번이나 찾은 이유도 여기에 있었다.

---

21) 『황성신문』 1907년 3월 5~14일 광고 「特別五告」, 3월 6일~4월 13일 광고 「特告十
三道觀察使」, 3월 14일 잡보 「愛友代償報價」.

22) 『大韓每日申報』 1907년 7월 6일 잡보 「李氏厚誼」; 『대한매일신보』 1907년 7월
6일 잡보 「리씨후의」.

제2절 의로운 죽음에 국내외 동포들이 화답하다

의거 소식을 접한 유지들은 곧바로 유족들을 돕기 위한 의연금 모집에 나섰다. 발기인은 윤치오(尹致昨)·서상팔(徐相八)·윤정석(尹晶錫)·유동작(柳東作)·박종환(朴宗桓)·김익남(金益南)·유병필(劉秉珌)·지석영(池錫永)·정희찬(鄭熙燦)·윤석준(尹錫準)·이성호(李成鎬)·최강(崔岡)·윤효정(尹孝定)·이종준(李鍾濬) 등이었다. 7월 1일 취지서는 신문에 보도되는 등 세인의 관심을 끌었다. 곧 이들은 「지사정재홍군유족구조의연금모집취지서(志士鄭在洪君遺族救助義捐金募集趣旨書)」를 광고하는 등 대대적인 모금활동에 들어갔다.

> 오호라 사람이 죽지 않을 수 없으나 한 번 죽음에 반드시 명분과 의리가 있으니 어찌 쉬운 일이겠는가. 지사 정재홍의 한 번 죽음을 살펴보면 그 유서 4종류가 있으니 가위 명분을 이루고 의로움을 세웠으니 장쾌하도다 정군이여. 그대는 뜻이 있는 애국지사라. 나라가 병들어 미약하며 사회가 부진함을 탄식하며 오직 한 몸으로 전국 인민들을 위해 희생하였다. 국가적 정신을 일깨우고 마침내 광무10년(11년의 오자) 6월 30일 하오 3시에 한 발 총으로 그 뜻을 수행하였으니 그대의 지사로서 명성과 헌신은 의롭도다. 그러나 그 유서를 읽어보니 무한한 감개와 무한한 비통함이 말로 표현하기 한마디로 표현하기 두렵구나.…(하략)…[23]

이들은 그의 죽음을 애도하는 한편 애국지사로서 칭송하였다. 아울

---

23) 『황성신문』 1907년 7월 2~4, 17~26일 광고 ; 대한자강회, 「會員動靜」, 『대한자강회월보』 13, 72~78쪽.

러 인재양성을 통한 국권회복 도모에 거의 전재산을 희사함으로써 유가
족의 생계를 위한 의연금 모집을 호소하고 나섰다. 의연금 모금에 전국
각지 인사들은 속속 동참하는 등 열사의 순국 추모에 전혀 인색하지
않았다.[24] 지방 곳곳에서도 의연금을 답지하는 등 전국적인 관심을 환
기시켰다. 심지어 저격의 대상자인 박영효마저 대리인 김홍조를 통하
여 입원비를 지원하기에 이르렀다.[25]

장례식에 참석한 인물은 이동휘·윤치오·김동완·석진형과 전덕기·
최병헌 목사 등을 비롯한 당대를 대표하는 계몽자강론자들이었다. 대
한자강회는 영도사에서 추도회를 거행하는 등 열사의 숭고한 애국정신
을 기리었다. 추도회장에 참석한 회원들은 유지를 받들어 계몽운동 활
성화 방안을 모색하였다.[26] 이러한 분위기는 점차 확산되었다. 그의 의
거는 곧바로 젊은 청년들에게 많은 영향을 미쳤다. 고종양위를 전후한
결사회(決死會) 활동은 상황을 이해하는 데 중요한 실마리를 제공한
다.[27] 또한 그의 추도회 개최를 전후한 전·현직 각료들의 야유회에 대
한 집중적인 비난은 당시 분위기를 방증한다. 이들의 작태에 분개한
김희창(金熙昶)은 대한자강회 회원인 그의 동료였다.[28]

24) 『황성신문』 1907년 7월 2~16일 광고 「志士鄭在洪氏錦 遺族救助義捐金氏名」;
『大韓每日申報』 1907년 7월 11일 잡보 「諸氏義捐」.
25) 『大韓每日申報』 1907년 7월 2일 잡보 「錦陵尉慰問」.
26) 『황성신문』 1907년 7월 12~13일 광고, 7월 13일 잡보 「鄭志士追悼會」; 『대한매일
신보』 1907년 7월 12일 잡보 「정씨츄도」, 7월 16일 잡보 「정씨츄도회」.
27) 『대한매일신보』 1907년 7월 20일 잡보 「결ᄉ회츙분」과 「장안에 총소리」와 시ᄉ평
론, 7월 23일 논설 「황태ᄌᄃ리리ᄒ신 ᄉ실」.
28) 대한자강회, 「내지휘보, 대표질품」, 『대한자강회회보』 11, 73~74쪽 ; 『황성신문』

물론 자결에 대한 부정적인 입장도 개진되었다. 『경향신문』은 천부
인권론에 입각한 관점에서 자결을 비판하였다.[29] 이는 생명을 존귀하
게 생각하는 종교적인 입장을 대변하는 관점이었다. 즉 기독교인으로
서 자결은 윤리적인 측면에서 결코 용납될 수 없는 표현에 불과할 뿐이
었다. 자결은 기독교리에서 크나큰 죄악이나 다름없었기 때문이다. 또
한 제국주의 열강의 입장도 어느 정도 반영되었다. 20세기 초반 정동교
회를 중심으로 전개된 민족운동 흐름은 이러한 역사적인 연원 속에서
전개되었다.[30]

정재홍의거는 국외 동포사회에 커다란 반향을 불러일으켰다. 일제의
국권침탈에 대한 분노와 아울러 열사의 희생정신을 기리려는 노력도
병행되었다. 미주 공립협회(共立協會)가 개최한 추도회는 현지 분위기를
분명하게 보여준다.

> 융분소격에 순절한 의인 열사와 금번 정변에 혈전연명한 군인과 애국
> 지사 제공을 위하여 다가오는 예배 6일 하오 5시에 본회에서 추도회를
> 설행하오니 내림하시오.
> 추도제공은
> 만국평화회특파위원 전검사   이준씨
> 시위제1연대대장 육군참령   박성환씨
> 팔변사상에 일포자결한   지사   정재홍씨

1907년 7월 16일 논설 「老人會」과 잡보 「老人大亡身」.

29) 『경향신문』 1907년 7월 12일 논설 「백성의 원한을 좀 생각하면 좋겠소」.

30) 한규무, 「1900년대 서울지역 기독교회와 민족운동의 동향」, 『한국민족운동사연구』
19, 한국민족운동사연구회, 1998, 18~25쪽.

금번 정변에 전사입전한 웅렬 군인동포 제씨라.
상항공립협회 고백.[31]

정재홍은 이준·박성환 등과 함께 미주 한인사회에서 당대를 대표하는 애국열사로서 선정되었다. 그의 사후 1개월 만에 강요된 군대해산 당시 서울시가전에서 사망한 무명용사와 함께 이들은 외세 저항세력의 주체로 인식될 정도였다. 이처럼 해외동포들도 그의 숭고한 나라사랑과 조국애를 높이 평가하였다.

이후 인천인들은 친일세력 발호에 대하여 보다 격렬한 형태를 보였다. 청년들은 일인 거류지를 방화하는 등 노골적인 적대감을 표출하였다. 곧이어 고종양위와 군대해산시 상인들은 철시를 단행하는 등 지사의 유지를 계승·발전시켜 나갔다. 주민들 700~800여 명은 일본인 가옥에 방화와 철시를 단행하는 등 적개심·저항심을 드러내었다. 친일세력은 이러한 분위기로 일시나마 위축되지 않을 수 없었다. 그런데 일제는 헤이그특사사건을 빌미로 고종황제 강제퇴위와 한국군해산 등을 단행하였다. 이에 의병전쟁은 전면전으로 확산되는 계기를 맞았다. 한국인 배일의식은 더욱 고조되어 나갔다. 이러한 가운데 근대교육운동도 저변을 확대하기에 이르렀다. 인천지역 사립학교설립운동과 야학운동 활성화는 당시 상황을 이해하는 데 주요한 실마리를 제공한다.[32]

그는 대한제국기 인천지역을 대표하는 자강론자였다. 1906~1907년

---

31) 『공립신보』 1907년 8월 9일 잡보 「追悼會豫告」.

32) 『대한매일신보』 1907년 7월 23일 잡보 「인천항충화」, 7월 24일 잡보 「항구철시」 ; 김형목, 『대한제국기 야학운동』, 113~116쪽.

각종 계몽활동과 근대교육 등은 그에 의하여 주도되었다. 신상회사와 미상회사 사원 등을 중심으로 영화학교에 대한 지원은 이러한 활동 중 하나이다.[33] 단연동맹회·광학회·대한자강회 인천지회 활동과 인명학교·속성부기야학을 비롯한 관내 사립학교 설립·지원은 이를 방증한다. 그런데 일제 침략 강화와 더불어 대부분 자강론자들은 식민체제 내로 점차 포섭되는 경향성을 드러내었다. 이와 달리 그는 적극적인 저항을 강구하였다. 친일세력 발호에 맞선 자결은 계몽자강론자들 중 찾아볼 수 없는 거의 유일한 경우이다. 더욱이 그와 깊은 연관성을 지닌 정동교회 주요 인사들도 을사늑약 이후 소극적인 민족운동 노선을 견지하고 있었다. 그래서 정재홍의거는 더욱 역사적인 의미를 함축하고 있다. 지도층으로서 사회적인 책무를 다한 그의 활동상은 오늘날 우리에게 새삼스러운 의미로서 다가온다. 당시 널리 회자된 동요 「거누구타령」은 민족운동사상 그의 위상을 고스란히 담고 있다.

> 거누구가 날찼나 / 거누구가 날찼나
> 날찼을이 없건만은 / 그거누구가 날찼나
> 진나라 시황제는 / 육국을 삼키자 날찼나
> 역발산 초패왕은 / 진나라 치자고 날찼나
> 한태조 고황제는 / 천하를 소평하자 날찼나
> 와룡선생 고황제는 / 조조치자고 날찼나
> 법국의 나팔룬은 / 개혁하자고 날찼나
> 합중국의 와싱톤은/ 독립하자고 날찼나

---

33) 『황성신문』 1906년 5월 18일 광고.

덕국의 비사막은 / 법국을 이기자 날찼나
의태리의 가부이는 / 국권회복하자고 날찼나
일본의 고산정지는 / 유신하자고 날찼나
날찼을이 없것만은 / 그거누구가 날찼나
의혹함이 자심하여 / 문을열고 나서보니
여러선생이 오셨는데 / 차례차례로 부탁하네
평양명장 을지문덕은 / 수양제 치든듯 부탁하고
충무공 이순신은 / 외적치든일 부탁하고
양이공 김응서는 / 중흥사업을 부탁하고
충정공 민영환은 / 독립회복을 부탁하고
조충정 김봉학제씨는 / 국권물실을 부탁하고
의사의 정재홍은 / 보호국 면함을 부탁하고
그부탁을 듣고보니 / 한심하고도 답답하다
어찌하면 된단말가 / 방책쫓아 막막일세
될방책을 생각하여 / 동포에게 권하노니
말은 아모리 천근하나 / 새겨듣기를 축수하오
될방책을 생각한즉 / 우리 할일도 너무 많다
앉졌다가 누었다가 / 천사만려가 모여들때
거누구가 날찼나 / 거누구가 날찼나
여러 선생이 다녀간후 / 어느 누가 또오시나
오셨구나 오셨구나 / 고명한 선생이 오셨구나
각신문사 기자님과 / 여러학회 회원들과
일반사회 벗님네와 / 상업회의소 소장이며
여자교육회 회원들과 / 교육서화관 관장님이
차례차례로 들어오서 / 한헌인사를 필한후에
애국정신을 가다듬아 / 부강방책을 말하신다
전국내의 사람마다 / 신문을 만히 봐아될것

각도각군 면면촌촌이 / 학교설립을 해야될것
이천만인 단체되고 / 교육식산을 해야될것
샹업계를 개량하여 / 외국수출을 해야될것
여자들을 교육하여 / 남녀동등이 되야될것
서화관을 설립하여 / 미술발달을 해야될것
그외에도 천만사에 / 설폐구폐를 설명하여
독립권을 회복하고 / 자유권을 보전할일
신문사에 부탁하니 / 옳은말로 깨달으사
그선생께서 한말대로 / 시행하기를 바랍니다.[34]

동요는 나라의 위기를 극복하거나 국력을 신장시킨 세계적인 인물인
진시황(秦始皇)·한고조(漢高祖)·나폴레옹(Napoléon Bonaparte, 拿破崙)·와
싱톤(George Washington, 華盛頓)·비스마르크(Otto von Bismarck, 俾斯麥)
등을 언급했다. 이어 을지문덕(乙支文德)·이순신(李舜臣)·민영환(閔泳煥)
등과 같이 극난 극복과 의혈적인 인간으로 정재홍을 서술하였다. "정재
홍은 대한제국이 일제의 보호국(식민지-필자)이 되지 않기를 부탁했다.
이 말을 듣고 보니 한심하고 답답한 심정일 뿐이다."라고 표현하였다.
다만 이에 대한 의미를 제대로 부여할 수 없는 필자의 능력 부족을 절감
할 뿐이다.

그의 의열투쟁은 이후 국난극복을 위한 저항정신으로 이어졌다. 일
제 침략에 맞서 대한제국기는 물론 일제강점기 지속적으로 전개된 의
열투쟁은 이를 방증한다. 안중근의거와 전명운·장인환의거 등도 이와

---

34) 『대한매일신보』 1907년 7월 12·14일 잡보 「거누구타령, 丁童정의 童謠」.

같은 역사적인 연원을 계승하는 의미였다. '한일합병'에 대한 수많은 지사의 순국도 이러한 저항정신·독립정신에 입각하고 있었다. 당대를 치열하게 살아간 그의 삶은 오늘날 우리에게 실천을 위한 무언가를 요구한다.

제7장

동지들을 이야기하다

정재홍은 활동 반경만큼이나 다양한 동지와 교류하였다. 대체로 목회자·신도, 언론·출판인, 신흥자산가, 전·현직 관료, 육영사업가·교사, 유학생, 유생층 등으로 크게 구분할 수 있다. 이러한 성격을 모두 아우르는 인물도 있었다. 흔히 계몽론자로 지칭되는 경우가 다수 동지들이었다.

존스(Rev.George Heber Jones, 趙元時)는 1867년 미국 뉴욕에서 태어나 신학교를 졸업한 후 1887년 9월에 내한하였다. 1892년 인천지역 감리사로 부임한 이래 내리교회를 중심으로 44개 교회를 창설·관리하는 등 전도활동에 노력을 기울였다. 그의 부인은 부임 초기부터 내리교회에 영화여학교를 설립함으로써 우리나라 근대여성교육 토대를 마련하는 데 크게 이바지했다. 그도 남자학교인 영화학교 설립과 합일학교 설립·지원하는 등 인천지역 근대교육의 기초를 닦았다. 사경회·신학회 운영은 협성신학교로 발전하는 등 한국의 감리교회 발전에 커다란 족적을 남겼다.

1902년 하와이 노동이민은 그의 주선으로 이루어졌다. 당시 반응은 상당히 비판적인 분위기였다. 감리교회 지도자들조차도 교세 확장에 장애가 된다는 이유로 그를 비난하였다. 그러나 이민자들의 지속적인 신앙생활을 위하여 목회자 홍승하(洪承河)를 현지로 파견시켰다. 하와이 한국이민사회의 정착과 독립운동에 대한 후원은 그의 노력에 힘입은 바 적지 않다. 또한 『신학월보』와 『The Korean Repository』·『The Korean Review』의 주필로서 한국 내 기독교인 동정과 한국문화를 국외에 널리 알리는 데도 일익을 담당하였다.[1] 그는 군대해산 당시 선교사인 애비슨·민휴 등과 부상당한 군인들을 치료하는 등 항일운동을 지원하고 나섰다. 한국민에 대한 애정과 관심은 이후에도 지속되었다.

김윤정은 1897년 미국으로 유학길을 떠났다. 1903년 귀국한 이래 관계에 진출하여 태인군수·인천부윤 등 지방관을 두루 거쳤다. 인천부윤으로 부임한 그는 관내 계몽운동에 앞장섰다. 인천공립보통학교장·관립인천일어학교장과 인천재판소판사 겸임은 공교육기관의 책임자로서 그의 일면을 보여준다. 생계로 유식업에 종사하는 아동은 연령에 따라 교육기관 입학을 권유하였다. 즉 10세 이상은 공립보통학교, 10세 이하는 인명의숙에 취학하도록 주민과 학부형 등을 설득시켰다. 이를 어긴 사람은 벌칙금을 부과하는 등 향학열 고취에 앞장섰다. 영종도 시찰도 이러한 목적에서 비롯되었다. 목적은 도내 학령아동과 주민들에게 근대교육 수혜를 확대하기 위함이었다. 관내 사립학교에 대한 지원은 근대교육 확산을 위한 노력 중 하나였다. 영화학교나 서울 필교의숙에

---

1) 유영렬·윤정란, 『19세기말 서양선교사와 한국사회』, 경인문화사, 2004, 26쪽 ; 『경인일보』 2005년 9월 15일 「인천인물100인, 선교·사업사업 '불' 지피다」.

대한 후원도 이러한 의도와 무관하지 않았다. 특히 그는 고종황제 강제
퇴위에 따른 주민들 불만을 완화하는데 노력하였다. 이는 현실지향적
인 그의 일면을 엿볼 수 있는 부분이다. 이러한 공로로 1907년과 이듬
해 각각 근무훈장과 교육훈장을 받았다. 또한 시세 변화에 부응한 분묘
정리와 병원 건립에 관한 입장·지원도 천명하였다. 좌판 상인과 주상
(酒商)에 대한 영업세와 구휼금 징수는 상인층 반발을 크게 불러일으켰
다.[2] 이들은 이를 부윤의 사유를 위한 불법적인 수탈로 인식하였다.

그의 교육운동 참여는 지방자치제 시행을 위한 준비과정이었다. 당
시 한성부민회를 비롯한 고령민회·마산민의소·강경민회 등 50여 단체
는 지방자치를 표방한 대표적인 조직체였다. 주요 활동가들에게 이를
시행하는 토대는 바로 민지 계발이었다. 의무교육에 입각한 사립학교
설립운동 활성화는 이러한 관련 속에서 이루어졌다. 인천부민회 임원
진은 회장 김윤정, 부회장 김홍윤, 위원장 김윤복 등이었다. 이들은 순
종황제즉위1주년을 맞아 대대적인 환영회를 개최하는 등 자긍심을 고
취시켰다. 위원장 김윤복은 인천부경찰서 총순이었다. 그는 죄수들 처
우개선에 노력을 아끼지 않았다. 주색잡기 등에 대한 엄단은 새로운
사회질서 확립에 있었다. 그에 대한 주민들 반응은 대체로 부정적이었
다. 현실을 무시한 경도된 문명사회로 지향은 주민들 사이에 '외세 앞잡
이'로 인식하기에 이르렀다.[3] 그는 친미파로서 관계에 진출한 철저한

---

2) 『大韓每日申報』 1908년 12월 15일 잡보 「恤金相持」.
3) 김형목, 「대한제국기 인천지역 근대교육운동 주체와 성격」, 『인천학연구』 3, 2004,
    88쪽.

현실순응적인 인물이었다.

정우택은 신약을 개발하여 상당한 재력을 축적한 자산가로서 명성을 날렸다. 그는 이를 바탕으로 사회활동에 적극적으로 투신하는 등 다양한 활동을 전개하였다. 호서지방 수재민에 대한 의연금 모금은 이러한 활동 중 하나였다. 특히 근대교육 보급을 위한 활동은 서울에 소재한 유신학교·창인의숙·진명의숙, 그리고 진명의숙 부설 야학의 설립자·후원자로서 이어졌다. 또한 관내 사립학교에 대한 지속적인 지원도 마다하지 않았다. 그는 일찍이 전참봉 홍순양과 정삼품 최석창 등과 서울에 상업학교 설립·운영을 주도했다. 당시 교장은 이근배, 교감은 홍순양, 회계는 최석창, 서기 및 사무는 정우택, 교사는 김대희로 명예교사로서 활동하였다. 교장 한준호와 함께 유신학교 교감으로 재직하는 등 상인자제 교육에 관심을 기울였다. 이는 상업전문학교 설립으로 이어졌다.[4] 상업찬성회 조직은 전국적인 상무(商務) 확장을 위한 일환이었다.『대한매일신보』에「단체의 의의」라는 글을 투고하는 등 '개신유학자'로서 명성을 날렸다. 실업학회 총무로서 활동도 이러한 인식 속에서 이루어졌다. 식산흥업과 근대교육 시행은 문명사회를 지향하는 기초작업으로 인식되었다. 식산흥업을 위한『해동조보(海東朝報)』발행인 겸 인쇄인으로서 참여는 이러한 의도에서 시작되었다.『대한매일신보』농포동지사 운영도 이와 무관하지 않았다.[5]

---

4) 『황성신문』 1906년 5월 25일 잡보「維新開校」, 1907년 1월 9일 잡보「商學發起」, 6월 18일 잡보「商校任員」, 1908년 7월 19일 잡보「繼續興學」, 7월 22일 잡보「懇親話會」;『大韓每日申報』 1907년 3월 8일 잡보「商會組織」.
5) 김형목,「대한제국기 인천지역 근대교육운동 주체와 성격」,『인천학연구』3, 인천

전국환은 부평군수로 부임한 이래 교육운동에 매진하였다. 사린학회 조직과 계산학교를 비롯한 관내 사립학교에 대한 지원은 대표적인 경우이다. 그는 노동교육의 일환으로 야학을 설립하는 등 부평지역 교육문화운동을 주도하였다. 반면 흥동학교 설립자 한 여공에게 장차 설립할 학교에 대한 기부금을 강요하는 등 불법적인 행위도 일삼았다.[6] 지방관의 이러한 행위는 다반사로 자행되어 주민들 교육열을 반감시키는 요인이었다.

인천해관 강준·이용인·서병철, 인천감리 하상기, 인천부윤 서병규 등도 관료로서 계몽운동을 주도한 대표적인 인물이다. 서병규는 관내에 성행하는 도박·잡기를 엄단하는 데 노력하였다. 관련자에 대한 엄중 문책은 주민들로부터 호응을 받는 계기였다. 이와 달리 '관행화된' 불법행위도 적지 않았다. 주색잡기 방지책은 금전 탈취 등으로 이어졌다. 서울에 거주하는 이영규에 대한 230원 강탈은 사례 중 하나이다. 농상공부 공무국장으로 승진은 인천부윤 재직시 외형적인 실적과 무관하지 않다. 하상기는 일찍이 계몽운동에 투신하는 한편 상업자본 운영에 동참하였다. 감리 재직시 유랑인 등 불우한 사람들 안식처인 인천민의소를 설립하는 등 주민들 안집에 노력을 기울였다.[7]

강준은 부친 강화석의 영향으로 일찍이 천주교에 입교(세례명 바오로)하였다. 독립협회 지회인 박문협회 회원인 그는 영어학교 교사로서 자

학연구원, 2004, 90쪽.
6) 『大韓每日申報』 1908년 5월 20일 잡보 「捐金勒討」.
7) 『大韓每日申報』 1906년 3월 8일 잡보 「河氏美政」.

원하는 등 근대문물 유입과 교육에 남다른 관심을 보였다. 대한자강회
지회원으로서 서병규·정치국·박홍삼 등과 인명학교 설립을 주도하였
다. 당시 모금된 금액은 수만 원에 달하는 거금이었다.[8]

서상빈은 신상협회 회원으로서 민족자본 육성에 노력하였다. 회원들
과 더불어 회보 발간을 계획하는 등 문화계몽운동에 앞장섰다. 특히
협회 사장으로 재직하던 1904년 김정곤 후원을 얻어 제령학교 운영을
주도한 인물이었다. 영어를 비롯한 근대적인 교과목은 학생들의 향학
열을 고취시켰다. 1905년경에는 활인소를 설립하여 무의무탁자나 무산
자의 생활비를 지원하였다. 산모나 요식업 종사 부녀자의 건강검진 등
으로 주민들의 환영을 받았다. 일본인도 이에 동참하여 헌신적인 활동
을 펼쳤다. 주민들은 그를 '살아 있는 부처(活人佛)'이라고 불렀다. 이듬
해에는 청결소를 설치하는 등 주민들에게 위생관념을 고취시켰다. 이
는 콜레라 창궐시 방역과 구호활동 등으로 전개되었다. 건강에 대한
인식은 이러한 상황과 맞물러 생활환경 개선으로 이어졌다. 거리에 방
치된 오물 제거는 주민들의 자발적인 참여에 의한 정화운동으로서 전개
되었다.[9] 민의장으로서 그는 부여된 임무를 충실하게 수행함으로써 중
망을 받았다. 대한자강회 인천지회장 정재홍과 함께 지회 운영도 주도
하였다. 또한 대한협회 회원으로서 활동하는 한편 신상협회를 대신한
협신상회도 조직하는 등 독자적인 상업활동을 도모하였다.[10] '강제 병

---

8) 『경인일보』 2006년 3월 2일 「인천인물100인, 개화기 근대문물 토착화 '신지식인'」.
9) 『大韓每日申報』 1907년 2월 20일 잡보 「好事多魔」.
10) 김형목, 「대한제국기 인천지역 근대교육운동 주체와 성격」, 『인천학연구』 3, 인천
   학연구원, 2004, 90~91쪽.

합' 이후에는 부내면장으로서 상설시장을 개설하는 등 주민들 일상사의 편리성을 도모하였다. 일본왕 사망 당시에는 영업을 정지시키는 등 근신을 종용하기에 이르렀다. 인천부 면장과 유지 30여 명으로 구성된 관광단도 식민정책에 동조하는 산물 중 하나였다.[11]

인명의숙 총교사인 이종준(李鍾濬)은 대한자강회 간사원이었다. 그는 교주 등의 간곡한 부탁에 총교사로 부임하여 다양한 교과과정을 계발·지도하였다. 김정곤도 이곳 계몽운동을 지원하는 노력을 기울였다. 제령학교 운영비는 그의 경제적인 지원에 거의 의존하는 형편이었다. 그는 러일전쟁 당시 일본군에 대한 지원을 인정받아 이준상·윤태중 등과 함께 훈6등 서보장(瑞寶章)을 받았다. 그는 전운사(轉運社) 사장으로 사원 김우정(金禹鼎) 등과 관내 무의탁자를 위한 빈민구제에 노력하였다. 대한제생병원 유치를 위한 활동도 이와 무관하지 않았다.[12] 그런데 인천항노동회장 재임시 노동자 임금과 국채보상기금을 갈취하는 등 불법행위를 저질렀다.

이동휘의 교육진흥책은 강화도 내 사립학교 운영·유지로 귀결되었다. 그는 육영사업에 혼신을 다하는 한편 의병전쟁을 지원하는 등 문무겸전에 입각한 민족교육을 실시하였다. 특히 학교 유지책으로 각 학교

---

11) 『매일신보』 1911년 2월 18일 잡보 「仁川市場每日開」, 1912년 8월 4일 「仁川面長의 謹慎」, 1913년 4월 27일 「仁川府의 觀光團」, 5월 9일 「仁川觀光團日割」, 5월 16일 「仁川觀光團動靜」, 5월 18일 최근의 평남 「仁川觀光團來去」, 5월 22일 「仁川觀光團歸仁」.

12) 『大韓每日申報』 1907년 5월 26일 광고 ; 『황성신문』 1909년 2월 5일 잡보 「日廷策勳」.

마다 학부형계를 조직하는 등 남다른 관심을 보였다. 이에 보창학교는 민족교육을 대표하는 근대교육기관으로 발전을 거듭하였다. 육영학교 학생들 사이에 널리 애창된 창가는 이와 같은 사실을 분명하게 보여준 다.[13] 이는 인근 지역으로 곧바로 파급되었다. 통진군 분양학교는 김포·강화 등지에 소재한 13개 사립학교와 더불어 연합운동회를 개최하였 다. 통진지역 사립학교설립운동은 이를 전후로 활성화되는 계기였다. 개성교육총회의 성대한 위로회 개최는 이동휘의 사회적인 영향력과 교육운동가로서 위상을 가늠할 수 있다.[14]

이 외에도 박능일·김상임·김영애·신효승·전병규 등 개신교 신자들의 열성적인 지원이 있었다. 이들은 전도활동과 더불어 인간의 진정한 자유와 행복이 무엇인지를 일깨우는데 전력을 기울였다. 더불어 '일자신앙공동체'에 의한 근대교육을 위한 잠두의숙은 학교명칭인 '합일'로 귀결되는 역사적인 배경이었다. 차후 이들의 계몽운동과 교육운동 흔적에 대한 천착과 아울러 정당한 자리매김도 시급한 연구 과제임에 틀림없다.

강화학무회의 의무교육 시행은 당시 근대교육 시행을 위한 강력한 의도를 엿볼 수 있는 대목이다. 합일학교도 이러한 흐름에 동참하는 한편 교육 내실화를 위한 계획을 수립·실천하였다. 사립보통학교로서 인가와 더불어 소통과 교류를 통하여 학생들에게 자신감을 배가시켰 다. 연합운동회 개최는 참가자들에게 근대교육의 중요성·시급함을 인

---

13)『大韓每日申報』1907년 10월 18일 잡보「育英學校唱歌」.
14) 김형목,『대한제국기 경기도의 근대교육운동』, 경인문화사, 2016, 182~184쪽.

식시키는 기폭제나 다름없었다. 운동회는 단순한 경기행사로 끝나지 않고 새로운 사조와 정보를 제공하는 문화공간이었기 때문이다. 이는 매년 춘추 2회씩 정기적으로 개최되었다. 합일학교 부설인 야학생들도 연합운동회 참가 등을 통하여 '군사훈련'에 버금가는 병식체조를 중심으로 하는 체육 수업을 받았다. 연합운동회는 인천·통진·개성 등지 80여 개교가 동참하는 등 대성황이었다.[15] 주민들은 학생들의 질서정연한 행동과 늠름한 기상에 찬사를 아끼지 않았다.

민중도 자신들이나 자제 교육을 스스로 해결하고 있었다. 이들은 '의무금'을 모아 사립학교·야학 등을 설립하였다. 또한 동리 단위로 주민들도 동참하는 등 지원을 아끼지 않았다. 향촌공동체 생활양식은 이를 통하여 계승·발전되는 등 중요한 의미를 지닌다. 전주민의 국채보상운동 참여는 향촌공동체의 '강제력'에서 비롯되었다. 다양한 경험 집적은 곧바로 민중의식 성장으로 이어졌다.

서상집 석탄 장사로 대단한 부를 축적한 인물이다. 1906년 당시 한 달에 1,000원 이상의 순이익을 창출하는 대단한 부호였다. 신상협회 설립을 주도하는 한편 각종 계몽단체 회원으로 활약하였다. 사회적인 공익성에도 남다른 관심을 보이는 동시에 실천적인 활동가로서 면모를 보였다. 그는 아들을 영국으로 유학시키는 등 근대교육을 통한 문명사회 건설에 노력을 기울였다.[16]

---

15) 『大韓毎日申報』1908년 5월 17일 잡보「江校運動盛況」.

16) 『황성신문』1902년 8월 18일 잡보「仁監願留」, 8월 20일 잡보「官人任遞」;『매일신보』1910년 12월 24일 잡보「徐氏旅費絕乏」.

하상기 부인 하란사(河蘭史, 본명 김란사)는 일찍이 이화학당에서 근대교육 수혜를 받았다. 이어 일본과 미국 등지에서 10년 동안 유학하는 등 사회구성원으로서 '자기 역할'을 각성하고 있었다. 여자로서 유학은 초등교육 수혜조차 꿈도 꾸지 못하는 당시로서 대단한 화제이자 빅뉴스였다. 신문 등은 그녀의 유학 사실을 대대적으로 보도하는 등 높은 관심을 보였다. 귀국 후 여학교 교장을 역임하는 등 그녀는 자신이 수학한 신문물을 전파하는 데 앞장섰다. 청빈하고 모범적인 생활은 여학생에게 커다란 영향력을 끼쳤다. 그녀에 대한 사회적인 관심을 통하여 당시 여성교육에 대한 인식 변화를 엿볼 수 있다.

　　전 전환국장 하상기 부인이 미국 화성돈에 가서 유학한 지 10년에 고등학교 졸업하고 환국하여 동문 밖 본가에서 생활한다더라.[17)]

그녀는 자강운동기 재질을 겸비한 대단한 여성교육가로서 추앙을 받은 인물 중 한 사람이었다.[18)] 반면 하상기는 한말 내시로서 각종 인사에 개입한 강석호(姜錫鎬)의 충견으로 표현되었다. 이는 권력에 아부하여 입신출세한 대표적인 관료나 다름없었다.

용동 사는 박삼홍(朴三洪) 인식도 이러한 관점에서 크게 벗어나지 않았다. 일찍부터 박문협회에 가담하는 등 이곳 근대화를 위한 노력도 아끼지 않았다. 칼닌쓰학교에 대한 지원은 상무정신을 고취하기 위함

---

17) 『大韓每日申報』 1906년 8월 18일 잡보 「夫人의 卒業還國」.
18) 『황성신문』 1909년 4월 24일 잡보 「歡迎의 紀念章」, 5월 5일 잡보 「歡迎會盛況」.

이었다. 그는 국채보상운동의 필요성과 전국민적인 참여를 호소하는
논설을 『황성신문』·『대한매일신보』 등에 투고하였다. 이는 인천지역
주민들의 자발적인 참여를 촉구하는 계기나 다름없었다. 인천지역 국
채보상운동 활성화는 그의 이러한 노력과 무관하지 않았다. 아울러 대
한자강회 지회원으로서 인명의숙 설립·운영과 대한제생병원 유치 등
에도 깊이 관여하였다. 로스앤젤레스 지진이 발생하자 동포 의연에도
동참하는 등 사회활동에 적극적이었다.

제8장

'인간 정재홍'의 인생항로를 말하다

정재홍은 대한제국기 인천을 대표하는 계몽운동가이자 활동가였다. 그는 사립학교설립운동과 국채보상운동을 주도한 중심인물이었다. 대한자강회 인천지회 설립인가는 그의 주도하에 이루어졌다. 신상회사 임원과 해관·세관에 재직 중인 관료 등을 중심으로 한 계몽단체 조직은 민중계몽을 통한 이곳 민족해방운동 저변을 확대하려는 의도였다. 광학회나 단연동맹회·국채보상기성회 등도 이러한 의도와 무관하지 않았다.

근대교육은 그에게 '단순한' 실력배양에만 결코 머물지 않았다. 민족지도자나 독립군을 양성하는 기초 과정은 바로 근대교육이었다. 이는 민족의식·민족혼 등 민족정신을 일깨우는 동시에 상무정신을 고취하는 등 국권회복운동에 입각하고 있었다. 인명학교는 이러한 취지에 따라 설립·운영된 대표적인 경우이다. 문화계몽운동 참여는 바로 독립군 양성을 위한 교육구국운동 일환이었다. 이처럼 그는 시대나 민족이 요구하는 문제에 당당하게 정면으로 맞선 실천가였다.

연합운동회는 학생들에게 조국이 처한 현실을 올바로 이해시키는 교육현장이나 다름없었다. 학생들은 정정당당한 경쟁을 통하여 애교심을 배양하는 동시에 자신들의 사회적인 책무를 인식하는 계기였다. 광학회는 유능한 인재를 발굴·육성하려는 의도였다. 민족지도자 육성과 과학교육을 위한 실습기구 제공은 이와 무관하지 않았다. 단연동맹회도 단순하게 건강한 생활만을 위한 조직이 아니었다. 국채보상운동 참여는 민중에 대한 무한한 애정과 아울러 역량을 결집시키려는 의도에서 비롯되었다. 그의 가족 전원도 이에 동참하는 등 실천가로서 진면목을 여실히 보여준다.

민족자본 육성책은 근대적인 기업 운영으로 이어졌다. 그는 1903년 12월경부터 유성태호상회 총무로 재직하고 있었다. 당시 인천에 소재한 근대기업 소유자나 임원들과 돈독한 관계는 자신의 활동영역을 확대하는 데 중요한 매개체였다. 이들은 기업이윤 추구에만 머물지 않고, 관내 교육기관에 대한 아낌없는 지원에 나섰다. 경성고아원 특별찬조위원으로서 후원은 그의 인간다운 진면목을 보여준다. 그는 매달 후원금을 지원하는 등 소외되고 버림받은 계층에 남다른 애정을 갖고 있었다. 사회적인 지도자로서 책무는 이러한 과정에 그대로 나타난다.

친일세력 발호와 더불어 상당수 계몽론자들은 점차 식민체제 내로 흡수되고 있었다. 이들에 대한 경고는 그의 자결로 귀결되었다. 박영효 환영회 식장을 결행 장소로 선택한 이유도 여기에 있다. 「유서」·「생욕사영가」·「사상팔변가」 등은 치열한 그의 현실인식을 엿볼 수 있다. 아울러 가족에 대한 따뜻한 인간적인 고뇌도 선명하게 다가온다.

다가오는 광복80주년을 맞아 독립국가 건설을 위하여 숨겨간 선열들을 생각하지 않을 수 없다. 이들의 피와 땀은 오늘 우리들에게 결코

'과거'가 아닌 '현재'로서 다가오고 있기 때문이다. 정재홍의거는 100여 년 전에 일어났다. 당시는 세인들 관심쪽 받다가 역사 뒷전으로 밀려나고 말았다. 그리고 누구도 그의 치열한 삶을 조명하려는 노력을 기울이지 않았다. 무한 경쟁시대에 돌입한 오늘날 열사가 남긴 자취는 우리에게 진정한 삶의 의미를 일깨우는 시금석이나 마찬가지이다. '참된' 광복은 이러한 인물들과 함께 공유할 때가 아닌가 생각한다. 그럼에도 조국 해방을 위해 헌신한 인물에 대한 발굴 등은 상대적으로 크게 관심을 끌지 못하고 있다. 반면 몇몇 지방지의 내고장 '인물찾기' 시리즈는 중요한 의미를 지닌다.

이처럼 무관심은 한국근현대사에 대한 단절된 역사인식으로 이어지고 말았다. 정재홍 열사도 이러한 분위기에서 '철저하리' 만큼 외면당한 인물 중 한 사람이다. 당대를 치열하게 산 그의 인생역정은 식민지배를 옹호하는 일부 인사들이 준동하는 오늘날 우리들에게 많은 시사점을 던져준다. 하지만 그에 대한 발자취를 찾으려는 노력은 거의 없었다. 시도조차도 없었다는 표현이 어쩌면 역사적 진실에 가까울지 모른다. 그의 일생을 소개한 기록 대부분은 와전된 채로 방치되고 있을 뿐이다. '이또 히로부미습격사건' 미수주모자로서 기록은 이를 방증한다.[1] 이는 사실과 전혀 다르다.

이 글은 정재홍의 치열한 삶을 밝히기 위한 시론으로 아직 널리 알려

---

1) 정교, 『대한계년사』, 국사편찬위원회, 1957, 255~257쪽 ; 송상도, 「정재홍, 乙巳伊藤暗殺計劃」, 『기려수필』, 국사편찬위원회, 1955, 84쪽 ; 독립운동사편찬위원회, 『독립운동사-의열투쟁사』 7, 145~147쪽 ; 하원호, 「정재홍」, 『한국민족문화대백과사전』 20, 한국정신문화연구원, 1991, 21쪽.

지지 않은 관련자료를 소개하고자 한다. 그에 관한 공간된 자료 대부분은 거의 방치되고 있다. 와전된 기존 평가는 이러한 배경과 무관하지 않으리라. 필자는 2004년 대한제국기 인천지역 근대교육운동을 다루는 가운데 계몽운동가로서 그의 활동상을 파악하였다.[2) 이러한 과정에서 그에 대한 '새로운' 사실을 알게 되었다. 즉 교육·계몽운동가로서뿐만 아니라 시대상황에 당당하게 맞선 열사로서 인천지역을 대표하는 인물은 바로 그였다는 점이다. 국망이라는 위기상황과 함께 친일세력발호에 맞선 그의 선택은 친일파에 대한 경고와 '사이비선각자'에게 경각심을 일깨우는 방편으로 자결을 선택하였다.[3) 이는 단순한 자결이나 자살이 아니라 항일정신을 북돋우는 '기폭제'나 다름없었다. 고종황제 강제퇴위와 군대해산 등에 전국적으로 전개된 상가철시와 격화된 의병전쟁은 이러한 분위기 속에서 전개되었다.

열사의 생애를 종합적으로 파악할 수 있는 자료는 거의 없다. 관련자료 대부분은 1906년부터 1907년 7월까지로 한정되어 있기 때문이다. 그런 만큼 박영효저격미수사건 이후 『황성신문』·『대한매일신보』·『제국신문』 등 신문과 『대한자강회월보』에 게재된 기록을 중심으로 살펴보고자 한다.[4) 차후 족보와 주변 인물의 기록 등을 통하여 그의

---

2) 김형목, 「대한제국기 인천지역 근대교육운동 주체와 성격」, 『인천학연구』 3, 인천학연구원, 2004.

3) 고일, 「『인명의숙』 설립자는 지사 정재홍씨」, 『인천석금』, 경기문화사, 1955, 33~37쪽 ; 『인천일보』 2005년 1월 27일 「애국지사 정재홍 선생 조명, 인천학연구소 세미나」.

4) 『황성신문』 1907년 7월 4일 별보 「鄭在洪君略傳」 ; 장지연, 「정재홍씨」, 『대한자강회월보』 13, 대한자강회, 1907, 3~5쪽.

생애·활동과 관련된 부분은 보완할 예정이다. 장지연은「정재홍약전」
을 집필하여 먼저『황성신문』에 게재한 후 다시『대한자강회월보』에
실었다.

　대한자강회는 그의 사망 다음날인 7월 1일 총회를 개최하여 열사의
이력서제술위원으로 장지연을 피선하는 등 그의 활동상을 널리 알리고
자 노력하였다.[5] 이는 대한자강회 본회 회원이자 인천지회장으로서 왕
성한 활동을 전개한 사실과 무관하지 않다.「약전」에 따르면, 그의 가
계도·출생년대 등은 알 수 없다.[6] 정재홍은 1860년대 서울에서 참봉
정의순(鄭宜純)과 밀양 변씨 사이에 7형제 중 5남으로 태어났다. 본관은
경주, 호는 지산(芝山)이다. 다만 일찍이 아버지를 여의고 홀어머니 밑
에서 자랐다. 가족은 모친 밀양 변씨, 처 주계 최씨, 아들 종화·종원
등이 있었다. 처남은 민족대표 33인 중 최성모(崔聖模) 목사로 알려져
있는 정도이다.[7] 형제 등 다른 인척 관계도 전혀 파악할 수 없는 상황이
다. 그는 남달리 효성이 지극하여 주위의 칭찬을 받을 만큼 모범적인
어린시절을 보냈다. 그런데 수학과정이나 교우 관계 등도 전혀 나타나
지 않는다. 장례식을 정동교회에서 거행한 사실에서 기독교인으로서
이와 관련된 학교에서 근대교육을 받은 것으로 추측할 수 있다.[8]

5) 편집부,「회원회록」,『대한자강회월보』13, 61쪽.
6)『대한매일신보』1907년 7월 2일 잡보「정씨ㅈ결」;『大韓每日申報』1907년 7월
　2일 잡보「鄭氏自砲」·「是母是子」;『황성신문』1907년 7월 2일 광고「國債報償義
　務金 集送人員及額數」, 7월 5일 잡보「鄭志士葬期」와 광고, 7월 6일 광고「仁明義塾
　設立者 鄭在洪氏」.
7)『황성신문』1907년 7월 2일 광고「國債報償義務金 集送人員及額數, 南小洞 뎡在
　洪家中」, 7월 8일 광고 ;『大韓每日申報』1907년 7월 5일 광고.

일찍이 실업에 투신하여 그는 상당한 재산을 모았다. 이를 기반으로 동지 몇 사람과 더불어 교육계에 투신하였다. 인천 인명학교는 그의 주도로 설립되었다.[9] 그는 교감으로 재직하면서 재산 대부분을 학교 운영비에 사용하는 등 근대교육을 통한 인재양성에 노력을 기울였다.[10] 이리하여 그의 사후 가족들은 경제적인 곤경에 처하고 말았다. 또한 대한자강회 인천지회 설립을 주도하는 등 인천지역 계몽운동의 중심적인 인물이었다.

을사늑약에 분개한 그는 자결을 결심하였다. 실행하지 못한 이유는 "첫째로 늙은 모친을 생각함이요, 둘째로 국가의 장래를 위해 무언가 해야할 일"이 남아 있었기 때문이었다. 이후 친일세력이 발호하는 등 그의 노력에도 자주독립국가 건설을 위한 별다른 성과가 없었다. 심지어 매국노들은 선각자로 자처·활동하는 등 '이중적인' 작태를 거리끼지 않았다. 이러한 가운데 이토 주선으로 그동안 일본 등지에서 망명 중이던 친일파들이 특사(特赦)를 받아 대거 귀국하기에 이르렀다.[11] 더불어

8) 『황성신문』 1907년 7월 5~6일 광고, 7월 8일 잡보 「鄭志士葬禮」.
9) 김형목, 「대한제국기 인천지역 근대교육운동 주체와 성격」, 『인천학연구』 3, 82~84쪽.
  인명학교는 초기 천기의숙이었다. 설립을 주도한 인물은 정재홍을 비롯한 신상회사 임원과 인천부윤 김윤정이었다. 그런데 김윤정은 인천지역의 '대표'적인 친일인물 중 하나였다(『大韓每日申報』 1907년 5월 16일 잡보 「九分日人」 참조). 이처럼 근대교육운동을 포함한 계몽운동에 대한 긍정적인 평가는 실상과 너무나 배치된다. 인물에 대한 시대인식이나 활동상 등 구체적인 검증이 더욱 절실한 시점이다.
10) 『황성신문』 1907년 3월 13일 광고 「入札廣告」, 3월 16일 잡보 「公私競址」, 5월 3일 잡보 「志士義擧」, 5월 6일 잡보 「校長延聘」, 6월 6일 잡보 「仁校基址買收訓飭」 ; 『大韓每日申報』 1907년 5월 16일 잡보 「千起新起」.

일진회 간부들은 점차 정·관계로 진출하는 등 혼미한 정국의 연속이었다. 특히 친일 관료·자산가와 자강론자들은 박영효귀국환영회를 대대적으로 개최할 계획을 세웠다.[12] 대한자강회는 이를 주도하는 중심단체였다.

1907년 6월 30일 서울 북서 농상소(農桑所) 내에서 유지신사 1,000여 명이 참석한 가운데 박영효환영회가 성대하게 개최되었다.[13] 주요 인사는 김종한·민병석·윤웅렬·김가진·유성준·정운복 등이었다. 정재홍은 참석자들과 인사를 나누는 등 평소와 다름없는 행동으로 일관하였다. 점심식사 후 주악이 연주되는 등 분위기는 상당히 무르익고 있었다. 오후 3시 갑자기 연단 앞으로 나아간 그는 육혈포로 자포(自砲)하기에 이르렀다. 참석자들은 그를 즉시 적십자병원(赤十字病院)으로 긴급하게 이송하였다. 혼미한 상태에서도 그는 주위 사람들에게 독립국가 유지를 위한 분발을 촉구할 정도였다. 지인은 물론 환영회 위원들도 이곳으로 몰려와 그의 쾌유를 기원하였다.[14] 이러한 소망도 아랑곳없이 저녁

---

11) 『황성신문』 1907년 3월 14일 잡보 「國事犯特赦說」, 6월 5~7일 논설 「今日志士의 頂門一針」, 6월 7일 잡보 「巷說誰信」 ; 『경향신문』 1907년 6월 21일 국내잡보 「서울보」, 6월 28일 국외잡보 「일본보」 ; 강동진, 『일제의 한국침략정책사』, 한길사, 1980, 124~129쪽.

12) 『황성신문』 1907년 6월 22일 잡보 「朴氏歡迎說」, 6월 24~25일 논설 「朴泳孝氏」 ; 『大韓每日申報』 1907년 6월 25일자 잡보 「歡迎의 談話」.

13) 『황성신문』 1907년 7월 1일 잡보 「歡迎會槪報」, 7월 2일 잡보 「歡迎會委員齊進」 ·「代表羕宴」, 7월 3일 잡보 「歡迎會」 ; 『大韓每日申報』 1907년 7월 2일 잡보 「歡迎會況」 ; 『대한매일신보』 1907년 7월 2일 잡보 「환영회광경」.

14) 『황성신문』 1907년 7월 2일 잡보 「歡迎會委員齊進」 ; 『대한매일신보』 1907년 7월 2일 잡보 「금릉위위문」.

8시 마침내 운명하고 말았다.

이상은『약전』에 기록된 그의 생애에 관한 부분이다. 서울에 생활 근거지를 두면서 주요 활동지는 인천이었다. 이는 그의 근무지가 바로 인천이라는 사실과 무관하지 않다. 그는 1904(3)년경부터 유성태호회사 총무로 재직한 이래 신상회사의 임원으로 활동하고 있었다.[15]

을사늑약 이후 내수자강을 표방한 대표적인 단체인 대한자강회가 조직되었다. 경기도내에 설립인가된 지회는 인천을 비롯한 남양·강화 등 3개소였다. 인천지회는 1907년 1월 설립인가를 받았다. 이는 부단한 그의 노력에 의한 결실이었다. 그는 일찍이 본회 회원으로 활동하는 등 대한자강회의 취지에 공감하고 있었다. 1906년 10월을 전후하여 인천항 유지신사와 빈번하게 접촉하는 등 지회 설립준비에 박차를 가하였다. 취지에 찬동한 이들은 지회 설립인가와 활동영역 확대에 노력을 기울였다.[16]

1907년 1월 본회 윤효정의 지회 시찰 강연회는 주민들에게 계몽운동의 중요성을 확산시키는 계기였다. 신상회사 내에 개최된 강연회에서 발기인 정재홍은 「지회 설립 취지」, 윤효정은 「우리 국가(我國家)의 유래위약(由來萎弱)을 순치(馴致)한 폐원(弊源)과 본회창립(本會刱立)한 취지목적과 지회에서 타일행동(他日行動)이 여하(如何)할거슬」을 각각 연설하였다. 당시 지회 입회청원자 70여 명 등 방청객은 무려 140여 명이나 운집하는 성황을 이루었다.[17] 그의 지회장 선출은 이곳을 대표하는

15)『仁川港案』규장각 17863-1.
16)『황성신문』1907년 3월 14일 잡보「愛友代償報價」.

계몽활동가로서 면모를 보여준다. 헌신적인 활동은 회원을 비롯한 주민들의 전폭적인 지원을 받았다. 초기 임시사무실은 신상회사였다. 이에 부회장 장석근은 사무실로 자기 집 와가 20칸을 제공하는 등 경제적인 지원을 아끼지 않았다.[18] 주요 활동은 강연회 개최, 관내 교육기관 설립과 지원, 국채보상운동 전개 등이었다.

정재홍은 인명학교 설립·운영을 주도하였다. 사립학교 대신 공립학교 설립을 학부에서 강요하자, 그는 이를 단호하게 거부하는 대신 '의무학교' 설립을 추진하기에 이르렀다.[19] 그에게 근대교육은 단순한 실력양성만이 아니었다. 인재육성은 광학회 조직으로 이어졌다. 특히 농아인 유원표의 통상회 연설은 주민들에게 깊은 인상을 남겼다. 수백 명에 달한 방청객은 그에 대한 격려와 찬사를 아끼지 않았다. 영화학교·제령학교에서는 그를 초빙·연설함으로써 학생들의 향학열을 자극시켰다.[20] 이러한 가운데 향학열은 고조되는 등 근대교육운동을 확산시키는 기폭제나 다름없었다.

신상회사 임원들을 중심으로 조직된 단연동맹회도 그의 주도에 의해 이루어졌다. 이곳 국채보상운동은 이러한 배경 속에서 널리 확산되어 나갔다. 사환들에 대한 입회 권유는 노동자 등의 참여를 촉진시켰다.[21]

---

17) 편집부, 「본회회보」, 『대한자강회월보』 7, 63쪽 ; 『대한자강회월보』 8, 50쪽 ; 『대한자강회월보』 9, 45쪽 ; 『대한자강회월보』 10, 45~46쪽 ; 『대한자강회월보』 12, 67~68쪽 ; 『황성신문』 1907년 1월 11일 잡보 「支會視察」.
18) 『황성신문』 1907년 2월 2일 잡보 「張氏熱心」.
19) 『황성신문』 1907년 5월 3일 잡보 「志士義擧」, 5월 6일 잡보 「校長延聘」.
20) 『황성신문』 1907년 4월 29일 잡보 「蜜啞請演」 ; 『大韓每日申報』 1907년 4월 30일 잡보 「仁商연의」.

국채보상운동과 민족자본 육성을 위한 신상회사 임원으로 활동은 계몽운동을 확산시키는 토대였다. 활동에 필요한 운영비는 대부분 상업자본가에 의하여 조달되었기 때문이다.[22]

　정재홍은 시대를 선도하는 지사로서 행동을 주저하지 않았다. 그는 독립군 양성을 위한 교육구국운동 일환으로 근대교육에 앞장섰다. 군사 훈련을 방불케 하는 병식체조나 상무정신 강조는 이를 방증한다. 그는 시대나 민족이 요구하는 문제에 당당하게 정면으로 맞선 실천가였다.

　박영효저격미수사건은 각 신문에 대대적으로 보도되는 등 세인의 관심을 끌었다.[23] 『대한매일신보』·『황성신문』·『제국신문』·『경향신문』과 『대한자강회월보』·『서우』 등은 당시 상황과 각계 반응을 자세하게 보도하였다. 「유서」·「사상팔변가」·「생욕사영가」·「추탁서」 등에서는 그의 일제 침략에 대한 노골적인 적대감을 드러내었다.

　「유서」는 사실상 일제 식민지로 전락한 현실을 크게 분노하였다.[24] '대일본 보호한국국민 정재홍'으로 시작된 문구는 이를 방증한다. "남과 나라를 위한 죽음은 천추에 길이 빛난다"는 그의 사생관(死生觀)은 모순된 현실을 직시하고 있었다. 그에게 자결은 일제 침략에 맞선 적극적인

---

21) 『황성신문』 1907년 2월 21일 잡보 「斷煙決心」.

22) 『황성신문』 1904년 4월 5일 광고.

23) 『대한매일신보』 1907년 7월 2일 잡보 「졍씨ᄌ결」, 7월 6일 잡보 「리씨후의」 ; 『大韓每日申報』 1907년 7월 3일 기서 「鄭君在弘捨生論, 辨義生」 ; 『황성신문』 1907년 7월 1일자 「歡迎會槪報」, 7월 2일 잡보 「志士長逝」·「志士一聲」, 7월 3일 잡보 「歡迎會」 ; 『경향신문』 1907년 7월 5일 국내잡보 「졍씨ᄌ결」.

24) 『황성신문』 1907년 7월 2일 잡보 「鄭氏自砲, 遺書」 ; 편집부, 「유서」, 『대한자강회월보』 13, 73쪽 ; 『大韓每日申報』 1907년 7월 2일 잡보 「鄭氏自砲, 遺書」.

저항이었다.

이러한 논리는「사상팔변가」에도 그대로 반영되었다.[25] 여기에서는 자결을 선택하는 가운데 겪게 되는 인간적인 고뇌와 갈등을 엿볼 수 있다. 제1변의 "나라하고 상관된 / 공변되게 미운 놈 / 한 매에 처죽여서 / 이 내 분 풀리로다."는 구절은 친일세력을 처단하려는 의지의 표현이었다. 그런데 "남을 죽이고 나만 살면, 천리에 어긋난다(제5변)"는 내면적인 갈등은 드러내었다. 자결은 '자신에게 영화인 동시에 국가적인 행복'이라는 논리적인 귀결점이었다.

「생욕사영가」는 이러한 논리를 더욱 선명하게 보여준다.[26] 이 글에서, 그는 스스로 자결을 선택한 이유와 지사들의 분발을 촉구하고 있다. 그는 일제의 보호국으로 전락한 현실을 강력하게 비판하는 한편 비분강개하는 심정을 적나라하게 드러내었다. 죽음에 대한 찬미가 아니라 선각자의 죽음이 갖는 의미를 강조한다. 군사 양성에 의한 일제와 전쟁은 중요한 의미를 지닌다. 지금은 국권회복을 위한 지사들의 실천적인 행동이 더욱 필요한 때이다. 이는 치욕적인 삶보다 조국을 위해 죽음을 선택할 때, 진정한 지사로서 삶에 의미를 부여할 수 있다는 입장이었다.

「추탁서」는 그의 가족에 대한 무한한 사랑을 나타내었다.[27] 또한 부

---

25)『황성신문』1907년 7월 2일 잡보「思想八變歌」;『대한매일신보』1907년 7월 2일 잡보「사상팔변가」.

26)『황성신문』1907년 7월 2일 잡보「鄭氏自砲, 生辱死榮歌」;『대한매일신보』1907년 7월 2일 잡보「정씨자결, 생욕사영가」; 정교,『대한계년사』, 256쪽 ; 편집부,「生辱死榮歌」,『대한자강회월보』13, 73~74쪽.

27)『大韓每日申報』1907년 7월 2일 잡보「追托書」;『황성신문』1907년 7월 4일 잡보「鄭氏追托書」; 편집부,「追托書」,『대한자강회월보』13, 74쪽.

귀영화와 가족을 다 버리고 자결을 선택하게 동기를 밝혔다. 그는 사후 두 자식인 종화·종원을 비롯한 가족에 대한 사회적인 관심을 호소하였다. 어쩌면 이는 그가 우리에게 남긴 또 다른 염원인지도 모른다.

과연 정재홍은 박영효를 저격할 의도가 있었을까. 이는 오직 자신만이 알 수 있는 우문에 불과할 지도 모른다. 그런데 관련 자료는 저격 의도를 전혀 파악할 수 없다.[28] 다만 '사이비선각자'에 대한 경고와 애국심 고취를 위한 방편은 바로 자결이었다. 이는 식민지로 전락하는 현실에 대한 그의 최후 저항이나 다름없었다. 갈등과 번민을 거듭하면서, 그는 스스로 '의로운' 죽음을 선택하였다. 의거 소식을 접한 유지들은 곧바로 의연금 모집에 나섰다. 발기인들은 그의 죽음을 애도하는 한편 애국지사로서 칭송을 아끼지 않았다.[29] 이동휘·석진형(石鎭衡)·김동완(金東完) 등은 장례식장에서 그의 열성우국(熱誠憂國)하던 사실을 거듭 강조하였다. 의연금 모금에 전국 각지 인사들은 적극적으로 동참했다. 『황성신문』 광고란은 당시인의 그에 대한 인식이나 분위기 등과 관련하여 많은 시사점을 던져준다. 대한자강회는 7월 14일 영도사(永道寺)에서 추도회를 개최하는 등 그에 대한 예의를 다하였다.[30]

그의 의거는 곧바로 젊은 청년들에게 많은 영향을 미쳤다. 고종양위를 전후한 결사회 활동은 이와 관련하여 중요한 의미를 지닌다.[31] 자결

---

28) 『대한매일신보』 1907년 7월 2일 잡보「자선충의」.

29) 『황성신문』 1907년 7월 2일 논설「戒自殺者」, 7월 8일 잡보「鄭志士葬禮」;『大韓每日申報』 1907년 7월 3일 기서「鄭君在홍 捨生論, 辨義生」.

30) 『황성신문』 1907년 7월 11~13일 광고 ;『대한매일신보』 1907년 7월 12일 잡보「정씨츄도」, 7월 16일 잡보「정씨츄도회」.

직후 노인회의 방탕한 생활에 대한 비판은 이러한 상황과 무관하지 않았다. 노인회에 분개한 김희창(金熙昶)은 그의 동료이자 대한자강회 회원이었다.[32] 더욱이 인천항 주민들은 일본인 가옥에 대한 방화를 서슴지 않았다. 그의 계몽활동은 단순한 실력양성에만 그치지 않은 사실을 보여주는 대목이다. 또한『공립신보』에 보도됨으로 해외 한인사회는 커다란 충격과 아울러 잊혀져가는 민족애·조국애를 분발시키는 계기였다.

31)『대한매일신보』1907년 7월 20일 잡보「결ᄉ회츙분」·「쟝안에 총소리」, 시사평론, 7월 23일 논설 ;『大韓每日申報』1907년 7월 20일 잡보, 7월 23일 논설.
32)『황성신문』1907년 7월 16일 논설「老人會」와 잡보「老人大亡身」.

1. 신문

『황성신문』 1902년 2월 26일 잡보 「淸商購船」

曩日 本報에 仁港 堀力回漕店에셔 滊船 慶仁号를 買入ㅎ얏다홈
은 更聞ㅎ 則 漢城에 在
ㅎ 淸商裕盛泰가 購入ㅎ 滊船이라더라.

『황성신문』 1903년 12월 26일~1904년 1월 7일 광고

本人이 別設營業하야 今般에 汽船 吉祥號를 得(?)買하와 沿岸航
路를 通行하기 爲하야 來春解氷하면 新開航路를 追告하려니와
姑先牙山 白石洞歷路에 洪州 唐津과 海州航海ㅎ난 歷路에 甲串
과 月串과 當湖ᄭ지 陰十一月 初十日 爲始航行하는바 搭乘員客
은 極力便宜토록 志하며 委託荷物은 別般完全토록 期하오니 諸
君子난 照亮하시홈.
　仁川 大韓裕盛泰事務長 鄭在洪.

『황성신문』 1904년 7월 2일 광고

本人이 汽船을 仁港 松林鹽場의 鄭在洪으로 月給을 給ㅎ고 看事
이더니 這間欠逋가 夥多故 自今爲始ㅎ야난 事務를 永無看涉케
ㅎ엿스오니 內外國人은 以此照亮홈.
　朴承稷 告白.

『황성신문』 1906년 5월 18일 광고

本校에셔 僉位의 愛護ᄒ심을 蒙ᄒ야 今番 各學校聯合運動會에 參預홈을 得ᄒ니 非徒本校之光榮이라 寔出於敎育熱誠이기 不勝感謝ᄒ야 捐助諸氏를 左에 廣布ᄒ노라.

　米商會社中　同社社員各捐左開

　米商會社中本港　帽子 衣代 新貨十元

　同社社員 各捐 左開

　張世益氏 新貨五元　朱明濬氏 仝二元　河致一氏 仝二元　崔永祚氏 仝二元　金永璣氏 仝二元　朴勝后氏 仝二元　池宗薰氏 仝一元　李漢春氏 仝一元　兪鎭億氏 仝二元　李承根氏 仝五元　金永淳氏 仝二元　徐丙文氏 仝一元　鄭石元氏 仝一元　朴道行氏 仝二元　李時永氏 仝二元　米商會社 合四十二元

　紳商會社(本港) 新貨二十元　大韓運輸會社 仝 手巾一百五十件

　崔殷湘氏 仝 依幕一件 大韓國旗七件 各國旗號二百件 三次食料四百五十床

　鄭在洪氏 仝 一次食料一百六十床 又 新貨五元　朴三弘氏 仝 仝十元　崔鳳賢氏 仝 仝五元　鄭順澤氏 仝 仝五元　張乃興氏 仝 仝五元　林常津氏 仝 仝五元　金昌浩氏 仝 仝五元　京尙洞耶穌敎會 夏橙百介 湯飯一百五十器

　田炳琛氏 上海游學生 新貨五元　安廷穆氏 京 仝五元　李東皓氏 本港 仝四元五十錢　朴來興氏 仝 仝三元　林元忍氏 仝 仝三元　金聖七氏 仝 仝一元　安鍾德氏 仝 仝二元　朴道弘氏 仝 仝五十錢　朱聖模氏 仝 仝一元　朴道行氏 仝 仝一元　朴炳觀氏 仝

全五十錢　崔順浩氏 全 全 一元　鄭京甫氏 全 全三十錢　鄭賢澤
氏 全 全三元　金永淳氏 全 全一元　太元善氏 全 全三元　李亨
來氏 全 全一元　張聖煥氏 全 全一元　李聖奎氏 全 全一元　李
永順氏 全 全二元　玄京三氏 全 全一元　文春甫氏 全 全一元
徐聖道氏 全 全一元　沈能德氏 全 全一元　金順永氏 全 全二元
五十錢.

仁川港 永化學校 告白.

『황성신문』 1906년 8월 14~15일 광고

敬啓者而今商業을 힘쓸 時代에 文明的 通用하는 簿記에 素昧흠
을 慨歎이 넉여 本社에서 商業卒業生을 教師로 雇聘하고 速成簿
記夜學會를 設立하읍기 玆에 廣告하오니 有意入學者는 來議하심
은 爲要.

황성신문 1906년 8월 14~15일 광고

年齡 十五歲以上 四十歲以內
卒業期限 五個月
光武十年 八月 日

仁川港 米商會社 總務 李時永, 贊成員 朱明濬 金弘潤 李承根
張世益 沈能炫 金基浩 鄭在洪 張乃興 姜允模 韓禹根 兪鎭億 李
晚植 李重穆.

『황성신문』 1906년 8월 15일 잡보「速成簿記會」

仁川港 米商會社 總務 李時永 贊成員 朱明濬 氏等 十餘人이 本
以有志흔 人들노 該港商賈들이 現時通用ᄒᆞᄂᆞᆫ 簿記法에 嫻熟지
못ᄒᆞ야 物貨相關에 或外人과 交涉ᄒᆞ다가 裁判決處흘 事이 有ᄒᆞ
면 恒時壓制로 無理落科ᄒᆞ야 抑冤을 莫伸ᄒᆞᄂᆞᆫ 獘가 種種有之흠
으로 此를 慨歎ᄒᆞ야 速成簿記夜學會를 設立ᄒᆞ고 敎師를 延聘ᄒᆞ
야 十五歲以上 四十歲以下되ᄂᆞᆫ 商界學生들을 敎授ᄒᆞᆫ다니 該氏
들의 實地美擧ᄂᆞᆫ 攢頌흘만ᄒᆞ더라.

『황성신문』 1906년 12월 19일 잡보「有志斯人」

仁港居 鄭在洪氏ᄂᆞᆫ 邇來 各種 新事業에 發展을 啓圖ᄒᆞᄂᆞᆫ 好個志
士인디 大韓自强會의 趣旨目的을 贊同ᄒᆞ야 該港에 支會를 設立
ᄒᆞ기로 現方發起中이라더라.

『황성신문』 1906년 12월 19일 잡보 「志士美擧」

仁川港에셔 我國有志人士들이 廣學會를 組織ᄒ고 內外國人學者
의 志願을 隨ᄒ야 各國語及 理化動植農工商等의 各種學科를 敎授
ᄒ기로 議定ᄒ얏ᄂᆫ디 發起人은 李學仁 姜準 鄭在洪 諸氏라더라.

『황성신문』 1907년 4월 29일 잡보 「蜜啞請演」

日昨에 仁川港大韓自强支會에셔 通常總會를 開ᄒ고 蜜啞子 劉
元杓氏를 請ᄒ야 演說ᄒᄂᆫ디 自强會副會長 尹孝定氏와 本社長
南宮薰氏도 同件往會ᄒ얏ᄂᆫ디 當日 該會場에 港內一船紳士와
男女老幼들이 雲集ᄒ야 該支會長 鄭在洪氏와 一般 會員諸氏의
引導로 該會員 朴用來氏가 先次演壇에 登ᄒ야 演說ᄒ고 蜜啞子
의 一行三氏 等이 次第 出演ᄒᄂᆫ디 傍聽 數百人이 靜聽歡迎ᄒ야
一大盛況을 逞ᄒ얏고 其翌日에 永化學校와 濟寧學校의 請邀를
因ᄒ야 兩校學員에 對ᄒ야 勸勉演說을 愉快히 ᄒ얏더라.

『황성신문』 1907년 1월 11일 잡보 「支會視察」

大韓自强會副會長 尹孝定氏가 去七日 仁港에 支會視察로 前往
ᄒ엿ᄂᆫ디 當日 該地의 有志人士가 紳商會所에셔 入會請願人臨
時會를 開ᄒ고 發起人 鄭在洪氏가 支會 發起ᄒ 趣旨를 說明ᄒ
後 尹氏ᄂᆫ 我國家의 由來萎弱을 馴致ᄒ 弊源과 本會刱立ᄒ 趣旨
目的과 支會에셔 他日行動이 如何ᄒ거슬 演說ᄒ엿ᄂᆫ디 該地ᄂᆫ
數十年來 開港之地라. 會集ᄒ 諸氏의 交際開儀式이 極히 整理ᄒ
ᄲᅮᆫ아니라 其集會의 熱心ᄒ이 進步ᄒ 希望이 大有ᄒ다ᄒ며 當日席

황성신문 1907년 1월 11일 잡보 支會視察

上에 入會請願人이 七十餘人이요 傍聽을 幷ᄒ야 合爲一百三十
五人의 盛會의 達ᄒ엿다더라.

『황성신문』1907년 1월 24일 광고 「在日本斷指留學生學資義捐」

仁川港米商會社附屬 簿記夜學會義捐錄

　本會社 五圓, 校長 李時永氏 一圓, 校監 鄭在洪氏 一圓, 學監
張錫建氏 一圓, 贊成員 朱明瀋氏 一圓, 金弘潤氏 一圓, 李承根
氏 一圓, 張世益氏 一圓, 沈能炫氏 一圓, 河導容氏 一圓, 金基
浩氏 五十錢, 姜允模氏 五十錢.

『황성신문』1907년 2월 2일 잡보 「張氏熱心」

大韓自强會 支會가 仁川港에 設立됨은 已報어니와 該支會에셔

황성신문 1907년 2월 2일 잡보 張氏熱心

去月 第四土曜日에 通常會를 開호고 任員을 組織호는디 有志人
士 鄭在洪氏는 會長으로 張錫根氏는 副會長으로 選定되고 該會
事務所가 無호야 第一回 組織時에는 該港 紳商會社의 處所를 暫
借開會호얏다가 該社서 還收홈으로 副會長 張錫根氏가 自己所去
二十餘間 와가를 該支會事務所로 借與호야 何時ᄶ지던지 所用케
홈으로 張氏의 有志홈을 京鄕人士가 莫不稱歎호더라.

『황성신문』 1907년 2월 21일 잡보 「斷烟決心」

仁川港 紳商會社에셔 斷烟同盟會를 組織호고 各其姓名下에 盟
字를 쓰고 捺章호 者 朴元淳 金道善 金允星 金鍾一 姜允模 鄭在
洪 張乃興 諸氏인디 該社 使喚 禹昌根 金鳳圭 尹輔永 安聖五 張
鎭煥 五人을 召集호야 曰 平日은 雖有使喚社員之別이나 國民된
義務로 言之호면 毫無差等호니 若有志願者則 一般會員이라호니

황성신문 1907년 2월 21일 잡보 斷烟決心

五人이 悉皆入會ᄒᆞ야 當場十二人에 達ᄒᆞ고 該港 有志願入者 不知其數니 大邱 徐相惇氏의 斷烟償債之一說이 我韓獨立의 基礎를 可望이라더라.

『황성신문』 1907년 3월 13~14일 광고 「入札廣告」

仁川港 私立小學校 四十間 單層집을 本港 牛角洞에 建築ᄒᆞᆯ 터이니 此에 志願者ᄂᆞᆫ 本港面議所에 來ᄒᆞ야 該圖形을 持去ᄒᆞ고 來三月 二十日 下午一時에 入札홈.

入札保證金 百分二十이오 開札은 仝時에 即開홈.

仁川港 栗木洞面議所內 全擔體約者 鄭在洪.

『황성신문』 1907년 3월 14일 잡보 「愛友代償報價」

仁川港 大韓自强會 支會長 鄭在洪氏가 前監理 徐相漢氏로 旣往
親分이 有ᄒ더니 徐氏가 仁川監理在任時에 本新聞價를 淸完치
아니ᄒ얏심으로 該府 廣告에 徐氏의 姓名이 連出홈을 見ᄒ고 徐
氏의 名譽가 損傷ᄒ다ᄒ야 該新聞價를 自己가 擔出ᄒ얏시니 邇
來 自己新聞價도 趂不來償ᄒᄂ 人이 多ᄒᄃ 鄭氏ᄂ 親友의 名譽
를 爲ᄒ야 他人의 新聞價를 代償ᄒ니 鄭氏에 義心은 참 可賀홀
事이더라.

『황성신문』 1907년 3월 16일 잡보 「公私競址」

仁川港에 居ᄒᄂ 有志人士들이 發起ᄒ야 私立小學校를 建築홀
地段을 三千四百五十圓에 買得ᄒ얏ᄂᄃ 學部에셔ᄂ 公立學校를
設立ᄒ랴고 經費折半은 民間에 負擔홀 意로 本府尹과 交涉ᄒ되
民不聽從하고 私立으로 建設하랴홀 際에 日本理事廳으로 文字가

황성신문 1907년 3월 16일 잡보 公私競址

來到ㅎ얏ᄂᆞᆫ듸 其文字인則 學部에서 統監府에 囑託하야 該府로셔
日本理事廳에 來到ᄒᆞᆫ 것인듸 其辭意則 該基址를 勿爲見奪하랴
거든 公立으로 認定하라 ᄒᆞᆫ지라. 本府尹이 該事를 人民이 相議報
來ᄒᆞ라 흠으로 面長 崔鎭翰氏가 發文ᄒᆞ야 各洞代表者와 各社會
代表者가 會同ᄒᆞ야 學校贊成長 鄭在洪氏가 會集大旨를 公佈 後
에 爛商協議ᄒᆞ야 期於히 私立으로 建築ᄒᆞ깃다고 議論이 一致되
얏ᄂᆞᆫ듸 其中에 金貞坤氏가 聲言ᄒᆞ되 我ᄂᆞᆫ 勞働者의 代表인則 每
日 募軍 百名式을 赴役케ᄒᆞ되 雇價ᄂᆞᆫ 自擔補用ᄒᆞ깃다고 廣仰ᄒᆞ
고 現今始役ᄒᆞᄂᆞᆫ 中이라더라.

『황성신문』 1907년 4월 29일 잡보 「蜜啞請演」

日昨에 仁川港 大韓自强支會에서 通常總會를 開ᄒᆞ고 蜜啞子 劉
元杓氏를 請ᄒᆞ야 演說ᄒᆞᄂᆞᆫ듸 自强會副會長 尹孝定氏와 本社長
南宮薰氏도 同件往會ᄒᆞ얏ᄂᆞᆫ듸 當日 該會場에 港內一船紳士와
男女老幼들이 雲集ᄒᆞ야 該支會長 鄭在洪氏와 一般 會員諸氏의
引導로 該會員 朴用來氏가 先次演壇에 登ᄒᆞ야 演說ᄒᆞ고 蜜啞子
의 一行三氏等이 次第 出演ᄒᆞᄂᆞᆫ듸 傍聽 數百人이 靜聽歡迎ᄒᆞ야
一大盛況을 逞ᄒᆞ얏고 其翌日에 永化學校와 濟寧學校의 請邀를
因ᄒᆞ야 兩校學員에 對ᄒᆞ야 勸勉演說을 愉快히 ᄒᆞ얏더라.

『황성신문』 1907년 5월 3일 잡보 「志士義擧」

仁川港에셔 有志人士들이 資財를 義捐ᄒᆞ야 學校를 設立ᄒᆞ기로
校基를 買收ᄒᆞ얏ᄂᆞᆫ듸 該基址를 學部에서 公立學校를 設立ᄒᆞ기로

該港民들과 交涉이 有ᄒ야 相持ᄒ다홈은 已報어니와 該港紳士中 鄭在洪氏가 港內 一般人士의 堅確ᄒ 敎育主意를 代表ᄒ야 學部 와 該府及 日本理事廳에 許多干涉을 一辭拒絶ᄒ고 純然ᄒ 私立 義務學校로 設立ᄒ기를 決心ᄒ야 校宇를 宏傑히 建築ᄒ고 敎場 을 通暢히 修治ᄒ며 諸般敎具를 一新準備ᄒᄂ디 許多費用을 該 港紳商諸氏와 志士들이 陸續義捐ᄒ야 該校前望이 大有進就라ᄒ 니 該港諸氏에 義務熱心은 讚賀不暇홀 事이더라.

『황성신문』 1907년 5월 6일 잡보 「校長延聘」

仁川港에셔 有志人士들의 熱心으로 學校를 私立ᄒ다홈은 前報에 已揭어니와 爲先學員을 多數募集ᄒ고 日間開學ᄒᄂ디 京城에셔 徐丙轍氏가 校長으로 日昨에 京仁線 汽車를 搭往하얏다더라.

『황성신문』 1907년 5월 9일 잡보 「仁川千起義塾」

仁川港 牛角洞 千起義塾은 本港有志紳士 諸氏가 發起ᄒ 事ᄂ 前報에 槪揭하얏거니와 該塾基址를 三千四百五十圜으로 買入하 고 建築費ᄂ 爲先二千圜으로 筭定하야 洋製로 新建하얏ᄂ디 該 金額은 昨年中의 紳商會社에셔 二千圜과 米商會社에셔 一千圜 과 其他 各社會에셔 幾百圜式 義捐ᄒ 바오 本府尹 金潤晶氏와 紳士 鄭在洪氏가 熱心贊助하야 期圖完成하ᄂ디 日昨에 京城居 紳士 徐丙轍氏를 請邀하고 港內 各社會主任과 該面長及 各洞尊 位領所任을 會集하야 維持方針과 任員組織을 議決하얏ᄂ디 紳商 會社에셔 每朔 三十圜式 米商會社에셔 每朔 二十圜式 柴炭會社

황성신문 1907년 5월 9일 잡보 仁川千起義塾

에서 每朔 十圜式 金鳳儀氏가 每朔 三圜式 自擔出捐ㅎ야 永久維
持ㅎ기로 確定ㅎ며 其他 某某社會와 或 個人的으로 出義홀 諸氏
가 尙多ㅎ다 ㅎ고 任員은 塾長에 徐丙轍氏오 塾監에 金允星 南
基薰氏오 總教師는 李鍾濬氏오 副教師 二人은 現方選任홀 터이
오 學監은 總教師가 姑爲兼行ㅎ다 ㅎ니 該港有志諸氏의 熱心教
育ㅎ는 義務와 塾長教師를 社會上 名譽人으로 推選홈이 實노 開
進文明의 基礎ㅣ라고 聞者 莫不攢賀ㅎ더라.

『황성신문』 1907년 5월 21일 잡보 「仁校開塾式」

仁川 仁明學校에서 今日에 開塾式을 擧行ㅎ다더라.

『황성신문』 1907년 6월 6일 잡보 「仁校基址買收訓飭」

學部에셔 仁川郡에 訓令ㅎ되 普通學校基址價額을 精算ㅎ야 平

均一坪에 六圓八十錢 價格으로 買收ㅎ라 ㅎ얏더라.

『황성신문』 1907년 6월 17일 광고 「在日本東京大韓留學生太極學會贊助金」

…(상략)… 李儁 申佑善 鄭在洪 李鍾泰 李鍾宇 李膺鍾 閔丙斗 宋之憲 李健承 李鳳載 李憲珪 李東暉 各二圓…(하략)…

『황성신문』 1907년 6월 22일 잡보 「朴氏歡迎說」

巷說을 據ㅎ則 昨日 下午五時에 各社會의 有志紳士가 會同ㅎ야 錦陵尉 朴泳孝氏에게 同情을 表ㅎ기 爲ㅎ야 歡迎會를 發起ㅎ얏다ᄂᆞᆫ디 日字ᄂᆞᆫ 本月 三十日로 假定ㅎ고 處所ᄂᆞᆫ 姑未完定ㅎ얏다더라.

『황성신문』 1907년 6월 25~29일 광고 「朴泳孝氏歡迎會趣旨」

玆欲與我全國同胞로 歡迎朴泳孝氏ㅎ노니 胡爲乎歡迎고 氏ᄂᆞᆫ 愛國有志之士라 竄身海外ㅎ야 備經艱險이 前後數十星霜이라 有志者ᄂᆞᆫ 不能不悲其境이오 愛國者ᄂᆞᆫ 不能不咸其情ㅎ야 悲咸交切러니 今焉還國일ᄼᆡ 所以有此歡迎之會ㅎ니 凡我同志ᄂᆞᆫ 庶幾同情인져
一 集會日時ᄂᆞᆫ 六月 三十日(日曜日) 上午十二時
但 雨則翌日 再雨則又翌日
一 處所ᄂᆞᆫ 追告

一 會費金은 一圓
一 會費金의 收合所는 鍾路 皇城新聞社 會洞 萬歲報社 漢洞 帝
國新聞社
一 會費金 收合期限은 六月 二十八日(金曜日)꺼지. 但 此期限
外에는 會費金 收入을 謝絶.
光武十一年 六月 二十三日
發起人 : 權東鎭 金相天 金達河 金東完 金益南 金奎植 呂炳鉉
柳東作 劉文煥 劉秉珌 李鍾一 李宇榮 李人植 李冕宇 李敏卿 朴
殷植 朴宗桓 石鎭衡 申羽均 沈宜性 安國善 魚瑢善 吳世昌 兪星
濬 兪承兼 尹孝定 尹致旿 尹昌烈 張志淵 張燾 鄭雲復 崔炳憲
崔岡 韓基準 洪在箕 洪在祺.

『大韓每日申報』 1907년 6월 27일 광고 「朴泳孝氏歡迎會趣旨」

玆欲與我全國同胞로 歡迎朴泳孝氏ᄒ노니 胡爲乎歡迎고 씨는 愛
國有志之士也라 竄身海外ᄒ야 備經艱險이 前後數十星霜이라 有
志者는 不能不悲其境이오 愛國者는 不能不感其情ᄒ야 悲感交切
터니 今焉歸國일시 所以有此歡迎之會ᄒ니 凡我同志는 庶幾同情
인져.
一 集會日時는 六月三십日(日曜日)上午十二時. 但 雨則翌日再
雨則又翌日
一 處所는 追告
一 會費金은 一圓一會費금에 收合處所는 鍾路 皇城新聞社 會洞
萬歲報社 漢동 帝國新聞社
一 會費금收合期限은 六月二十八日(金曜日)꺼지 但 此期限外에

는 會費금收合을 謝絶.

發起人 各社會代表 三十六人.

대한매일신보 1907년 6월 27일 광고 박영효씨환영회취지

『황성신문』1907년 6월 28일 잡보「朴氏歡迎會」

朴泳孝氏에 對ㅎ야 同情을 表ㅎ기 爲ㅎ야 一般社會의 有志人士가 發起ㅎ고 歡迎會를 設行ㅎ눈디 處所는 北壯洞 農商所오 日子는 本月 三十日 上午十二時인디 委員諸氏가 諸般物品을 準備中이오 再昨日에도 委員을 多數히 加選ㅎ얏다더라.

『황성신문』1907년 7월 1일 잡보「歡迎會槪報」

昨日 上午十二時에 農會所內에셔 錦陵尉 朴泳孝氏歡迎會를 設行ㅎ야 一般社會의 有志人士와 婦人덜도 多數히 來叅ㅎ야 盛況을 呈ㅎ얏눈디 其節次와 情況의 統括은 來報에 詳揭ㅎ又노라.

『황성신문』 1907년 7월 1일 잡보 「鄭氏自砲」

朴泳孝氏歡迎會 設行은 別項과 如하거니와 下午三時에 南小洞 鄭在洪氏가 六穴砲로 自放ㅎ야 該氏의 腹部가 重傷혼지라. 卽時 赤十字病院으로 擡去治療ㅎ고 該氏 手佚中으로 多數혼 遺書와 思想八變歌와 生辱死榮歌가 露出ㅎ얏는디.

追書

被大日本 保護韓國國民 鄭在洪은 뜻이 잇셔 나라를 근심하는 우리 同胞 모된데 혼 말삼 警告文을 삼가 되리노라. 나라 爲ㅎ야 맛당이 죽을 짜에 죽으면 그 효력이 千倍나 萬倍까지에도 밋치나 그러나 죽기 실고 살기 좀은(좋은 오자) 人情이라. 남으로 ㅎ야곰 죽어 나의 살 명화를 도으라 ㅎ면 그 엇지 되리요 하느리 나로 이곳셔 죽어 우리 同胞諸君으로 ㅎ야금 몸를 버려 나라에 도음이 될 境遇에 싱각케ㅎ심미로라.

光武十一年 六月 三十日

思想八變歌

第一變　나라ㅎ고 相關된/ 公변되게 미운놈
　　　　한미에 쳐죽여셔/ 이닌 분 풀니로다
第二變　잘못쳐셔 못마치면/ 속졀읍시 나만죽네
第三變　六穴砲로 얼는노코/ 샬이쒸면 일읍도다
第四變　六穴砲를 當場삿네
第五變　남죽이고 나살야면/ 天理에 못되리로다
第六變　죽이고셔 나도 죽자
第七變　한스롬 남 죽이고/ 혼스롬 나 죽이면
　　　　兩人相讎 될쑨이라

第八變　한스룸 나만 둑어/ 全國이 感惺ᄒ면

　　　　　이몸에 榮華되고/ 國家에 幸福일셰

　　　　　　生辱死榮歌

榮華로다 榮華로다/ 이늬 죽엄 榮華로다

흑갓치 써근 말도/ 죽은 후엔 金言일셰

軍士 길너 戰爭보덤/ 志士 죽엄 有力ᄒ외

志士 열만 잘 죽으면/ 일흔 國權 되찻는다

人生 훈 번 아니죽나/ 早晩相關 쑨이로다

죽지안코 살야훈덜/ 셔셔 살짜 어듸 잇나

남의 손에 죽는 날은/ 犧牲이 네 아니야

나죽어 榮華되을/ 보고 어셔 짜라오게

황성신문 1907년 7월 1일 잡보 鄭氏自砲

『大韓每日申報』 1907년 7월 2일 잡보 「歡迎會況」

再昨日 上午十二時에 農桑所內에셔 錦陵尉 朴泳孝氏歡迎會를
設行ᄒ야 一般社會에 有志紳士의 婦人들이 多數會集ᄒ얏ᄂᆫ대 大
官은 前判書 金宗漢氏와 表勳院總裁 閔丙석氏와 陸軍副將 尹雄
烈씨와 前判書 김嘉鎭씨가 來參ᄒ얏더라. 正賓 朴泳孝씨가 마춤
薪憂로 漢城病院에 調理中인 故로 同苦人 安영中씨를 代理로 委
任ᄒ야 一般會員의 情誼를 致謝ᄒ민 委員長 兪星쥰氏가 趣旨를
說明ᄒ고 委員 鄭雲復씨가 祝辭를 朗讀ᄒ고 諸般節次를 順序擧
行ᄒ야 盛況을 呈ᄒ얏더라.

『大韓每日申報』 1907년 7월 2일 잡보 「鄭氏自砲」

朴泳孝氏歡迎會 設行은 別項과 如ᄒ거니와 下午三時에 南小洞
鄭在洪씨가 六穴砲로 自放ᄒ야 該씨의 腹部가 重傷ᄒ지라. 卽時
赤十字病院으로 擔去治療ᄒ고 該씨 手岱中으로 多數ᄒ 遺書와

대한매일신보 1907년 7월 2일 잡보 鄭氏自砲

思想八變歌와 生辱死榮歌가 露出ㅎ얏ᄂᆞᆼ
遺書

被大日本 保護韓國國民 鄭在洪은 뜻이 잇셔 나라를 근심ㅎᄂᆞᆫ 우리 同胞 모ᄃᆞᆫ데 한 말삼 警告文을 삼가 되리노라. 나라 爲ㅎ야 맛당이 죽을 ᄯᅡ에 죽으면 그 효력이 千倍나 萬倍ᄭᅡ지라도 밋치나 그러나 죽기 실고 살기 조은 人情이라 남으로 ㅎ야곰 죽어 나의 살 명화를 도으라 ㅎ면 그 엇지 되라요. 차날이 나가 이곳셔 죽어 우리 同胞諸君으로 ㅎ야곰 몸을 버려 나라에 도음이 될 境遇에 싱각케 ㅎ심이로라.

光武十一年 六月 三十日

第一變 나라ㅎ고 相關된 公변되게 미운놈한 미에 쳐 죽여셔 이 닉 분 풀니로다

第二變 잘 뭇쳐셔 못 마치면 속졀읍시 나만 죽네

第三變 六穴砲로 얼는 노코 샬니 쒸면 일 업도다

第四變 六혈砲를 當場 삿네

第五變 남 죽이고 나 살야면 天理에 못되리로다

第六變 죽이고셔 나도 죽자第七變 한 ᄉᆞᄅᆞᆷ 남 죽이고 한 ᄉᆞᄅᆞᆷ 나 죽으면 兩人相讐될ᄲᅮᆫ이라.

第八變 한 ᄉᆞᄅᆞᆷ 나만 죽어 全國이 感惺ㅎ면 이 몸에 榮華되고 國家에 幸福일셰

生辱死榮歌

榮華로다 榮華로다 이 닉 죽엄 榮華로다

혹갓치 쎠근 말도 죽은 후엔 金言일셰

軍士 길너 戰爭보딤 志士 죽어 有力ㅎ외

志士 열만 잘 죽으면 일흔 國權 되찻ᄂᆞᆫ다

人生 흔번 아니 죽나 早晩相關뿐이로다

죽지 안코 살야한덜 셔셔 살짜어 대잇니

남의 손에 죽는 날은 犧牲이네◆니야

나 죽어 榮華됨을 보고 어셔 짜라오게

追托書

밧구로는 富貴ㅣ 慾 안으로는 室家之樂 다 바리고 不顧홀졔 다시 무엇 걱정ᄒ리 그러ᄒ나 한 付托은 두낫 子息敎育할닐 사랑ᄒ는 同胞에게 바라나니 심써 쥬옵.

國內同胞中.

『황성신문』 1907년 7월 2일 논설 「戒自殺者」

愛生而惡死는 人之常情也라 故로 瓜底에 一芒刺만 入ᄒ야도 叫苦叫痛에 必欲出之ᄒ고 八十老人이 生世已多로디 偶然感疾에만 罹ᄒ야도 擁衾呻吟에 呼子救藥ᄒ니 若其自尋死法에 斷送一身者는 必也 憤極塡胸에 血沸千丈者也오

又常人之情은 知有身而不知有國ᄒ며 知有妻子眷屬 而不知有我同胞故로 挾雜犯法而死者와 爲惡招殃而死者와 作賊罹禍而死者와 雉經而死者와 伏鐵道而死者와 呑砒霜飮鴉片而死者가 雖其所死는 不同ᄒ나 岡非爲一身一家之飢寒이 驅之也니 其能憂國을 如憂家ᄒ며 愛國을 如愛身ᄒ야 以至於死而不悔者ㅣ 果有幾人인고 一般人之愛國은 其愛國이 往往只存于筆端舌端이어니와 愛國而自殺者는 必其一段熱血이 蟠結磅礴于胸中者也니

彼匹彼婦之自殺也도 猶不勝悽然下淚어던 況愛國而自殺者야 吾又安能無哭이리오.

況彼之死가 爲國恥而死며 爲國民之共憤而死인즉 生此國ᄒ야 作
此國民ᄒ 我二千萬個人이 其可不同聲一哭哉아만은 雖然이나 吾
固哭之로디 吾實惜之ᄒ고 吾旣惜之라 吾玆戒之ᄒ노니 全國發憤
之志士ᄂ 皆來聽我言ᄒ라.

不知者ᄂ 卽我此言을 易歸之以畏死之言也라 ᄒ지나 吾言은 實
不然이로니 夫無生이면 無死로디 有生이면 必死라 孰不畏死리오
만은 非獨丐兒死라 石崇도 亦死ᄒ며 非獨?生死라 彭祖도 亦死ᄒ
고 古人今人이 同歸一死ᄒ며 黃人白人이 皆有一死ᄒᄂ니 卽吾
初生之日에 天己命之以死라. 雖千萬番畏死ᄒ달 安能免一死리오
故로 畏死者ᄂ 癡人也오 又孰不避死리오만은 死非以避而可逃
라. 死期가 未至면 雖砲烟丸雨에 僵尸相續ᄒ디 我一人은 偶然不
死ᄒ고 重房複壁에 深居簡出ᄒ야도 我一朝에 忽然溘死라 是以
로 或叢祠佛像에 日日祈禱ᄒ며 或人蔘鹿茸에 時時服藥ᄒ야도
一片北邙에 其塚이 累累ᄒ니 雖千百計避死ᄒ달 安可脫一死리오
故로 避死者ᄂ 妄人也니라.

然則死者ᄂ 不必畏며 亦不可避어날 何故로 戒自殺고 曰死者ᄂ
人生之一大事也라 人之生也에 莫不擔負宇宙間許多責務而出來
ᄒᄂ니 死日之은 此責務捨去之日也오 此責務讓與他人之日也라.
我在則我與他許多人이 分擔此責務故로 此責務가 輕一分ᄒ다가
我去則他許多人이 幷擔我所擔之責務故로 此責務가 重一分이니
我捨此責務之際에 卽他許多人者ㅣ 皆賢皆智ᄒ야 皆可以擔此責
務ᄒ지라도 我猶且彷徨回顧에 恨其不能皆賢同勞ᄒ려던 況他許
多人이 不能皆賢ᄒ며 不能皆智ᄒ야 擔此責務而墮入千仞坑塹도
將未可知어날 我乃決然捨之ᄒ면 此果何人哉아 我不得不死而死
ᄂ 可커니와 我以死而盡責任은 可커니와 我以死而抛責任은 不可

ᄒ니 自殺이 一可惜이오.

父母가 病深ᄒ야 藥餌가 時急커던 當與自家兄弟로 同心戮力ᄒ야 以圖醫治가 可也어날 曰吾兄아 爾求醫ᄒ라. 吾弟이 爾求藥ᄒ라ᄒ고 獨自拔劍刎頸에 不顧聞父母呻吟之聲ᄒ면 可乎아 不可乎아 自殺이 二可惜이오.

國之所與立은 惟志士를 是恃어날 爾旣以志士而自殺ᄒ며 彼又以志士而自殺ᄒ고 今日에 一志士自殺ᄒ며 明日에 一志士自殺ᄒ야 志士가 盡死에 全國이 無人ᄒ면 救此國者ㅣ 其誰오 自殺이 三可惜이오.

自殺者는 無希望者라 眼中所見이 只是一亡字오 胸中所存이 不過一死字라 雖渡烏江이나 我何能爲며 雖入虎穴이나 我何能得이리오ᄒ야 歸歟歸歟ᅟᅵ져 更向黃泉ᄒᄂ니 墮人銳氣가 又其何如오 自殺이 四可惜이오.

抑又吾之劍은 將以誅同胞之魔敵이오 吾之丸은 將以射國家之奸賊이어날 不誅魔賊而吾自誅我ᄒ고 不射奸賊而吾自射我ᄒ면 是는 冥冥不覺之中에 爲魔賊而復仇也며 爲奸賊而效忠也니 豈不謬哉아 自殺이 五可惜이오.

鼓一國躁激之心이니 六可惜이오.

減國民之一分子니 七可惜이라.

故로 自殺以前에는 可謂志士어니와 自殺以後에는 不可爲志士니 國內發憤之志士가 今又有鄭在洪氏갓치 思想이 第四變하야 六穴砲를 當場 삿나

六血砲를 사거던 他日戰場에 以向敵人而放之언뎡 自殺은 不可하니라.

六血砲를 사거던 他日風塵에 以待國賊而射之언뎡 自殺은 不可

하니라.

嗟哉라 六血砲여 惜哉라. 六血砲여 爾入豫讓之手런들 智伯之讐를 可報오 爾歸荊卿懷런들 秦皇之暴를 可除어날 不遇豫讓하며 不遇荊卿하고 乃遇鄭在洪이로다. 惜哉惜哉라 六穴砲之不遇여.

『황성신문』 1907년 7월 2일 잡보「歡迎會委員齊進」

再昨日 下午六時에 歡迎會委員 諸氏가 赤十字病院에 齊進ᄒ야 鄭在洪氏에게 病問하고 金二十圜을 寄附治療케 하얏더라.

『황성신문』 1907년 7월 2일 잡보「歡迎會儀式」

再昨日 朴泳孝氏의 歡迎會儀式順序가 如左ᄒ니

一 上午十二時 開會

二 正賓立場時 祝砲

三 正賓陞座

四 奏樂國歌

五 趣旨說明

六 祝辭朗讀

七 正賓答辭

八 奏樂

九 紀念撮影

十 正賓食堂引導

十一 祝杯呼萬歲

十二 奏樂

十三 餘興으로 演戲ᄒ얏더라.

『황성신문』 1907년 7월 2일 잡보「志士長逝」

鄭在洪氏가 六穴砲를 自放ᄒ야 重傷을 被홈은 昨報에 已報어니
와 再昨日 下午八時에 奄然長逝하얏다더라.

『황성신문』 1907년 7월 2일 잡보「志士一聲」

鄭在洪氏가 自砲重傷ᄒ야 赤十字病院으로 舁去治療ᄒ다홈은 昨
報에 已報어니와 再昨日 下午六時頃에 朴泳孝氏가 鄭在洪氏에
게 治療費 五十圜을 同居人 金弘祚氏로 使之傳受ᄒ고 慰問ᄒ얏
ᄂ딘 該鄭氏가 慰問事에 對ᄒ야 答辭ᄒ기를 我ᄂ 才疎識淺ᄒ 人
으로 時局의 切迫홈을 恒常慨歎ᄒ나 如何히 ᄒ여야 良好홀ᄂ지
一死로 同胞에게 謝코져 ᄒ거니와 朴泳孝氏ᄂ 才德이 隆高ᄒ야
三十年前에 改革을 首唱ᄒ던 人이라 全國이 山斗와 갓치 依仰ᄒ
ᄂ 今日을 遭遇ᄒ야 鞠躬盡瘁에 死而後已홈을 銘心力行ᄒ기를
切望ᄒ노라 ᄒ얏다더라.

『황성신문』 1907년 7월 2일 잡보「韓日親睦經營」

大阪每日新聞을 據ᄒ則 亡命韓客과 親交가 有ᄒ 大議士, 新聞記
者, 東西靑年會의 諸氏가 今番 朴泳孝氏의 歸韓을 機會삼아 韓
日同志會의 團體를 組織ᄒ고 韓日兩國人의 親睦을 圖ᄒ야 韓國
을 扶植홀 目的으로뼈 東京及大韓京城에 事務所를 置ᄒ고 兩國

의 同志者를 糾合ᄒ야 韓國의 經營에 着手ᄒᆯ 次로 偕樂園의 組織會를 開ᄒ고 任員을 選擧ᄒ얏다더라.

『황성신문』 1907년 7월 2일 잡보 「代表叅宴」

再昨日 朴泳孝氏歡迎會를 開ᄒᆷ은 別項과 如ᄒ거니와 正賓 朴泳孝氏는 適會이 病崇가 有ᄒᆷ으로 不叅ᄒ고 同苦ᄒ던 安泳中氏가 代表로 來叅ᄒ얏다더라.

『황성신문』 1907년 7월 2일 광고 「國債報償義務金 集送人員及額數, 南小洞 뎡在洪家中」

己 二환七十八錢 母 密陽卞氏 妻 朱溪崔氏 各一圓 子 鍾華 子 鍾原 各二圓 合 新貨八圓七十八錢.

『황성신문』 1907년 7월 2~4일, 17~26일 광고 「志士 鄭在洪君 遺族救助義捐金募集趣旨書」

嗚呼라 人未有不死之人이로되 而一死之有名有義也ㅣ 豈容易哉아. 志士 鄭在洪君之一死也는 觀乎 其遺書四種에 可謂名成而義立이니 壯哉라 君乎여. 君은 有志愛國之士也라. 病國勢之式微ᄒ며 歎社會之不振ᄒ야 欲以一身으로 犧供于全國有志之前 以警醒我國家的 精神ᄒ야 乃以光武十(十一 오자)年 六月 三十日 下午 三時에 一砲自殺ᄒ야 遂行其志ᄒ니 君은 其所謂 浮志士之名而得獻身之義矣로다 然이나 讀其遺書에 其無限感慨와 無限悲痛이

황성신문 1907년 7월 2~4일, 17~26일 광고
志士 鄭在洪君 遺族救助義捐金募集趣旨書

溢於言表호디 竟無一句對岸怨悱之辭호니 亦可謂得其性情之正
而臨死不變者也니 善哉라 君乎여 君於年來에 以謂國權恢復이
專在於人才養成이라 호고 蕩産鬻家호야 以充敎育之費호니 此不
足爲君頌美로디 但偏慈在堂호고 遺孥貧孤호야 營生無計호니 此
實吾人의 捐救家族所由也라 凡我同志는 尙表同情인져.
光武十一年 七月 一日
發起人：尹致昨 徐相八 尹晶錫 柳東作 朴宗桓 金益南 劉秉弼
池錫永 鄭熙燦 尹鍾(錫)準 李成鎬 崔岡 尹孝定 李鍾(鎬의 오
자)濬
收金期限 自七月 一日 至同 三十日
收金處所 皇城新聞社 帝國新聞社

『황성신문』1907년 7월 2일 광고「志士鄭在洪氏 遺族救助義捐金
氏名」

尹致昨 洪在祺 졍熙燦 兪星濬 各十圓 池錫永 五圓.

『황성신문』 1907년 7월 3일 잡보 「救助金募集」

鄭在洪氏가 憂國熱血을 不禁하야 自砲自殺홈은 已揭前報어니와
一般社會의 有志諸氏가 該氏의 家族을 救濟하기 爲하야 發起하
고 救助金을 志願募集호다더라.

『황성신문』 1907년 7월 3일 잡보 「歡迎會」

三昨日 朴泳孝氏歡迎會의 盛況이 如左호니.

趣旨說明 委員長 兪星濬

今日 歡迎會에 入參호신 同胞는 今會目的을 畢竟 亮燭호시려니
와 朴泳孝氏가 適會히 病祟가 有홈으로 未參호고 同苦호던 安泳
中氏가 代表로 陞座호얏스니 一般 會員은 正賓이 不參혼 것을 少
不悵然호시오 該氏의 肉身을 歡迎호는 것이 아니라 該氏의 精神
과 志氣를 歡迎호는 것이라. 大抵 該氏가 年來로 數次 本國에셔
論駁을 當호야 外國에 出住혼 事는 無他라 高明혼 志操로 國勢
의 今日 岌業홀 줄을 先覺호고 沈沈長夜中으로 經過호는 人民을
開悟케 호며 腐敗혼 政策을 變革호야 三千里疆土을 維持케 홈인
즉 今日을 當호야 吾輩가 該氏의 精神을 豈不歡迎乎아 호얏고.

祝辭 委員 鄭雲復

世運이 由野進文호고 邦命이 由舊革新호는 時를 際호야는 必也
先覺혼 仁人志士의 經世濟民之謨와 愛國忠君之義를 待혼 然後
에 始乃文明維新之域에 躋호느니 然則 仁人志士가 其民其國의
厚大혼 德報를 理應享受홀지나 文野新舊의 衝突호는 常理를 難
免홈으로 盖其初也에 無限혼 艱厄을 備經호며 不測혼 禍患에 逼
驅호야 其体肢를 勞苦호며 其心膽을 煆煉호되 或 其身를 犧牲에

供ᄒ야 後進의 氣節을 獎勵ᄒ며 或 其才를 玉成ᄒ야 天降ᄒᆫ 大任을 乃成ᄒᄂ니 國家의 中興과 人民의 幸福은 此等의 仁人志士가 아니면 決코 做得키 不能ᄒᆫ 者라. 惟我錦陵尉 朴泳孝閤下ᄂ 忠孝世德이오 儀賓華冑로 英年의 偉度가 天民의 先覺이라. 志를 民國에 存ᄒ고 誠를 忠愛에 盡ᄒ다가 世運과 邦命의 一變을 機會ᄒ야 獨立과 自主의 精神을 喚起ᄒ니 此實靑邱長夜의 曉鍾第一聲이라 新舊의 衝突로 大事가 中潰ᄒ야 單身이 海外에 漂泊ᄒ미 北海風雪에 戀國ᄒᄂ 幽恨이 凝結ᄒ고 西歐落日에 望美ᄒᄂ 寒淚를 揮灑ᄒᆫ 지 前後數十年에 今焉歸國ᄒ야 特赦와 復爵의 皇恩이 稠疊ᄒ시니 閤下ᄂ 應其優渥을 感戴ᄒ야 圖報를 自勉ᄒ려니와 嗚呼라 國家의 現狀은 今在何等地位이며 民族의 悲境은 今果何等程度오 吾人으로 ᄒ야곰 閤下의 當年壯志를 追想ᄒ야 一倍나 感慨ᄒᆫ 血淚를 惹動ᄒ도다. 然이나 今에 全國同胞의 歡聲을 調合ᄒ야 薄儀로써 敢히 仰迎ᄒᄂ 微忱을 表明ᄒ노니 窃惟컨디 上天이 我邦의 禍를 悔ᄒ사 積年風霜의 百難千苦로 閤下의 志氣를 玉成ᄒ며 閤下의 器識을 陶冶ᄒ야 大任을 是降ᄒ미라 惟願閤下ᄂ 時局을 旰衡ᄒ며 內外를 調和ᄒ야 中興幸福을 前導ᄒᄂ 雅量敏腕으로써 吾人의 標幟를 高擧ᄒ며 大韓의 國是를 指定홀지어다 玆에 會員을 代表ᄒ야 歡迎ᄒᄂ 祝辭를 敬呈ᄒ노라 ᄒ얏고.

答辭 代表人 安泳中

오늘 各貴夫人과 紳士 여러분이 不肖에게 對ᄒ오셔 如此히 過分ᄒ게 盛遇ᄒ시니 感謝ᄒ고 붓그러온 ᄆ음 무엇시라고 名狀홀 길업쇼 그런데 不肖의 誠意가 鮮薄ᄒ옴으로 意外의 薪憂가 驀然闖發ᄒ야 入院治療ᄒᄂ데 醫士의 警告로 不得起動ᄒ야 出席을 못ᄒ오니 不肖의 失意도 甚大하거니와 여러분의 好意를 違背하는 일

도 不少하니 더욱 恐懼汗赧하야 所措를 莫省하오 그러나 人事難
測혼 病 故로 缺席은 되오나 延期를 仰請하기도 甚히 不敢ㅎ야
不肖와 同苦ㅎ든 安泳中君으로 代爲陳謝ㅎ고 若干 所懷를 仰述
ㅎ오니 여러분은 아모조록 容聽ㅎ시기를 希望ㅎ오 不肖가 器量과
學識이 蔑如홈을 不量ㅎ고 다만 切於杞憂ㅎ야 幼年時代로부터
數十年을 國事에 盡瘁ㅎ되 不翅空勞無効라 도로혀 罪愆이 山積
ㅎ니 未嘗不時日노 憂懼ㅎ야 지느나 그러나 上天이 過庇하오셔
有罪無功혼 不肖로 ㅎ야곰 前後兩次를 承命歸國하야 足蹈故土
하고 面見同胞하는 非分의 慶幸을 得케 하시니 不肖의 私心喜悅
은 무엇시라 홀 길업셔셔 一一尋訪ㅎ야 把臂劇談ㅎ고 시푼데 況
且 여러분이 盛儀로 接迎ㅎ시는 今日에 意外의 病 故로 身親參列
ㅎ는 榮快를 失ㅎ니 더욱 悵缺ㅎ오 向者入國之日에 舊日親知 몟
분이 不肖를 歡迎ㅎ깃다 ㅎ기로 不肖가 今番 無面行色이 아모리
一二親舊間이라도 歡迎二字를 安心ㅎ고 밧을 길 萬無ㅎ야 固辭
ㅎ엿더니 不意에 過當하게 이쳐름 盛大케 하시는 儀式은 비록 不
肖가 病이 업셧슬지라도 安受홀 수가 업슬 쥴노 아오 디강 簡短혼
蕪辭로 諸貴夫人及諸紳士여러분의 好意를 替行答辭하오니 不肖
의 本意와 實際境遇를 考察하오셔 容恕하심을 希望하노라 ㅎ얏
더라.

『황성신문』 1907년 7월 4일 별보「鄭在洪君略傳」

緖論

自國權墮落以來로 如鄭君之發憤自戕者 〡 凡已幾人고 子車가 且
死에 百身難贖이오 萇弘이 旣逝에 遺血空碧이라. 慷慨忠義之倫

은 碧落黃泉에 携手同歸ᄒ고 以此廻天捧日之大艱業으로 託諸愚昧劣弱之我輩後人ᄒ니 我輩가 雖欲無悲憤怨懟之辭나 得乎아.

雖然이나 鄭君之死ᄂ 實非鄭君之自殺也로라(志士ᄂ 聽哉어다).

我同胞가 早發憤於十數年以前ᄒ야 國權의 不至墮落ᄒ며 人類가 不爲奴隷러들 鄭君이 可不死오 我同胞가 此戮力於光武九年以後ᄒ야 人民이 有開進之機ᄒ고 國家가 有回蘇之望이라도 鄭君이 可不死어늘 奈之何光陰이 日下에 民知ᄂ 愈錮ᄒ고 危機가 日迫에 國是ᄂ 日紊ᄒ야 時時刺 鄭君之腦ᄒ며 日日激鄭君之血ᄒ야 驅鄭君於不得不自殺之途ᄒ니 然則鄭君之死ᄂ 頑迷之國民이 殺之也며 腐敗之政府가 殺之也오 非鄭君之自殺鄭君也로다.

嗚呼라 鄭君이 旣死ᄒ니 其復有鄭君乎아 有鄭君之志者ㅣ 幾人

황성신문 1907년 7월 4일 별보 鄭在洪君略傳

고 我且痛ᄒᆞ며 我此憤ᄒᆞ며 我且希望ᄒᆞ야 畧掇鄭君之遺事ᄒᆞ니 凡
得七八節이라 揮淚以告我同胞하노라.

第一　君의 家世와 幼年

此節은 暫付闕如ᄒᆞ야 以俟廣探ᄒᆞ거니와 竊聞 君이 早喪父ᄒᆞ고
養於母ᄒᆞᄃᆡ 極孝라 云ᄒᆞ더라.

第二　君의 發願과 經歷

君이 初以實業家로 從事ᄒᆞ야 家稍饒ᄒᆞ더니 後來國事에 憤激ᄒᆞ야
同志者 幾人과 敎育界여 着手ᄒᆞᆯᄉᆡ 仁川 仁明學校校監의 任으로
家産을 皆斥賣ᄒᆞ야 學校經費에 補用ᄒᆞᆫ 故로 身死之後에 家에ᄂᆞᆫ
餘財가 無ᄒᆞ고 又大韓自强支會長으로 大苦心을 費ᄒᆞ얏더라.

第三　君의 決死

韓日新條約之日에 君의 死志가 已決이로ᄃᆡ 一則老母在堂故로
不忍死오 二則猶庶幾於國家之前途故로 不遽死러니 邇來에 見國
事日非ᄒᆞ고 初志益決이라 將死前一日에 自己所親을 對ᄒᆞ야 若
干悵別ᄒᆞᄂᆞᆫ 容을 帶ᄒᆞ더라.

第四　君의 自砲時日과 景況

光武十一年 六月 三十日에 朴泳孝氏歡迎會를 北署 農商所內에
開催ᄒᆞ고 紳士 千餘人이 集ᄒᆞ얏ᄂᆞᆫᄃᆡ 君이 洋服을 着ᄒᆞ고 手帒를
持ᄒᆞ고 入來ᄒᆞ더니 社會上 有志者라 稱ᄒᆞᄂᆞᆫ 人氏면 曾前面分이
生疎ᄒᆞ더리도 一一姓名을 通ᄒᆞ더라 衆人이 立食을 畢ᄒᆞ고 奏樂
과 演戱ᄂᆞᆫ 方張ᄒᆞᄂᆞᆫᄃᆡ 君이 忽然히 演壇前에서 自砲ᄒᆞ야 氣節昏
倒ᄒᆞ더라.

第五　遺書二則과 歌二関

時에 數百張 片紙가 雪갓치 散ᄒᆞ니 此散紙가 皆何物也오 卽自砲
者의 遺書也며 追托書也며 思想八變歌也며 生辱死榮歌也인ᄃᆡ

書頭에 鄭在洪이라 書ㅎ얏더라(書와 歌는 見前項). 其始也에는 何人이 何事故로 自砲ㅎ얏는지 不知ㅎ야 皆錯愕홀 而已러니 及其書와 其歌을 讀홈이 無不雙淚가 雨注ㅎ야 朴氏의 歡迎會가 鄭氏의 慘別場으로 變ㅎ더라.

嗚呼라 君의 思想이 一二變에만 止ㅎ야도 誤國者 一二人의 頭를 必斷이오 三四變에만 止ㅎ야도 誤國者 一二人의 胸을 必剖어날 非徒一二變而至三四變而至五六七變ㅎ야 君則死而誤國者則生ㅎ니 惜夫로다. 然이나 君今死矣로디 死者는 其體殼也오 其精神則固生也라. 君之精神이 愈往愈生而賣國之賊은 其喪魂失魄而死者ㅣ 將不知幾人이니 彼賊臣也는 生而亦死者오 如君者는 死而猶生者로다.

第六 君의 永眠

卽時 赤十字病院으로 昇去ㅎ니 赤血이 口中에 騰出ㅎ고 氣息이 喘促하더라.

錦陵尉 朴泳孝氏가 遺人慰問ㅎ디 君이 其爲國盡瘁홈을 勉ㅎ고 (其詳은 見前項) 溘然長逝ㅎ니 時는 大韓光武十一年 六月 三十日 下午八時也라 志士가 長瞑에 天日이 慘黑ㅎ도다.

第七 君의 死後에 輿情과 家族救恤

君의 死信을 接홈이 雖閭巷婦孺라도 莫不流涕 咨嗟曰 正直의 人士는 皆一死로 自靖ㅎ니 吾儕는 將誰與求活고ㅎ며 各志士는 君의 遺書所托에 依ㅎ야 其遺孤을 敎育홀 目的으로 義金을 收集中이더라.

第八 君의 生死一貫의 血願

然이나 若但 此遺孤로만 君의 血願을 苔ㅎ다ㅎ면 豈非誤解의 大誤解哉아 其遺書劈頭 第一行에 被大日本保護韓國國民 鄭在洪

이라 書ᄒ얏스니 竊想ᄒ라. 君이 書此十三字之時에 必也骨戰戰
ᄒ며 于躍躍ᄒ고 血沸沸千萬丈矣리니 他日 吾輩가 君의 自裁所
에 就ᄒ야 (大韓獨立國民鄭某就義碑)라 代書特書立之ᄒ면 君於
是乎 可以瞑目乎아. 嗚呼라 君於是乎 可以瞑目乎아 嗚呼라 君
於是乎 可以瞑目矣리로다.

『황성신문』 1907년 7월 4일 잡보 「鄭氏追托書」

追托

밧그로ᄂ 富貴之慾 / 안으로ᄂ 依家之樂
다버리고 不顧홀졔 / 다시 무엇 걱정ᄒ리
그러ᄒ나 ᄒ 付托은 / 두낫 子媳敎育홀일
사랑ᄒ는 同胞게에(에게의 오자) / 바라ᄂ니 힘뼈쥬오.　鄭在洪
國內 同胞中

『황성신문』 1907년 7월 4일 광고 「志士鄭在洪氏遺族救助義捐金
氏名」

朴容淑 五圜 朴殷植 安國善 各二圜 李禧榮 宋在洙 鄭錫暢 石鎭
衡 兪鎭衡 鄭鎭弘 權東鎭 金思容 各一圜.

『황성신문』 1907년 7월 5일 잡보 「鄭志士葬期」

來土曜日에 志士 鄭在洪氏 葬禮를 設行홀터인디 該日 上午十一
時에 出棺ᄒ고 下午一時에 貞洞敎堂에셔 葬儀를 擧行ᄒ고 同三

時에 南門外 阿峴共同墓地에셔 埋葬ㅎ다더라.

『황성신문』1907년 7월 5일 광고「志士鄭在洪氏遺族救助義捐金氏名」

吳相奎 三圜 金湘炳 一圜 太明植 一圜 尹晶錫 十圜 玄昇奎 一圜 姜玩熙 一圜 朴允燮 一圜 鄭斗煥 二圜. (未完)

『황성신문』1907년 7월 5~6일 광고

仁明義塾 創立者 鄭在洪氏가 去三十日 下午八時半에 熊魚의 目的을 達ㅎ얏기로 明六日(土曜) 上午十一時에 奬忠壇前 南小洞 自宅에셔 出棺ㅎ야 同下午一時에 貞洞敎堂에셔 葬儀를 擧行ㅎ고 同三時에 南門外 阿峴共同墓地에셔 埋葬ㅎ올 豫定이오니 僉君子는 照亮ㅎ시옵.
光武十一年 七月 五日
遺子 鍾華 同 鍾原
仁明義塾長 尹致昨 同塾維持會員總代 張乃興 同塾講師總代 李鍾濬 護喪人 洪應燮 韓秉九.

『大韓每日申報』1907년 7월 6일 잡보「李氏厚誼」

今番 朴泳孝氏歡迎會場에셔 自砲ㅎ 鄭在洪氏는 本來 月宮 後 李苾和氏와 交分이 自別ㅎ뿐더러 京城孤兒院設施 以後에 鄭氏가 特別贊成員으로 該院維持方針을 熱心주旋ㅎ다가 今番에 自己

心中의 斷定ᄒ고 慈善事業에 有名ᄒ 林元忍氏로 自代ᄒ고 別노
히 院主의게 付托홀 事가 有ᄒ던지 三次 來訪ᄒ다가 院主를 不逢
ᄒ고 無數慨歎ᄒ더라는 말를 追後 李弼和氏가 聞ᄒ고 哀戀怜惻
이 역여 卽時病院으로 ᄌ다가 못 보고 不勝悲痛ᄒ야 壽衣一襲屢
千兩價値를 어더 보닛다더라.

『황성신문』 1907년 7월 8일 잡보 「鄭志士葬禮」

志士 鄭在洪氏의 葬禮ᄂ 前報와 如히 再昨日 上午 十一時에 發
靷ᄒ야 貞洞禮拜堂에서 禮式을 擧行ᄒ얏ᄂ디 該氏의 生前歷史ᄂ
學務局長 尹致旿氏가 說明ᄒ고 石鎭衡 李東暉 金東完 諸氏가
該氏의 熱誠憂國ᄒ던 事實을 悲憤慷慨ᄒ 言辭로 次第演說ᄒ얏
고 牧使 全德基 崔秉憲 兩氏가 祈禱ᄒ 後에 阿峴公同墓地로 出
往ᄒᄂ디 仁川 永化學校와 仁明義塾과 京城孤兒院의 諸學徒가
前導ᄒ고 一般社會의 有志紳士가 多數히 護葬ᄒ얏다더라.

『황성신문』 1907년 7월 8일 광고

再昨 志士 鄭在洪君 葬禮에 留勞會葬하심은 銘感이오나 但 各住
番이 未詳하와 不得 一一趍謝하옵고 玆에 謝儀를 表함.
光武十一年 七月 日
遺子 鍾華 同 鍾原
仁明義塾塾長 尹致旿 仝塾維持會員總代 張乃興 仝塾講師總代
李鍾瀋
護喪人 洪應爕 韓秉九

『황성신문』1907년 7월 8일 광고「志士鄭在洪氏遺族救助義捐金 氏名」

錦陵尉 二十圜 南章熙 金潤晶 仁川紳商會社 各五圜式 趙琬九 一圜.

『황성신문』1907년 7월 9일 광고「志士鄭在洪氏遺族救助義捐金 氏名」

朴泳孝 治療費 五十圜 李芯和 貳十圜 北布貳匹 明細壹匹 白木 貳匹 草席壹立 白紙參束 夫瓦參介 漢緞壽衣諸具壹襲代金 百圜 量, 朴衡鎭 貳圜, 劉漢國 四圜, 李容復 貳拾환, 梁學敎 五十錢, 韓用燦 四拾圜, 崔雲鶴 壹환, 全元默 壹환, 洪忠鉉 五환, 최景瑞 五환, 박承稷 五환, 歡迎會中治療費 貳拾환, 大韓自强會 拾환, 李愚賢 白米壹俵, 金亨順 白紙壹束 洋燭壹雙, 咸德一 白紙壹束 洋燭壹匣, 金春基 白紙貳束 洋燭壹匣, 김容植 貳환, 崔昌植 貳 환, 洪應燮 貳환, 仁川港耶蘇敎會 貳환, 仁川港柴炭商會 貳환, 吳榮根 貳환, 崔永奭 參환, 최夏卿 參환, 仁川港大韓自强會仁川 支會 拾五환, 崔禹政 西厚紙貳束 洋燭壹雙, 仁川港米商會社 五 환, 南小洞洞中 燈百介, 七月四日 志士鄭在洪氏遺族救助義捐 金氏名 廣告欄內 鄭錫暢 一圜은 以鄭暢煥 一圜으로 正誤홈.

『황성신문』 1907년 7월 11일 광고 「志士鄭在洪氏遺族救助義捐金
氏名」

金祥演 二圜　趙寅漢 趙命浩 各一圜式. （未完）

『황성신문』 1907년 7월 12～13일 광고

本會에셔 本月 十四日（日曜日） 下午一時에 故志士鄭在洪氏의
追悼會를 東門外 永道寺에셔 開催ᄒ오니 本會會員과 其他同情
ᄒ시ᄂ 僉位ᄂ 屆期來叅ᄒ심을 務望.
大韓自强會 告白

『황성신문』 1907년 7월 13일 잡보 「鄭志士追悼會」

大韓自强會에셔 本月 十四日 下午二時에
故鄭在洪氏의 追悼會를 東門外 永道寺에
셔 開催홀터인디 同情ᄒ시ᄂ 僉位ᄂ 多數
往叅ᄒ심을 切望ᄒ며 當日日費ᄂ 各其自
擔ᄒ다더라.

황성신문 1907년 7월 13일
잡보 鄭志士追悼會

『황성신문』 1907년 7월 13일 광고 「志士鄭在洪氏遺族救助義捐金氏名」

林炳恒 十圜 李喬寧 一圜. （未完）

『황성신문』 1907년 7월 16일 논설 「老人會」

嗟乎 再昨日 紫芝洞老人會 老人輩아 君의 聾耳를 細傾ᄒ야 此言을 一聽ᄒ며 君의 醉眼을 暫拭ᄒ야 此文을 一讀ᄒᆯ지어다.

君等은 皆何人고 大韓人也며 大韓人中又何人也오 先世閥閱은 祖議政, 父判書, 外家에 幾百張紅唐紙, 妻家에 幾十斗金玉圈으로 我國貴族世臣에 第一指을 首屈ᄒᄂᆫ 人이며 自己寵光은 官給에 大臣協辦, 品階에 正一從二, 胸前에 太極勳章, 腰間에 黃金印綬로 數十年掀天勢力이 萬目을 驚動ᄒ던 人이며 王將軍의 大腹으로 幾千斛의 國祿을 飽喫ᄒ고 趙子龍의 神槍으로 幾萬名生命을 揮?ᄒ던 人이며 皇恩은 河海갓치 深ᄒ고 責任은 泰山갓치 重ᄒ 人이라 昔日 威權으로 言ᄒ던지 現今富貴로 論ᄒ던지 官爵과 處地로 語ᄒ던지 大抵功罪如何間姓名三字만 擧ᄒ야도 一國人이 無人不知ᄒᄂᆫ 人인디

居然日落西山에 皓雪이 盈鬢ᄒ야 往事를 回顧ᄒ면 愆尤가 山積ᄒ고 前途를 俯想ᄒ면 萬事가 蒼茫ᄒ니 啜其泣矣에 何嗟及矣오. 君等의 一身은 不久의 塚中枯骨이라. 此世와 作別ᄒᆯ 日字ᄂᆫ 不遠ᄒ나 近則 自家의 子孫이 生活何地며 遠則 全國의 兄第가 活動何日가 諺에 云ᄒ디 老眼에 多淚라 ᄒ니 尋常老人도 尙且多淚의 歎이 不無ᄒ거던 況君等은 春夢이 已熟ᄒ고 作孽이 已多ᄒ니 雖日 三歲之習이 八十에 猶存ᄒ다 ᄒ더라도 擧目則 山河가 新亭

이오 低頭則 同胞가 地獄이니 吾輩는 遙想컨디 諸君의 眼中에 只是昨日一淚며 今日一淚로 爲國而哭ᄒ며 爲民而哭ᄒ고 一切 歡樂 等事에는 無可暇及ᄒ리라 ᄒ얏더니

惜夫라 君等의 冥頑이여.

悲夫라 君等의 無恥여.

畢竟 紫芝洞老人會에 大妄發을 又作ᄒ얏도다.

縱是老蝶의 貪香心이 尙富ᄒ고 老僧의 塵世夢이 尙酣ᄒ더리도 不過兩三人一樽酒로 自家山亭眞率會가 足矣어날

甚矣哉라 君等之冥頑無恥여 大監令監의 舊面目을 快擧ᄒ며 山亭水閣의 舊伎倆을 重演ᄒ야 千口의 熱罵와 萬手의 冷指를 忍受ᄒ는가.

再昨日은 何日고

是日也는 信仰基督者는 一切 謹守斯日ᄒ야 悔改舊罪ᄒ며 祈禱天帝ᄒᄂ니 卽不信教者도 不可不 安居靜處ᄒ야 休息身體ᄒ며 洗滌惡慮어날 君等은 作如何功德이완디 乃敢洋洋意氣로 跌宕行樂을 如是無忌也오.

是日也는 我國 烈士 鄭在洪氏의 追悼之日이라. 何許人은 國事를 痛憤ᄒ야 一砲로 自殺ᄒ는 境에 至ᄒ얏ᄂ디 君等은 靦然其顔으로 老而不死ᄒ야 孔夫子를 遇ᄒ얏던들 原壤의 脛上에 千百大杖을 受ᄒ꼿거날 何心으로 擧國이 悲悼ᄒᄂ 今日에 張樂飮酒를 如斯也며

是日也는 某學校訴訟實習會之日이라. 一般 新進靑年도 莫不奮發自勵하야 庶幾乎 斯國之前途어날 君等은 靑春時節을 旣如是 惡用하야 爲國家之蟊賊하얏스니 縱不能收効桑楡나 亦固當閉門謝過어날 何顔으로 携妓招客을 如舊也며

上則 皇上陛下끠셔 玉食不甘하시며 下則 全國生靈이 塗炭日甚
커날 君等은 何人이완디 有何興況하야 行樂如是오.
自來康衢烟月昇平世界에 黃粱夢에 太酣하며 風流債를 大費하야
元載家中에 胡椒八百斛이오 何曾箸下에 日食累萬錢이라 君等
行樂이 亦已多矣니 至今에는 一吸二吸收入한 我國民의 點點血
液을 巨老吻에 更濡치 말고 學校設立과 實業發達에나 補用하면
來生輪廻에는 十八層阿鼻獄의 墮入을 幸免하리니
嗚呼 紫芝洞老人會老人輩아.

『황성신문』 1907년 7월 16일 잡보 「鄭志士追悼會」

再昨日 下午一時에 大韓自强會及 一般社會紳士諸氏가 永道寺에 會集하야 故志士鄭在洪氏追悼會를 設行하는디 開會趣旨는 尹孝定氏, 鄭氏歷史는 張志淵氏, 演說은 鄭雲復氏인디 次第出席하야 慷慨激切한 言論은 令人感淚오 山川樹雲이 爲之悽悵失色하는듯하더라더라.

황성신문 1907년 7월 16일
잡보 鄭志士追悼會

『황성신문』 1907년 7월 16일 잡보 「老人大亡身」

老人契員들이 再昨日 東門外 紫芝洞에셔 妓樂을 盛設하고 伏蕩

遊戱ᄒᄂᆫ디 金熙昶 金洪培 林炳三 諸氏가 鄭在洪氏追悼會에 叅
與ᄒ얏다가 回路에 見其光景ᄒ고 老人契員等을 對ᄒ야 一場演說
ᄒ기를 公等은 近日 新聞도 不爲購覽乎아. 現今 國勢가 岌嶪ᄒ
고 生靈이 塗炭에 陷在ᄒ야 皇帝陛下게ᄋᆸ셔 寢食이 未甘ᄒ신 此
時代를 當ᄒ야 金玉을 耳邊에다 高懸ᄒ고 有何興致ᄒ야 設此戱
場고ᄒ고 發聲痛哭ᄒ거늘 演戱場이 還作悲慘之境ᄒ고 工人及 妓
生輩가 各其逃避ᄒ얏다ᄂᆫ디 其中에 柳綠이라 ᄒᄂᆫ 妓生이 言ᄒ기
를 此宴席에 叅與遊遊ᄒᄂᆫ거시 於心에 未安ᄒ더니 金熙昶氏等의
演說이 快活ᄒ다 ᄒ얏다더라.

『황성신문』 1907년 7월 16일 광고 「志士 鄭在洪氏遺族救助義捐
金氏名」
長連郡　張義澤 一圓.

『황성신문』 1907년 7월 27일 광고 「志士 鄭在洪氏遺族救助義捐金」
江西大韓自强支會 一圓.

『황성신문』 1907년 8월 15일 광고 「志士 鄭在洪氏遺族救助義捐金」
崔鳳賢 金昶 李應善 李在根 各五圓, 金聖七 朴元淳 各二圓, 金
俊成 二十錢, 張氏馬爾亞 一圓, 尹衡叔 二圓, 張錫建 三十圓,
池相玉 三圓, 李道彦 十圓, 韓禹根 李落元 朱明瑞 各五十錢, 轉
運會社 五圓, 朴乃有 金世卿 各一圓, 金鍾一 朴明珪 崔永祚 田

士文 各五十錢, 崔禹政 沈能德 金弘潤 安仁基 各一圜, 金斗基
二圜, 李泰善 二十錢, 李秉浩 李庚鳳 金觀悅 全道善 各二圜, 徐
相彬 朱明濬 各一圜, 魚商會社 十圜, 崔應三 鄭賢澤 鄭順澤 丁
致國 鄭在寬 各五圜, 崔德善 二圜, 李根浩 一圜 合一百三十四
圜九十錢.

『황성신문』 1907년 8월 17일 광고 「志士 鄭在洪氏遺族救助義捐金」

金榮鎭 一圜.

『황성신문』 1907년 8월 23일 잡보 「鄭氏救助金越送」

本社에 收入된 鄭在洪氏의 遺族救助金 四百五圜八十八錢을 再
昨日에 學務局長 尹致昈氏가 推去ᄒᆞ얏더라.

『황성신문』 1907년 12월 18일 잡보 「仁港夜學」

仁川港 海關幇辦 諸氏의 周旋으로 該港私立博文學校內에 昨年
부터 廣學會를 設始ᄒᆞ고 夜夜會集ᄒᆞ야 最新開明ᄒᆞᆫ 書籍을 購置
縱覽ᄒᆞ더니 至於 今年ᄒᆞ야ᄂᆞᆫ 郭重根 全圭永 兩氏의 特別贊成으
로 學員을 多募ᄒᆞ야 夜學을 兼設ᄒᆞ얏ᄂᆞᆫ디 日語專門教授ᄂᆞᆫ 郭氏
가 擔任ᄒᆞ고 英語專門은 全圭永氏가 擔任ᄒᆞ고 筭術은 張箕彬氏
인디 學員은 三十餘名에 達ᄒᆞ얏다더라.

『황성신문』 1908년 1월 1일 「隆熙元年度歷史」

六月

△ 日本에 多年滯在ᄒ얏던 錦陵尉朴泳孝氏가 還國ᄒ얏고

△ 國內有志紳士들이 朴泳孝氏歡迎會를 北壯洞 農圃署에 設ᄒ
얏ᄂᄃᆡ 志士 鄭在洪氏가 思想八變歌와 生辱死榮歌를 露出ᄒ고
六穴砲로 自裁ᄒ얏고

七月

△ 海牙萬國平和會議에 前往ᄒ얏던 李儁氏가 時事를 憂憤ᄒ야
自處ᄒ얏고

『황성신문』 1908년 2월 28일 잡보 「二三其德」

仁川 私立仁明學校를 說立ᄒᆫ 後에 其校況이 興旺ᄒ고 敎育이 進
步됨은 人所共知어니와 該港居 沈能德氏가 每朔二圜式 捐助ᄒ
기로 決約ᄒ고 三朔을 遵約出捐ᄒ더니 今에 忽然히 拒絶ᄒᄃᆞ니
吾輩ᄂᆞ 沈氏를 爲ᄒ야 勸告ᄒ노니 當初思想이 好目的을 爲ᄒ야
出義ᄒᆷ인즉 終始를 不變ᄒᆷ이 是眞正ᄒᆫ 思想이라 謂ᄒᆯ지로다 愛思
ᄒ라 沈氏여.

『大韓每日申報』 1908년 3월 8일 잡보 「仁校維持」

仁川港 私立인명학교를 永久히 維持ᄒᆯ 事로 該港面長 金弘潤氏
가 該面議所에서 會議하고 永久主務ᄂᆞ 紳商會社로 公選하고 各
社會와 紳士가 捐助ᄒᆫ 基本金이 每朔九十一圜인ᄃᆡ 不足額은 紳
商會社에서 基本金으로 每朔三十圜式 擔當ᄒ다고 該港民人이

無不稱頌ᄒ다더다.

『大韓每日申報』 1908년 3월 15일 잡보 「仁校寄附」

仁川港通信을 據ᄒ則 該港居前參判 兪致興氏ᄂ 該港永化학교와 仁明학교에 每朔 각新貨十圜式이오 轉運社에서ᄂ 各二圜式 永遠히 寄付ᄒ얏다더라.

『大韓每日申報』 1908년 3월 18일 잡보 「仁校捐金」

仁川港 仁明학교事實은 前報에 已揭ᄒ인거니와 更聞ᄒ則 該港各會社紳士가 基本義金은 每朔 六拾一圜式 寄付하ᄂ디 每朔經費가 一百三拾餘圜이라 不足額 七十餘은 紳商會社에서 擔當ᄒᄂ 故로 該港民人이 稱頌不已ᄒ다더라.

『황성신문』 1908년 3월 28일 광고

仁川府尹 金潤晶氏가 該港內 各學校에 熱心贊成ᄒ은 非一非再어니와 港內 各洞에 一體指揮ᄒ야 新學生 二百餘人을 募集ᄒ야 其中에서 仁明學校로 勸入ᄒ 學徒가 九十餘人인디 該學校校況은 漸次擴張이나 維持ᄒ 經費가 窘絀ᄒ을 慨歎ᄒ야 本府 來遠堂에셔 港內 各社會와 有志諸氏를 會同爛議ᄒ야 爲先時急備品費로 本府尹이 先出金二十四圜ᄒ고 諸氏에게 請求ᄒ 捐助額이 如左ᄒ.

金潤晶 二十四圜, 金貞坤 十圜, 朴元淳 一圜, 張世益 二圜, 尹

致旿 崔禹政 各十圓, 安浩然 五圓, 金景順 十圓, 崔殷相 五圓, 金德元 二圓, 李宰求 五十錢, 李時永 二圓, 河導容 三圓, 鄭興澤 十圓, 金世卿 徐相彬 各二圓, 朴明珪 一圓, 吳永珣 五十錢, 鄭賢澤 五圓, 南天玉 二圓, 李聖圭 朴來興 金順永 徐丙文 崔淳浩 各一圓, 尹衡叔 金鍾允 李駿九 金明哉 各二환, 李聖根 沈能鉉 各一환, 韓禹根 五十錢, 李東皓 五환, 徐聖道 一환, 沈能德 二환, 朱明濬 一환, 金成玉 崔慶善 各二환, 丁致國 二환, 朴三洪 二환, 鄭永化 五환, 金允福 二환, 張乃興 五환, 鄭順澤 二환, 林相潤 三환, 金斗基 金聖七 姜準 各一환, 全道善 李道彦 各二환, 鄭道源 一환, 崔應三 五환, 金鎭泰 一환, 全?明 金弘潤 各二환.

『황성신문』 1908년 3월 28일 광고

仁川府尹　金潤晶氏가 該港內 仁明學校 贊成ᄒ기 爲ᄒ야 有志紳士를 該府內에 會同ᄒ야 諸氏의 捐助金이 如左홈.

兪致稷　十圓, 李駿九 二十圓, 李興魯 李弼魯 李哲魯 趙鏞敎 趙鎭敎 各十圓,　徐弘(갓머리)

황성신문 1908년 3월 28일 광고

淳 五圓, 洪淳炯 南正祐 徐相彬 各二圓, 金潤晶 二十圓.

『황성신문』 1908년 3월 28일 잡보 「仁校維持」

仁港 仁明學校 維持홀 事로 該府尹이 來遠堂에 會議홈은 前報에
廣告어니와 該結果로 面議所에 再次 議定ᄒ야 紳商會社로 專擔
케ᄒ민 紳商會社社員이 擧皆樂從ᄒ야 永遠維持ᄒ기로 擔任홈이
該學校ᄂ 永久興旺ᄒ겟다더라.

『황성신문』 1908년 3월 28일 잡보 「仁校寄付」

仁川 仁明學校를 紳商會社社員이 專擔維持홈은 別項과 如ᄒ거
니와 該港紳士 崔禹政氏가 該生徒의게 勸獎ᄒ기 爲ᄒ야 空冊四
十卷과 眞墨四十丁과 鉛筆八十枚를 分給ᄒ고 朴三洪氏ᄂ 喇叭
三個를 寄付홈이 該兩氏의 獎學心을 人皆稱誦ᄒ다더라.

『황성신문』 1908년 3월 28일 광고

仁港 仁明學校의 各會社와 有志紳士의 基本金捐助홈이 如左홈.
柴炭會社 金十圜 米商會社 二十圜 紳商會社 三十圜(各限 存立
每朔) 金鳳儀氏 三圜 鄭在洪氏 沈宜性氏 李敏卿氏 各一圜, 崔
禹政氏 二圜(各限 平生 每朔) 已上自設校時寄付 兪致興氏 十圜
(限居港時每朔) 丁致國氏 五圜 鄭永化氏 宋憲奭氏 各二圜 金貞
坤氏 一圜 辛泰斌氏 五十錢(各限平生每朔) 柳河一氏 一圜(現
在港時每朔) 轉運社 四圜(限在立時每朔) 已上自戊申三月爲始
勸業社ᄂ 每朔 十圜式自昨年六月至今年四月條 合一百十圜.

『황성신문』 1908년 3월 29일 광고

仁川港 仁明學校來歷은 前報에도 屢揭ᄒ 비어니와 該校를 光武
十年 二月分ㅂ에 前監理 徐丙珪 民長 徐相彬 時府尹 金潤晶 前
主事 鄭在洪諸氏가 發起ᄒ야 光武十一年 五月에 該校가 成立ᄒ
고 至今은 完全興旺인바 當初義捐補助ᄒ 諸氏가 如左이기 玆에
追揭廣佈홈.

徐丙珪 金一百元 紳商會社 一千元 金道善 朴彦吾 各一百元 崔
禹政 尹衡叔 李秉浩 孫星七 鄭永化 各五十元 金鏞泰 安鍾憲 沈
能德 金學基 全?明 崔應三 朴致祚 張翼來 各三十元 朴元淳 金
世卿 郭永在 鄭賢澤 金觀悅 徐相彬 金鍾岳 安仁基 各二十元 朴
明珪 李相根 李平汝 任順元 安浩然 張泰弘 朴永俊 田士文 李駿
九 金漢卿 高致寬 各十元 咸善志 金春植 金明哉 康洪烈 李成汝
金義昇 金允星 姜周鉉 金澤弘 姜允模 安鶴洙 各五元 全致守 羅
明厚 洪士彦 各三元 李公振 金在健 各二元 魚商會社 二百二十
二元 韓俊源 崔殷相 安慶翼 金錫根 姜準 姜逢珠 任順元 鄭興澤
李承實 金榮根 姜台熙 池慶俊 尹文成 吳昌五 金在根 李聖鉉 金
德興 李允五 全致秀 李學奎 廉怡京 金士延 鄭順澤 廉弘弼 林相
潤 李亨來 李在根 姜啓鳳 金德鉉 鄭秀吉 各五元 金元仲 朴興華
張基彬 尹定植 李允景 姜泰熙 金錫祚 朴殷植 文相順 金元順 李
君實 徐東明 金漢洙 朴光文 全致秀 金順汝 李鍾煥 李順根 金士
俊 權俊鎬 金永善 金順祚 金東鉉 金春植 崔錫喜 玄杓 金成根
林根弘 姜滋成 金元植 崔山石 各三元, 高春集 池允夏 崔大弘
白允明 金元俊 姜敬熙 羅連植 金景鉉 尹永順 金永順 李完基 朴
光仁 李用瑞 徐興西 文學規 李興浩 曹秉哲 金君參 高興龍 兪龜

煥 尹壽命 鄭萬石 全季逸 張喜安 朱景星 安春興 宋三龍 咸莫同
申德佑 李盛福 具益順 金德景 韓昌雲 盧弘執 车順起 李仁翊 金
龍伊 李春洙 李寬夏 金成權 梁大錫 尹錫龍 李靑龍 金小鳳 金世
根 各一元 菜果場內 一心契 五元 又 自願赴役 五十名 太雲善
五元 康仁鎔 二元 金明哉 咸雲甫 各一元 李春元 二元 鄭允景
五十錢 沈遠燮 一元 金德鉉 二元 李春植 一元 金元奎 五十錢
鄭學先 崔奎燮 李濟夏 各一元 文君先 一元五十錢 崔百景 五十
錢 金振玉 三十錢 金元瑞 金順甫 各一元 安文在 五十錢 鄭興玉
一元 文守敬 三十錢 趙慶用 一元 李慶善 五元 姜海遠 十元 姜
致璜 五元 韓稷 一元 洪蓮葉 二元 李鍾赫 一元 李寬汝 十元 趙
在秉 二元 韓윤根 一元 千光殷 三十錢 金東俊 一百元 申永浩 十
元 趙明潤 一元 崔陽瑞 長明燈 一坐 李澈鏞 李學成 各六十錢
李璨 二十元 洪禹植 一元 禹載命 五元 林容大 六元 車學仁 五
十錢 李公振 金莎二百負 金錫濟 三十元 李殷永 柳俊玉 各二十
元 申永淳 十元 李喜俊 五元 宋汝洙 十元 朴熙秉 韓禹根 各一
元 金潤晶 二十元 沈恩澤 宋濟仁 各一元 中村建二 萬國旗 四十
幅 李東浩 六元 鄭贊浩 一元.　(未完)

『황성신문』 1908년 3월 31일 광고

仁川港 仁明學校補助諸氏(續)
李鍾穆 三元 林元忍 十元 金允福 五十元 紳商會社煖爐一坐 大
平床二坐.
米商會社員個人義助列錄
金弘潤 一百元 李時永 河導容 各五十元 朱明濬 四十元 池宗薰

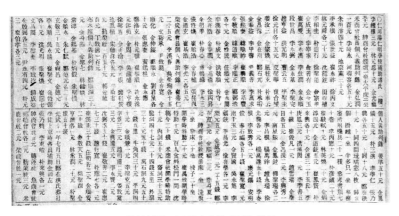

황성신문 1908년 3월 31일 광고

三十元 李承根 張世益 崔永祚 徐丙文 林元舜 各二十元 沈能鉉 田根植 李相圭 朴道行 徐聖道 金宗學 金成玉 李宰求 金善有 金今玉 崔萬燮 李永漢 李仕潤 金永順 段世昌 李永弼 金永基 李聖完 趙亨益 洪元明 曹云五 李聖圭 徐元日 各十五元 皮聖華 崔台燮 姜汝三 金宗煥 嚴柱玄 朴奉云 金昌洙 金在用 鄭石元 朴承垢 金奉益 李甲壽 尹義善 李萬求 張熙泰 韓順祚 崔興順 李基豊 金敬順 韓道順 李順正 鄭弼浩 各十元 金性民 任順元 金永周 李漢春 朴成文 洪敬順 朴守一 金在浩 金泰潤 金基浩 徐丙昇 全明學 朴春心 崔興祿 李永三 張性煥 崔順浩 金春植 張龍西 金道玄 崔基浩 李光三 各五元.

柴炭商會員個人義助列錄

崔鼎仁 二十五元 李漢春 吳榮珣 各十五元 文裕承 尹致範 金在寬 金順化 金仲鎰 鄭順永 劉君星 各十元 張應奎 黃鶴柱 金永德 鄭洛玄 朴元根 崔熙順 許永洙 元起明 金周一 吳鎭植 李亨根 徐聖道 金正治 李元根 裴相俊 池鳳梧 宋德洙 各五元 李順甫 二元.

勤業社 一百五十元 轉運社 百元 丁致國 一百.

元布木廛個人義助列錄

鄭順澤 三十元 金斗基 金聖七 林鏞煥 林常津 金鶴基 朴炳觀 朱聖模 金順永 朱仁默 鄭道元 各二十元 玄敬三 十五元 金奭昌 金德元 李永順 吳永熙 崔聖文 金俊弼 各十元 洪元明 張聖煥 崔應七 文昌周 李聖奎 李致汝 趙成益 金殷弼 各五元 尹永有 四元 朴元三 崔伯孝 各三元.

個人義助列錄

姜準 五十元 金鳳儀 十五元 朴三洪 李學仁 張乃興 各五十元 上同十八元 鄭在洪 十元 上同四間琉璃窓 八枚 錨五個 掛鍾 一坐 牛多只 一坐 事務室所用機具 二十一種 叅考書類 七十卷 李丙憲 十元 朴彦鎭 二十元 崔駿軾 十元 林英煥 二十元 金炳淳 四元 金道鉉 五元 崔鳳賢 朴來興 各十元 金連三 二十五元 李庚鳳 三元 洪漢周 一元 李季善 五十錢 崔俊凡 一元 趙雲瑞 金聖日 各五元 金昌洙 二元 李興秀 一元 南星熙 金鳳鉉 柳聖瑞 各二元 李昌根 楊萬祚 趙永瑞 徐允興 各一元 楊萬逢 五十錢 李春根 李致秀 各一元 康元錫 安明俊 奉石福 各五十錢 崔聖寬 一元 南千玉 三元 金賢國 吳永集 李福鉉 李昌允 徐在學 各一元 李樂元 五元 金成雲 一元二十五錢 鄭在寬 五元 金順福 二元 李斗夏 一元 紳商會社敎授冊床 一坐 漆板 一坐 冊床 二十坐 椅子 二十坐 開學時特助 二十元 崔禹政 開學時特助 十元 百人食料 松門一間 沈朝今 二十錢 米商會社開學時特助 十元 內洞 五十元 畓洞 三十五元 龍洞 四十七元二十四錢五里 外洞 三十二元五十錢 萬石洞 九元五十二錢五里 牛角洞 三十元 平洞 四十元 金順兼 一元 辛聖玄 五元 李景三 三元 趙明甫 二元 姜致重 三元 金興國

五元 李永賢 二元 沈弼求 五十錢 崔敬善 二元 崔應七 三十錢 趙行寬 朴應七 各一元 崔漢圭 三十錢 任明善 二元 金順安 二十錢 金敬天 五元 柳聖西 金亨濟 各一元 林常潤 二十元 朴聖根 五十錢.

光武十一年 七月 五日 鄭在洪氏葬日學徒上京時各員補助金如左. 張乃興 李東皓 朴來興 各一元 紳商會社 五元 轉運社 魚商會社 郵船會社 各二元 勤業社 三元 米商會社 二元 柴商會社 一元.

『황성신문』 1908년 4월 9일 잡보 「仁校申報」

仁川港 仁明學校의 永遠維持홀 方針을 同港輿論에 依ᄒ야 紳商會社로 專擔케홈은 前報에 已揭어니와 該結果로 紳商會社에서 發起ᄒ야 該港內各會社與有志諸氏를 本校內로 請邀ᄒ야 本意를 發佈ᄒ고 叓히 任員을 組織홈이 如左ᄒ니 校長은 尹致昕氏가 仍舊ᄒ고 副校長은 朴明珪氏로 監督은 徐相彬氏로 校監은 金鎭斗氏가 仍舊ᄒ고 學監은 姜允模氏로 敎師ᄂ 李鍾濬氏은 仍舊ᄒ고 李乘纘 李和鍾 宋富奭三氏로 財務ᄂ 崔禹政氏로 贊成長은 兪致興로 贊成員은 金潤晶氏以下 六十餘人이라더라.

『황성신문』 1908년 4월 10일 잡보 「仁校經試」

仁港 仁明學校에서 學年試驗을 經ᄒ얏는디 高等科 二年生 最優等에 辛奭柱오 尋常科 三年 生最優等에 金益成이오 優等에 鄭鳳朝오 及第에 張虎龍 朴在根 鄭相朝 李靑山 全開東 金禹範 任福男이오 尋常二年生 優等에 宋成道오 及第에 崔德善 朴基完 趙慶

龍 金德成 朴守福 金萬奉 劉乙龍 南尤得 趙日龍이오 辱常一年
生 及第에 金洙昌 朴箕淳이라. 本月 五日에 該校內에서 進級式
을 擧行ㅎ얏는데 進級ㅎ 生徒가 三十二人에 達ㅎ지라. 社會諸氏
의 寄付ㅎ 物品으로 優數施賞ㅎ고 一般來賓이 各其勸勉ㅎ임 學
生이 答辭ㅎ 後茶果를 進ㅎ고 一齊唱歌ㅎ야 萬歲를 三呼ㅎ며 學
生 百餘名이 一切整列ㅎ야 步伐을 試ㅎ며 體操를 行ㅎ니 滿場喝
采ㅎ야 盛況을 呈ㅎ얏다더라.

『황성신문』 1908년 4월 18일 잡보「海士捐義」

義士 鄭在洪氏의 遺族救恤金으로 海州紳士 李承謨 李奎昇 金泳
澤 金永錫 金澤熙 高鏞達 金人璧 朴昌鎭 金永根 高鏞哲 金丁哉
張應祚 金在應 李承培 諸氏가 金二十元을 義捐ㅎ얏다더라.

『황성신문』 1908년 11월 3일 사고「文明錄」

仁明學校 九圜六拾錢 仁港紳商會社 五圜七十六錢 義進會社 一
圜.

『大韓每日申報』 1909년 1월 6일 잡보「仁校義捐」

有志諸시가 仁港 仁明學校의 敎育程度를 觀覽ㅎ고 贊成ㅎ기 爲
ㅎ야 捐助ㅎ얏는데 宮內府囑托官 劉漢用시는 金五圜이오 宮內府
動物園監督 金榮培 法學主事 朴炳薫 前先達 金炳소 三시는 各
壹圜式 捐助ㅎ얏다더라.

『황성신문』 1909년 4월 15일 잡보 「仁明進級」

私立仁川仁明學校에서 第二回進級式을 行호얏눈뒤 三學年生最
優等에 鄭鳳朝 金奎東 等 四人과 優等 金禹範 任在鎬 等 四人과
及第生 趙鍾玫 尹明植 等 四人이오 二學年生最優等에 金萬奉
崔德善 二人과 優等生에 宋成道 一人과 及第生 劉乙龍 宋英萬
等 五人이오. 一學年生最優等에 李萬弘 朴箕弘 二人과 優等生
鄭仁朝 李長世 等 四人과 及第生 金壽昌 金錫眞 等 五人이오 預
備科最優等 三人과 優等 六人과 及第가 十四人인뒤 各會社 紳士
外賓 婦人 諸氏가 多數 會集호고 本校長 徐丙轍氏 本府尹 金潤
晶氏 公立普通學校校監日本人 原田氏 同校副訓導 徐光國氏 官
立日語學校教師 李根浩 諸氏가 祝辭로 熱心贊成호고 三學年生
金德成 金禹範 兩人이 答辭호얏눈뒤 其捐助物品은 本校長 徐丙
轍氏 空冊一百六十卷 鉛筆三匣 本府尹 金潤晶氏 金十元 紳商
會社 金四十元 李用錫氏 金五元 面議所 洋紙一軸 鉛筆一匣 空
冊十二卷 米商會社 鉛筆十打 空冊十卷 勤業社 空冊七十卷 鉛
筆◆匣 水商工業支所 空冊三十卷 耶蘇教會代表 金箕範氏 空冊
二十卷 石盤一打 牛角洞洞長 李永淳氏 洋紙一軸 金谷洞長 宋
濟仁氏 洋紙四十張 全道善氏 空再二十卷 朴元淳氏 空再十卷
崔殷相氏 別白紙一軸 李東皓氏 紙石盤一打 石筆一匣 崔禹政氏
洋紙一軸 尹衡叔氏 洋紙五十張 金世卿氏 洋紙五十張 金今玉氏
空冊三十卷 金貞坤氏 洋紙一軸 張錫建氏 白紙一軸 宋昌柱氏
空冊二十五卷 鉛筆二丹이오 裁判所判事 朴容台氏눈 特別히 每
朔金二元式 寄附호다더라.

『황성신문』 1909년 5월 21일 잡보 「仁川聯合運動」

西來人의 傳說을 聞호 즉 本月 拾四日 仁川港 各學校에셔 聯合
運動호는디 陽川公私立學徒 百有餘人이 七十里를 徒步往參호얏
는디 本府尹 金潤晶氏가 幼穉學徒가 遠來홈을 嘉尙이 역여 茶果
와 夕餐을 進饋호고 會長 鄭永化氏와 紳士 張允永 朴昌洙 李景
元 李東皓 李貢卿 崔泰燮 金在明 李東煥 李應善 諸氏가 朝飯과
行中午餐을 爭設호며 仁明學校에셔는 茶果로 親睦送別호니 教教
에 熱心과 學員을 愛護홈을 隣境이 莫不讚頌호며 學界上에 模範
이 될 만호다더라.

『大韓每日申報』 1909년 5월 29일 잡보 「仁港運動」

本月 十四日 仁川港 各學校에셔 聯合運動호는대 陽川郡公私立
學徒 百有餘人이 往參호얏는디 該府尹 金潤晶시가 幼穉의 학徒
遠來홈을 嘉尙이 넉여 茶果와 夕餐을 進饋호고 會長 鄭永化 紳
士 張允永 朴昌洙 李景元 李東皓 諸시가 朝飯과 行中午餐을 爭
設호얏스며 仁明학교에셔는 茶果로 親睦送別호엿다더라.

『황성신문』 1909년 5월 28일 잡보 「學資困難慨惜」

已往 大韓自强會 仁川支會長 鄭在洪氏의 子 鍾華氏는 年今十五
歲이라 八歲로붓터 淸國 上海에 留學호야 英語科를 卒業호고 其
他 各科에 就業호야 明年이 卒業期限이라는디 再昨年 六月分에
其父親卒逝後로붓터 徐相集氏가 其學資金을 擔任助給호더니 近
頃에는 該徐氏가 威海衛로 移居호야 學費를 助給지 아니홈으로

該鄭鍾華氏가 困難을 不堪ᄒ야 學業을 廢止ᄒ고 歸國코져ᄒ되 路費를 難辦ᄒ야 現今 上海 等地에서 逗遛ᄒᄂ디 該氏의 學業 未終홈을 人皆愛惜히 역인다더라.

『황성신문』 1909년 11월 30일 잡보「仁校義金」

仁川港 禾村洞 前侍從 禹恒鼎氏ᄂ 私立仁明學校를 訪問ᄒ고 敎育振興을 贊成不已ᄒ야 金◆圜을 寄付ᄒ얏다더라.

『大韓每日申報』 1909년 12월 4일 잡보「禹氏捐金」

仁川港 禾村洞居 前侍從 禹恒鼎氏ᄂ 私立仁明學校를 訪問ᄒ고 金五圜을 寄付ᄒ엿다더라.

『大韓每日申報』 1910년 4월 3일 잡보「全氏義捐」

仁川 南村居 崔東浩氏가 該港 仁明學校에 留學코져하나 經費를 難辦ᄒ야 有志莫遂하더니 該港 客主協信商會長 全道善氏가 該氏의 食料를 自擔供給ᄒ다더라.

『大韓每日申報』 1910년 4월 14일 잡보「仁校卒業과 進級」

仁川港 私立仁明學校에서 去四日에 第一回卒業及進級式을 擧行ᄒ엿ᄂ디 卒業優等生은 金奎東 鄭鳳朝 鄭相朝 金錫鉉 及第生은 趙重玟 等 五人이오 三學年進級生은 宋明學 等 六人이오 二學年

進級生은 李錫斗 等 十三人이오 一學年進級生은 김仁成 等 十五
人이라더라.

『황성신문』 1910년 4월 14일 잡보「仁校卒業과 進級」

仁川港 私立仁明學校에서 本月 四日에 第一回卒業式을 擧行ᄒ
얏는ᄃᆡ 卒業及進級生이 如左ᄒ니 卒業生優等 金奎東 鄭鳳朝 鄭
相朝 金錫鉉 及第生 趙鍾玟等 五人이오 三學年進級生 宋明學等
六人이오 二學年進級生 李錫斗等 十三人이오 一學年進級生 金
仁成等 十五人인ᄃᆡ 內外國紳士가 列參ᄒ야 夥多ᄒ 物品을 損助
ᄒ고 敎育振興을 一場贊成ᄒ얏다더라.

『大韓每日申報』 1910년 9월 9일 잡보「仁明會紀念」

仁明敎育會에셔는 本日 下午四時에 該仁明學校設立 第二回紀念
式을 設行ᄒ다더라.

『大韓每日申報』 1906년 3월 18일 잡보「請設埠頭」

京居 鄭在洪氏가 農商工部에 請願ᄒ기를 仁川港岸一帶는 皆歸
於外國人(『고종시대사』6).

『大韓每日申報』 1907년 2월 23일 잡보「樂參烟社」

仁港 紳商會社에셔 박元淳 鄭在洪等 諸氏가 斷烟同盟會를 組織

허고 該社 使喚 禹昌根 等 五人을 招待ᄒᆞ야 平日에 有雖使喚之別이나 國民된 義務를 言之허면 毫無差等허니 若有志願者則 一般會員이라ᄒᆞᆫᄃᆡ 該使喚 五人이 樂應入會ᄒᆞ얏ᄂᆞᆫᄃᆡ 희港 有志人들이 願入ᄒᆞᄂᆞᆫ 者가 不知其數라더라.

대한매일신보 1907년 2월 23일
잡보 樂參烟社

『大韓每日申報』 1907년 3월 14~15일 광고

仁川港 私立小學校 四十間 單層집을 本港 牛角洞에 建築ᄒᆞᆯ터이니 此에 志願者ᄂᆞᆫ 本港面議所예 來ᄒᆞ야 該圖形을 持去ᄒᆞ고 來三月 二十日 下午一時에 入札홈.
入札保證金 百分二十이오 開札은 仝時에 卽開홈.
仁川港栗木洞面議所內 專擔體約者 鄭在洪 廣告.

『大韓每日申報』 1907년 4월 30일 잡보 「仁商연의」

仁川港 각 학교와 自强支會 密아子 劉元杓씨의 演說를 願일 聞之ᄒᆞ여 自强本會에 公函請激ᄒᆞ얏ᄂᆞᆫᄃᆡ 희씨가 再昨日 삼번 列車로 下去ᄒᆞ야 국가의 急務가 敎育이라고 壹場痛論ᄒᆞ얏더니 본港 各般商會에서 當日 夕에 學校補助費로 五百餘元을 연의ᄒᆞ얏스니 仁港商民은 可謂公民이라 ᄒᆞ리라더라.

『大韓每日申報』1907년 5월 16일 잡보「千起新起」

仁川港 牛角동 千起義塾은 本港 有志紳士諸氏가 發起ᄒ야 基址
을 三千사百五十圜으로 買入ᄒ고 建築費ᄂ 爲先 二千圜으로 籌
定ᄒ야 양製로 新建ᄒ야ᄂ디 該金額은 昨年中의 신商會社에셔 一
千圜과 其他 各社會에셔 幾百圜式 義捐ᄒᆫ 바요 本府尹 金潤晶氏
와 신士 鄭在洪氏가 熱心擔任ᄒ야 期圖完成ᄒᄂ디 日昨에 신士
徐丙轍氏을 請激ᄒ고 港內 各社會主任과 該面長과 각洞 尊位 領
所任을 會集ᄒ야 維持方針과 任員組織을 議決ᄒ얏ᄂ대 신商會社
에셔 每朔 三十圜式 시炭會社에셔 每朔 十圜式 米商會社에셔 每
朔 二十환式 金鳳儀氏가 每朔 三환式 擔任出捐ᄒ야 永久維持ᄒ
기로 確定ᄒ며 其他 某某社會와 或個人的으로 出義ᄒᆫ 諸씨가 尙
多ᄒ다ᄒ고 任員은 塾長에 徐丙轍氏요 塾監에 金允星 南基董 兩
씨요 總敎師은 李鍾준씨요 副敎師 二人은 現方選任홀 터이오 學
監은 總敎師가 姑爲兼行ᄒ다ᄒ니 該港 有志諸씨의 熱心敎育ᄒᄂ
義務와 塾長 敎師를 社會上 名譽人으로 推選홈이 實노 開進文明
의 基礎니 切切讚賀ᄒ노라 ᄒ얏더라.

대한매일신보 1907년 5월 16일 잡보 千起新起

『大韓每日申報』 1907년 6월 25일 잡보「歡迎의 談話」

大韓自强會 總代 尹孝定 李宇榮 兩氏가 去十七日 草양 美人病
院에서 錦陵尉 박泳孝氏를 面會ᄒ고 談會의 歡迎ᄒᄂ 意를 致ᄒ
야 曰國家人민은 今日 悲慘ᄒ 境遇에 墮落ᄒ고 各般社會ᄂ 信仰
ᄒ 標準이 無人ᄒ야 國民의 一致ᄒ 精神이 不立ᄒᄆ 幾個 苦心人
士ᄂ 國家進步의 前道를 是惧ᄒᄂ니 此時에 閣下가 歸國ᄒ시고
赦思과 復爵이 稠疊ᄒ심은 或自上天이 我國에 禍를 悔ᄒ사 士人
의 信仰ᄒ 元龜를 命送ᄒ신쥴노 認定ᄒ고 本大韓自强會ᄂ 本人
等의게 委任ᄒ야 國境에 前赴ᄒ야 歡迎ᄒᄂ 眞意를 表明케홈이라
ᄒ얏고
박泳孝氏言曰 貴會에 錯愛ᄒ심을 외蒙ᄒ야 遠地에 歡迎ᄒ시기에
至홈은 實노 萬萬感謝.

『大韓每日申報』 1907년 7월 2일 잡보「歡迎會況」

三昨日 上午 十二時 農桑所內에셔 錦陵尉 朴泳孝氏 歡迎會를
設行ᄒ야 一般社會에 有志紳士와 婦人들이 多數會集ᄒ얏ᄂ대 大
官은 前判書 金宗漢氏와 表勳院總裁 閔丙석氏와 陸軍副長 尹雄
烈씨와 前判書 김嘉鎭씨가 來叅ᄒ얏더라.
正賓 朴泳孝씨가 마춤 薪憂로 漢城病院에 調理中인 故로 同苦人
安영中씨를 代理로 委任ᄒ야 一般會員의 情誼를 致謝ᄒᄆ 委員
長 兪星쥰씨가 趣旨를 說明ᄒ고 委員 鄭雲復씨가 祝辭를 朗讀ᄒ
고 諸般節次를 順序擧行ᄒ야 盛況을 呈ᄒ얏더라.

『大韓每日申報』 1907년 7월 2일 잡보 「鄭氏自砲」

대한매일신보 1907년 7월 2일 잡보 鄭氏自砲

朴泳孝氏歡迎會 設行은 別項과 如ᄒ거니와 下午三時에 南小洞 鄭在洪씨가 六穴砲로 自放ᄒ야 該씨의 腹部가 重傷ᄒ지라. 卽時 赤十字病院으로 擔去治療ᄒ고 該씨 手帒中으로 多數ᄒ 遺書와 思想八變歌와 生辱死榮歌가 露出ᄒ얏ᄂᆫ디

遺書

被大日本 保護韓國國民 鄭在洪은 뜻이 잇셔 나라를 근심ᄒᄂᆫ 우리 同胞 모딘데 한말삼 警告文을 삼가 디리노라 나라 爲ᄒ야 맛당이 죽을 싸에 죽으면 그 효력이 千倍나 萬倍ᄭ지라도 밋치나 그러나 죽기 실고 살기 조흔 人情이라 남으로 ᄒ야곰 죽어 나의 살명화를 도으라 ᄒ면 그 엇지되리요 차날이 나가 이곳셔 죽어 우리 同胞 諸君으로 ᄒ야곰 몸을 버려 나라에 도음이 될 境遇에 싱각케ᄒ심이로다.

光武十一年 六月 三十日

思想八變歌

第一變　나라ᄒᆞ고 相關된 / 公변되게 미운놈
　　　　한민에 쳐죽여셔 / 이닉 분풀니로다

第二變　잘못쳐셔 못마치면 / 쇽졀업시 나만죽네

第三變　六穴砲로 얼는노코 / 썰니쒸면 일업도다

第四變　六혈砲를 當場삿네

第五變　남죽이고 나살야면 / 天理에 못되리로다

第六變　죽이고셔 나도 죽자

第七變　한스룸 남죽이고 / 혼스룸 나죽이면
　　　　兩人相讐 될뿐이라

第八變　한스룸 나만죽어 / 全國이 感惺ᄒᆞ면
　　　　이몸에 榮華되고 / 國家에 幸福일세

生辱死榮歌

榮華로다 榮華로다 / 이닉 죽엄 榮華로다

혹갓치 쎠근 말도 / 죽은 후엔 金言일세

軍士 길너 戰爭보덤 / 志士 죽어 有力ᄒᆞ외

志士 열만 잘 죽으면 / 일흔 國權 되찻는다

人生 혼 번 아니죽니 / 早晩相關 뿐이로다

죽지안코 살야한덜 / 셔셔 살짜 어대 잇니

남의 손에 죽는 날은 / 犧牲이네 아니야

나죽어 榮華됨을 / 보고 어셔 짜라오게

追托書

밧그로는 富貴之慾

안으로는 室(『황성신문』은 依)家之樂

다버리고 不顧홀졔

다시 무엇 걱정ᄒ리

그러ᄒ나 ᄒᆫ 付托은

두낫 子媤敎育ᄒᆯ일

사랑ᄒᄂᆫ 同胞에게

바라ᄂᆞ니 힘써쥬오　　鄭在洪

國內同胞中

『大韓每日申報』 1907년 7월 2일 잡보 「錦陵尉慰問」

錦陵尉 朴泳孝氏가 鄭在洪씨의 自砲ᄒ야 病院에 지홈을 問ᄒ고 크게 驚愕歎惜ᄒ야 卽時 秘書丞 金弘죠써(씨의 오자)를 送ᄒ야 自己代表로 治療費 五十圓을 給ᄒ고 慰問ᄒᆫ대 鄭씨가 精神昏迷 中에 出言曰 錦陵尉ㅣ 來臨乎잇가 我ᄂᆫ 平生에 憂國ᄒ던 志事를 未就ᄒ고 今焉死矣어니와 惟顧大監은 國家事를 益加擔着ᄒ야 身命을 不惜ᄒ고 아모조록 國權을 回復ᄒ고 蒼生을 救濟ᄒ오면 吾ᄂᆫ 死無餘恨이라ᄒ고 言訖而絶ᄒ얏다더라.

『大韓每日申報』 1907년 7월 2일 잡보 「其仁其義」

歡迎會內에서 自殺ᄒᆫ 鄭在홍시가 先期數日ᄒ야 孤兒院主시의게 送函ᄒ야 孤兒學校維持ᄒᆯ 方針으로 勸勉ᄒ고 自己가 擔着ᄒ얏던 任員事務ᄂᆫ 慈션家의 有名ᄒᆫ 림元忍시의게 傳掌ᄒ다ᄒ얏고 昨日 早朝에 孤兒院에 三次來到ᄒ야 院主를 尋訪ᄒ야 該院維持ᄒᆯ 方針을 ᄒ야 爛商코ᄌᆞᄒ나 院主가 不ᄌᆞㅣ할 悵然而出ᄒᆫ지라 農桑所에 來到ᄒ야 自己半生憂國ᄒ던 所懷를 錦陵尉의게 一場說明ᄒ야

대한매일신보 1907년 7월 2일 잡보 其仁其義

身後事를 委托호고 同胞을 對호야 明白自處코즈호얏다가 맛춤 錦
陵尉는 不來혼지라 乃其自處之義를 遂야얏다가 出生은 不當이라
하야 有此一着호얏고 所帶遺書를 同胞의게 傳布호야 平生心事를
表明호얏스니 其慈善과 忠義는 雙全이라고 하더라.

『大韓每日申報』 1907년 7월 2일 잡보 「是母是子」

졍在홍시가 病院허셔 竟至不救혼 故로 其屍體體를 運往于該氏
本졔혼지라. 其友人이 往而弔之호는더 撫屍痛哭호는더 졍시의 母
夫人이 慷慨發言曰 此子가 生不能爲國建功호고 遽然棄我而死호
얏스니 其屍를 笞之可也라고 호얏다더라.

『大韓每日申報』 1907년 7월 3일 기서 「鄭君在홍捨生論, 辨義生」

嗚呼 人之死生取義盖亦不一其塗矣 然而死於有名者 猶是商量

裁制擇其所而處之者也. 若其死於無名者直是勇敢果決不暇擇而
處之者 豈不允難哉. 嗚呼 東洋不幸事變層生 數年以來仗 義死
節之士磊落相望皆可以軒天地爭日月然其勇敢果決死於無名之地
者 惟日本之西坂豊大韓之鄭在홍兩君是也. 以其人則皆側微之踪
也 以其地則初無可死之責者也. 但以其平生目的之未能得達也 遂
擲千金之軀以謝一世之人斯不誠烈丈夫哉.

嗚呼 鄭君之死也 或有訛言之出於情外者 或有譏其浪斯於不當死
之地者 此固君之所所不顧者夫何겸乎哉. 余則素昧於君之平生者
然或因社友所傳 或從報紙所揭 有以知君之熱心於敎育者也 注意
於慈善事業者也 盡力於社會團合者也. 篤信耶蘇敎之救世主義者
也 又聞君有恒言曰 朴泳孝 徐載弼 兩公還歸本國擔任時務務然
後 我韓有庶幾之望云者卽 其平日主見也.

君素不讀書而從事於商業界 者直以其天良實心有這般事業 有這
般言論 據此敎育者 足以斷君之歷史 何必更問其他 至其慷慨決
死一則 爲警醒同胞之衆也 一則有所期勉於平日信仰之地者也 其
熱園所注惟是知者知之非但人之所能與知此非死於無名難之尤難
者耶.

且君灼然有見於生辱死榮之義而自斷於心曰 若天不祥韓末有挽
回之機則 我輩必不免爲他人之犧牲而死辱莫甚焉 寧我今日自處
之爲潔爲榮也 又其心所希望者若委此一身 警吾同胞則必有不惜
其生而擔當國事者 吾何不能於此哉 然則推想其心由亦未嘗無栽
制者也.

若夫世所謂讀書者流値國家不幸之秋或有勸以立節者乃自諉之曰
我有所待 又曰溝瀆之諒吾不爲之也若此之輩不過假借文飾陰圖
其全軀偸活之私者何足以語熱血男子之處義乎哉余旣悲君之死而

尤壯其志特爲論此以告我同胞諸君.

『大韓每日申報』1907년 7월 3일 잡보 「弔問相續」

志士 鄭在洪氏가 自砲ᄒᆞᆫ 故로 無論男女ᄒᆞ고 該氏家에 來弔ᄒᆞᄂ
者가 雖雨中이나 不絶ᄒᆞ야 每日數百名에 達ᄒᆞᆫ다더라.

『大韓每日申報』1907년 7월 3일 「筆下權聲」

大韓商民會社中에 爲國獻身者ᄂᆞᆫ 鄭在洪 其人이오 耶蘇敎徒中에
爲國獻身쟈도 鄭在洪 其人이니 一則民國的 精神이오 一則救世
的 熱血이오.

『大韓每日申報』1907년 7월 5~6일 광고

仁明義塾 創立者 鄭在洪氏가 去三十日 下午八時半에 熊魚에 目
的을 達ᄒᆞ얏기로 明六日(土曜) 上午十一時에 獎忠壇前 南小洞
自宅에서 出棺ᄒᆞ야 同下午一時에 貞洞敎堂에서 葬義(儀의 오자)
를 擧行ᄒᆞ고 同三時에 南門外 아ᄒᆡᆯ共同墓地에서 埋葬흠을 預定
ᄒᆞ오니 有志僉員子ᄂᆞᆫ 照亮하시읍.
光武十一年 七月 五日
遺子 : 鍾華 仝 鍾原
인명義塾塾長 尹致오 同塾維持會員總代 張乃興 同塾講師總代
李鍾쥰
護喪人 : 洪應섭 韓秉九.

『大韓每日申報』1907년 7월 6일 광고 「筆洞筆橋義塾第一回贊成金」

盧秉熙 이拾圓 姜敬熙 홍正희 丞漢元 尹晶錫 韓龍식 각오圓 尹치죠 韓昌愚 弓二圜오拾錢 李錫熙 二圜 洪義식 一圓오拾錢 빅영基 金영鶴 빅슌긔 각一圓 仁港紳商會社 拾圓 勤業社 七圓오拾錢 米商會社 魚商會社 各오圓 永化學校 轉運社 각三圓 리駿九 全道善 박彦鎭 리秉호 柴炭會社 弓二圓五拾錢 宋챵주 鄭영化 각二圓 박彦五 一圓오拾錢 김觀悅 一圓오角 河導容 심能德 張翼來 全酒明 박치죠 졍현澤 김世卿 徐相彬 졍在홍 崔應三 高文노 손成七 각一圓.

『大韓每日申報』1907년 7월 6일 잡보 「李氏厚誼」

今番 朴泳孝氏歡迎會場에서 自砲き 鄭在洪氏는 本來 月宮後 李弼和氏와 交分이 自別홀뿐더러 京城孤兒院 設施以後에 鄭氏가 特別贊成員으로 該院維持方針을 熱心쥬旋ᄒ다가 今番에 自己心中의 斷定ᄒ고 慈善事業에 有名홀 林元忍氏로 自代ᄒ고 別노히 院主의게 付托홀 事가 有ᄒ던지 三次來訪ᄒ다가 院主를 不逢ᄒ고 無數慨歎ᄒ더라는 말을 追後 李弼和氏가 聞ᄒ고 哀戀矜惻이 역여 卽時病院으로 갓다가 못보고 不勝悲痛ᄒ야 壽衣一襲 屢千兩 價值를 어더보닛다더라.

『大韓每日申報』1907년 8월 1일 잡보 「哭烈士 졍君在洪」

惟公獨立競爭秋 憤憤歎人不自由
奪我箕子千載恨 爲他僕隷萬邦羞

康慨深誠回舊策 輪困烈膽刷新籌
事未全成身已死 危機亂局奈前頭
再續五絶
昔見閔刀泣 今聞鄭砲驚
靈魂莫遠去 助我爭權衡.

『**大韓每日申報**』 **1909년 3월 11일 사림 「哭烈士졍在弘」**

淸日藩豐著大名 我韓人士寂無聲
東洋鼎立從玆峙 萬口一辭嗟졍生
苟活無爲死固榮 能行人所不能行
滿空熱血撑天義 其奈孤兒偏母情
山爲之哀水咽如 此園落日雨蕭踈
國差未雪身先死 八變歌中萬事虛.
北下生 金璿

『**대한매일신보**』 **1907년 7월 2일 잡보 「자션츙의」**

농샹소환영회에셔 즈살혼 졍지홍씨가 수일젼에 고ㅇ원쥬인 리우션씨의게 편지ᄒ여 고ㅇ원학교의 유지홀 방침으로 권면ᄒ고 즈긔가 담착ᄒ엿던 임원의 스무는 자션가의 유명혼 림원인의게 전쟝혼다 ᄒ얏고 작일 조죠에 고ㅇ원에 세 번 가셔 쥬인을 심방ᄒ야 학교의 유지홀 방침을 란상코져 ᄒ엿스나 쥬인을 만나지 못홈으로 셥셥ᄒ다ᄒ며 농샹소에 와셔 즈긔의 평싱에 나라근심ᄒ든 소회를 금릉위의게 일쟝셜명ᄒ고 즈쳐ᄒ고자 ᄒ엿다가 맛춤 금릉위를 맛나지 못

혼지라 그러ᄒᆞ나 긔왕 죽기로 결단ᄒᆞ엿든 ᄆᆞ음으로 여긔 왓슨즉 사라 나아가는 것은 의가 아니라 ᄒᆞ야 ᄒᆞᆫ번 결ᄉᆞᄒᆞ엿ᄂᆞᆫ디 옷속에 잇든 유셔와 ᄉᆞ셩가를 동포의게 젼포ᄒᆞ야 평싱 심ᄉᆞ를 발키 뵈앗스니 그 쟈션ᄒᆞᆫ ᄆᆞ음과 츙의잇는 졍셩이 쌍젼ᄒᆞᆫ 사롬이라 ᄒᆞ더라.

『대한매일신보』 1907년 7월 2일 잡보 「왕릉의 어민가」

졍지홍씨를 병원에셔 필경 구ᄒᆞ지 못ᄒᆞ고 그 듁은 시톄를 본집으로 가져온지라 졍씨 친고가 됴샹ᄎᆞ로 가셔 시톄를 어루만지며 통곡ᄒᆞ미 졍씨모친이 슯히 말ᄒᆞ여 왈 이ᄌᆞ식이 살아셔 능히 나라를 위ᄒᆞ야 공을 셰우지 못ᄒᆞ고 졸디에 나를 ᄇᆞ리고 듁엇스니 그 시톄를 볼 기치는거시 가ᄒᆞ다 ᄒᆞ엿다더라.

『대한매일신보』 1907년 7월 2일 잡보 「환영회광경」

지작일 샹오십이시에 농샹소에셔 금릉위 박영효씨 환영회를 셜힝ᄒᆞ야 일반 샤회의 유지ᄒᆞᆫ 신ᄉᆞ와 부인들이 만히 모혓ᄂᆞᆫ디 대관은 젼판셔 김죵한씨와 표훈원총지 민병셕씨와 륙군부쟝 윤웅렬씨와 젼판셔 김가진씨가 참셕ᄒᆞ엿더라 박영효씨는 맛춤 병이 잇셔 한셩병원에 됴리ᄒᆞᄂᆞᆫ고로 동고ᄒᆞ든 안영즁씨를 디표로 위임ᄒᆞ야 여러 회원의게 깃분 뜻으로 치샤ᄒᆞ미 위원쟝 유셩쥰씨가 그취지를 셜명ᄒᆞ고 위원 졍운복씨는 츅ᄉᆞ를 랑독ᄒᆞ고 졔반 졀ᄎᆞ를 ᄎᆞ례로 거힝ᄒᆞ여 경황이 미우 쟝ᄒᆞ얏더라.

『대한매일신보』 1907년 7월 2일 잡보「졍씨ㅈ결」

대한매일신보 1907년 7월 2일 잡보 졍씨ㅈ결

박영효씨를 위ᄒᆞ야 환영회를 셜힝ᄒᆞᆫ 지작일 하오삼시에 남쇼동에 사는 졍지홍씨가 륙혈포로 ᄌᆞ긔의 비를 스스로 노와 크게 상ᄒᆞᆫ지라 즉시 젹십ᄌᆞ병원으로 메여가셔 치료ᄒᆞ고 그사름의 슈디즁으로 여러 가지 유셔와 싱각이 여듧번 변ᄒᆞᆫ 노리와 살면 욕이오 죽으면 영광 이라는 노리가 로츌이 되엿는대

대뎌 일본의 보호를 밧는 한국 빅셩 졍지홍은 뜻이 잇셔 나라를 근심ᄒᆞᆫ는 우리동포 모히신데 한 말슴을 삼가 드리노라 나라를 위ᄒᆞ 야 맛당히 죽을 짱에 죽으면 그 효력이 쳔빅만빅ᄼᆡ지에도 밋치나 그러나 듁기슬코 살기됴와홈은 인졍이라 남으로 ᄒᆞ여곰 죽어 나의 살 영화를 도으라 ᄒᆞ면 그 엇지 되리오 하눌이 날노 이곳셔 죽어 우 리 동포들노 ᄒᆞ여곰 몸을 브려 나라의 도움이 될 경우에 싱각케 ᄒᆞ 심이로다 광무십일 륙월 삼십일

△ 스상팔변가

뎨일변   나라ᄒ고 상관된 / 공변되게 믜운놈
　　　　한밀에 쳐죽여서

뎨이변   잘못쳐서 못맛치면 / 쇽졀업시 나만죽네

뎨삼변   륙헐포로 얼는놋코 / 썰니쮜면 일업도다

뎨스변   륙혈포를 당쟝삿네

뎨오변   남죽이고 나살냐면 / 텬리에 못되리로다

제육변   죽이고셔 나도 죽자

뎨칠변   한사롬 남죽이고 / 한사롬 나죽으면
　　　　두사롬이 원슈될쑌이라

뎨팔변   한사롬 나만죽어 / 젼국이 감셩ᄒ면
　　　　이몸의 영화되고 / 국가의 힝복일셰

△ 생욕스영가

영화로다 영화로다 / 이내죽엄 영화로다

흙ᄀ치 썩은 말도 / 죽은 후에 금언일셰

군스 길너 전징보덤 / 지스죽엄 유력ᄒ외

지스 열만 잘 죽으면 / 일혼 국권 되찻는다

인생 한번 아니죽나 / 죠만상관 쑌이로다

죽지안코 살냐ᄒ덜 / 셔서 살쌍 어디잇나

남의 손의 죽는 날은 / 희싱이 네 아니냐

나죽어 영화됨을 / 보고 어서 짜라오게

△ 츄탁셔

밧그로는 부귀지욕 / 안으로는 실가지락

다 부리고 불고홀제 / 다시 무엇 걱졍ᄒ리

그러ᄒ나 한 부탁은 / 두낫 자식 교육홀일

ᄉᆞ랑ᄒᆞᄂᆞᆫ 동포의게 / ᄇᆞ라ᄂᆞ니 힘쎠주ᄋᆞᆸ.
국니동포중

『대한매일신보』 1907년 7월 2일 잡보 「금릉위위문」

금릉위 박영효씨가 정지홍씨가 륙혈포로 스ᄉᆞ로 노하셔 병원으로 갓단 말를 듯고 크게 놀나고 ᄋᆡ셕히 녁여 즉시 김홍조씨를 보ᄂᆡ여 위문ᄒᆞ고 치료비 오십원을 보ᄂᆡ엿ᄂᆞᆫᄃᆡ 정씨가 정신이 혼미ᄒᆞᆫ 즁에 간신히 말ᄒᆞ여왈 금릉위ᄭᅴ셔 오셧ᄉᆞᆸ나잇가 나의 평싱의 나라 근심ᄒᆞ든 ᄯᅳᆺ과 일을 이루지 못ᄒᆞ고 죽ᄉᆞ오니 원ᄒᆞ건ᄃᆡ 대감ᄭᅴ셔ᄂᆞᆫ 나라 일을 더욱 담착ᄒᆞ야 신명을 앗기지 말으시고 국권을 회복ᄒᆞ며 창싱을 구졔ᄒᆞ오면 죽어도 여한이 업다ᄒᆞ고 말을 맛치며 즉시 졀명ᄒᆞ엿더라.

『대한매일신보』 1907년 7월 6일 잡보 「리씨후의」

이번 박영효씨 환영회장에셔 스ᄉᆞ로 포ᄉᆞᄒᆞ야 죽은 정지홍씨ᄂᆞᆫ 원ᄅᆡ 리필화씨와 교분이 ᄌᆞ별ᄒᆞᆯᄲᅮᆫ더러 경셩고ᄋᆞ원을 셜시ᄒᆞᆫ 후에 정씨가 특별히 찬셩원으로 ᄒᆡ원의 유지방침을 열심쥬션ᄒᆞ다가 이번에 ᄌᆞ긔 심즁에 단명ᄒᆞ고 ᄌᆞ션ᄉᆞ업에 유명ᄒᆞᆫ 림원인씨로 ᄉᆞ무를 ᄃᆡ리ᄒᆞ며 별노히 고ᄋᆞ원 쥬인의게 부탁ᄒᆞᆯ 일이 잇던지 셰 번이나 심방ᄒᆞ엿다가 맛나지 못ᄒᆞ고 ᄒᆞᆫ탄ᄒᆞ더란 말을 리씨가 츄후로 듯고 긍측히 녁여 즉시 병원으로 갓다가 보지 못ᄒᆞ고 대단히 창결ᄒᆞ야 루쳔량갑시 되ᄂᆞᆫ 슈의 ᄒᆞᆫ벌을 보내여 장ᄉᆞᄒᆞ게 ᄒᆞ얏다더라.

『대한매일신보』 1907년 7월 12일 잡보 「뎡씨츄도」

대한즈강회에셔 본월 십스일 하오이시에 죽은 뎡지홍씨의 츄도회를
동대문밧 영도스에셔 기셜홀터인디 모든 동지홍신 이들은 일졔히
와셔 참여혼다느디 당일 부비는 각기 즈당혼다더라.

**『대한매일신보』 1907년 7월 12 · 14일 잡보 「거누구타령, 丁童
졍의 童謠」**

거누구가 날찻나 / 거누구가 날찻나
날차즐이 업것만은 / 그거누구가 날찻나
진나라 시황뎨는 / 륙국을 숨키쟈 날찻나
력발산 초패왕은 / 진나라 치쟈고 날찻나
한태조 고황뎨는 / 텬하를 소평하쟈 날찻나
와룡션싱 고황뎨는 / 조조치쟈고 날찻나
법국의 나팔륜은 / 기혁ᄒ쟈고 날찻나
합즁국의 와싱톤은 / 독립ᄒ쟈고 날찻나
덕국의 비스막은 / 법국을 이기쟈 날찻나
의태리의 가부이는 / 국권회복ᄒ쟈고 날찻나
일본의 고산졍지는 / 유신ᄒ쟈고 날찻나
날차즐이 업것만은 / 그거누구가 날찻나
의혹홈이 즈심ᄒ여 / 문을 열고 나셔보니
여러 션싱이 오셧느디 / 츠례츠례로 부탁ᄒ네
평양명장 을지문덕은 / 수양뎨 치든쯧 부탁ᄒ고
츙무공 리슌신은 / 외젹치든일 부탁ᄒ고

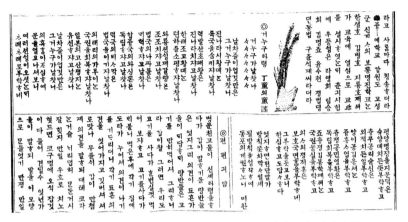

대한매일신보 1907년 7월 12·14일 잡보 거누구타령 丁童정의 童謠

양이공 김응셔는 / 중흥ᄉ업을 부탁ᄒ고
츙졍공 민영환은/ 독립회복을 부탁ᄒ고
죠츙졍 김봉학졔씨는 / 국권물실을 부탁ᄒ고
의ᄉ의 졍지홍은 / 보호국 면홈을 부탁ᄒ고
그부탁을 듯고보니 / 한심ᄒ고도 답답ᄒ다
엇지ᄒ면 된단말가 / 방칙쏫차 막막일세
될방칙을 ᄉ각ᄒ여 / 동포의게 권ᄒ노니
말은 아모리 쳔근ᄒ나 / 식여듯기를 츅슈ᄒ오
될방칙을 ᄉ각ᄒ즉 / 우리 홀일도 너무 만타
안졋다가 누엇다가 / 쳔ᄉ만려가 모야들ᄊ
거누구가 날찻나 / 거누구가 날찻나
여러 션싱이 단겨간후 / 어내 누가 ᄯᅩ 오시나
오셧구나 오셧구나 / 고명훈 션싱이 오셧구나
각신문샤 긔쟈님과 / 여러 학회 회원들과

일반샤회 벗님네와 / 샹업회의소 소장이며
녀주교육회 회원들과 / 교육셔화관 관장님이
츠례츠례로 드러오셔 / 한헌인수를 필호후에
익국정신을 가다듬아 / 부강방칙을 말호신다
젼국니의 사롬마다 / 신문을 만히 봐아될것
각도각군 면면촌촌이 / 학교셜립을 호야될것
이쳔만인 단톄되고 / 교육식산을 호야될것
샹업계를 기량호야 / 외국수츌을 호야될것
녀주들을 교육호야 / 남녀동등이 되야될것
셔화관을 셜립호야 / 미슐발달을 호야될것
그 외에도 쳔만수에 / 셜폐구폐를 셜명호여
독립권을 회복호고 / 주유권을 보젼홀일
신문샤에 부탁호니 / 올은말노 씨다르샤
그션싱게셔 호말더로 / 시힝호기를 바랍니다.

『**대한매일신보**』 1907년 7월 16일 잡보 「**졍씨츄도회**」

지작일 동문밧 영도사에셔 졍지홍씨의 츄도회를 흐엿눈디 유지훈
신수들이 만히 가셔 참여흐엿다더라.

『**경향신문**』 1907년 7월 5일 국니잡보 「**셔울보, 졍씨주결**」

륙월 삼십일 오후세시에 박영효씨 환영(歡迎)회롤 흐눈디 남소동
사눈 졍지홍씨가 륙혈포로 스스로 노하 죽고 그 가방속에 만흔 유
셔(遺書)가 잇더라더라.

『경향신문』1907년 7월 12일 논셜 「빅셩의 원흠을 좀 싱각ᄒ면 됴겟소」

이ᄉ이 금릉위 박영효씨 환영ᄒ기 위ᄒ야 사름이 만히 모힌즁에 졍지홍씨라 ᄒᄂ 이가 류혈포로 ᄌ결하엿ᄂᄃ 그 ᄶ친 글에 나죽어 영화됨을 보고 어셔 ᄯ라오라 ᄒ엿ᄉ니

이 사름이 졍신을 일허ᄇ렷ᄂᄌ 됴흔 일ᄒᄂ 줄노 그릇알고 ᄒ엿ᄂᄌ 모로거니와 그 힝한 일이 아죠 올치 아닌 일이로다. 우리나라 일이 잘못되기ᄂ 잘못되엿ᄉ나 더 잘못되게ᄂ 못홀지니 각 사름이 이 셰샹에 제능으로 나아온 것도 아니오 제능으로 이 셰샹을 ᄇ리ᄂ 것도 아니오. 다만 이 셰샹에 잇ᄂ 동안에 사름마다 만만코 피치 못홀 제 본분이 잇서 그 본분을 착실히 직희면 미사가 다 잘되여 제 집안일이나 나라일이 다 잘되ᄂ니 만일 제게 당한 어려운 본분의 무거운 짐을 당홀 수업ᄂ 줄노 싱각ᄒ고 ᄌ결ᄒ기만 경영ᄒ면 이ᄂ 실노 게어론 ᄆ음으로 제본분을 눕게 ᄉ양ᄒ고 의리의 지즁홈을 아죠 헤아리지 아님이라. 비컨대 제 부모병에 쉽지 못한 약을 구ᄒ기ᄅ 어려이 넉여 부모ᄅ ᄇ리며 란리에 강한 덕국을 더덕ᄒ기ᄅ 어려이 넉여 도망홈과 ᄀ고 그ᄲᆫ아니라 다른사름의게 ᄊ지 악훈 표양을 주ᄂ고로 온나라헤 해됨이 젹지 아니니 그런고로 만일 이런 일이 갓금 잇ᄉ면 우리나라 일이 도모지 곳치 못ᄒ게 될지라. 이런 사름을 찬미홀 것도 아니오 장ᄒ게 장ᄉᄒ야 돈을 허비홀 것도 아니로다.

그러면 엇지ᄒ야 만흔 사름들이 이런 사름은 나라흘 위ᄒ야 죽엇다 ᄒᄂ뇨.

이러케 말ᄒᄂ거슨 시방 우리나라헤 일이 모든 빅셩의 ᄆ음을 크게

샹ᄒ여 노혼거ㅣ라. 빅셩들이 그 무음 샹ᄒ거슬 드러닐 긔회만 잇스
면 곳 드러날거슨 소경 아니고야 누가 못보리오.

지작년 겨을에 빅셩의 무음을 거스리고 샹ᄒ며 일본과 신됴약을 혼
후브터 우리 졍부대신들의 ᄒᄂ 모든 일이 일인이나 일진회 말ᄒᄂ
대로만 ᄒ여 대한에 대한빅셩 잇ᄂ줄은 아조 모로ᄂ 모양이오 지금
도 새니각이 단발ᄉ건으로 대황뎨폐하ᄭᅵ 주픔ᄒ고 오날 반포ᄒ리
러일 반포ᄒ리 각 신문샹에 날마다 나니 이ᄂ 빅셩을 위ᄒ야 ᄒᄂ
일이라고 뉘가 말ᄒ리오. 관인들은 임의 단발ᄒᆫ 이가 만흐니 다 단
발ᄒ라기가 괴이치 아니나 무음대로 홀거이오 모든 빅셩이 단발ᄒ
기 슬희여 ᄒᄂ줄을 누가 모로리오.

앗갑도다 단발보다 더 급ᄒ거시 업ᄂ가 억지로 빅셩이 머리롤 싹고
나면 농ᄉ나 쟝ᄉ나 각식 싱업이 잘되겟ᄂ가 도적놈이 업서지겟ᄂ
가 도적질 죨업ᄒᆫ 관리가 업서지겟ᄂ가 이스이 신니각이 나라 일을
다 곳쳐셔 새롭게 잘ᄒ겟다고 홀째에 단발이 뎨일 급ᄒ줄을 알앗던
가 단발이나 산발이 긔화에나 국셰에나 빅셩의게나 무슴 큰 관계가
잇ᄂ가 혹이 말ᄒ되 긔화ᄒᆫ 나라ᄒᄂ 다 머리싹근 ᄭᅥ문에 긔화ᄒᆫ줄
노 아ᄂ가 긔화ᄂ 춤속으로 ᄒ여 언잔은 무음과 일을 다 곳쳐 잘되
면 밧겨거슨 저-졀노 츠ᄎᆯ 거신듸 밧겻모양만 곳치려고 ᄒ면 이
ᄂ 쥬초돌도 노치안코 방쑤밀일만 분주히 경영ᄒᄂ 어리셕은 무음
과 ᄀᆺᄒ니 이러므로 우리나라 빅셩의게 만흔 폐단은 곳쳐주지 아니
ᄒ고 단발만 ᄒ란ᄂᆫ ᄭᆞ닭은 싱각홀 수업ᄂ 일이로다.

고담에 닐넛스듸 여호 ᄒ나히 덧헤치여 졔ᄭᅩ리가 ᄯᅳᆫ허진지라. 그
ᄭᅩ리 업서진 ᄭᆞ닭에 붓그러워 모든 여호의게 말ᄒ기롤 우리 ᄭᅩ리가
거폐시러워 해만 잇고 리가 업스니 모도 ᄭᅩ리베히ᄂ 법을 내자ᄒ엿
다니 그와 ᄀᆺ치 일진회인들이 홀노 머리싹고 돈니기가 붓그러워셔

니각에 그 법을 내라고 ᄒᆞ는 ᄭᆞ닭인가.

일인의 쟝ᄉᆞ가 잘못될가 념려ᄒᆞ여 일본갓슬 멋십빅만개롤 폴아주자
는 ᄭᆞ닭인가.

일진회만 온나라 빅셩이 아니오 일인 쟝ᄉᆞ가 우리나라 졍부의 샹관
이 아니오 갓망건 탕건 등 물건쟝ᄉᆞᄒᆞ는 우리 쳔만 빅셩을 못살게
아니ᄒᆞ는거시 우리 니각 샹관이오. 우리 온나라 빅셩이 평안히 살
고 이런 무익ᄒᆞᆫ 일에 해밧는거슬 민망히 아는거시 우리 니각 샹관
이니 빅셩의 원ᄒᆞ는거슬 좀 싱각ᄒᆞ면 올켓다하노라.

『제국신문』 1907년 5월 9일 잡보 「仁港千起塾」

인천항 우각동 쳔긔의슉은 본항 유지들이 발긔ᄒᆞ야 삼쳔ᄉᆞ빅오십환
으로 학교긔지롤 사고 이쳔환으로 건축비를 예산ᄒᆞ얏는디 희금익은
신샹회샤에셔 이쳔환과 미샹회샤에셔 일쳔환과 기타 각 샤회에셔
긔빅환식 의연ᄒᆞᆫ 바오 본부윤 김윤졍씨와 신사 졍지홍씨가 열심담
임ᄒᆞ야 셩립이 되얏는디 일젼에 신사 셔병쳘씨를 쳥요ᄒᆞ야 항니 각
샤회 령슈들과 본면 면장 존위 령소임을 회집ᄒᆞ야 학교유지ᄒᆞᆯ 방침
과 임원의 조직을 의결ᄒᆞ얏는디 신샹회샤에셔 삼십환식 미샹회샤에
셔 이십환식 시탄회사에셔 십환식 김봉의씨가 미삭 삼환식 츌의ᄒᆞ
야 영구히 유지ᄒᆞ기로 확졍ᄒᆞ고 기타 각 샤회와 긔인간에도 달달이
연조ᄒᆞᆯ 리가 다슈ᄒᆞ다ᄒᆞ고 임원은 슉장에 셔병쳘 슉감에 김윤졍 남
긔훈 량씨오 총교ᄉᆞ는 리종쥰씨오 부교ᄉᆞ 이인은 방장 션졍ᄒᆞᆫ 터이
오 학감은 총교사가 겸ᄒᆡᆼᄒᆞᆫ다더라.

『제국신문』1907년 7월 2일 샤셜「졍지홍씨의 즈쳐훈 본의룰 오히 혼지 몰일」

지작일에 금릉위 박영효씨룰 환영호기 위호야 귀부인과 신수 쳔여 명이 아참부터 농상소안에 모혀 셩덕훈 의식을 거힝홀시 금릉위는 맛참 신병이 잇셔셔 참셕지 못호고 금릉위와 여러히 동고호든 안영즁씨가 금릉위의 디신으로 승좌훈후 졔반 졀츠룰 츠뎨로 힝호야 쥬긱이 서로 질거워호든츠에 난디업는 일셩포향이 나며 엇던 사롬 하나히 소리룰 지르는고로 경찰관리와 의원과 일반회원이 탓토어 달녀들어 신톄룰 슯혀본즉 왼편 갈비 밋혜 류혈이 량즈훈지라 즉시 대한젹십즈병원으로 메여다 놋코 구호호다가 오후 구시에 맛참니 졀명이 되엿스니 이는 지스 졍지홍鄭在洪씨라.

슯호다 졍지홍씨의 즈쳐훈 일에 디호야 여러가지 의심과 와어이 잇스나 그 사롬의 평일 힝젹과 유셔룰 볼진디 결단코 다른 곳이 업고 나라룰 위호는 쓰거온 피가 끌는 것을 금치 못호야 밧그로는 부모 쳐즈의 질거움을 도라보지안코 쳔금굿흔 목숨을 버렷도다 졍지홍씨는 본리 ??잇는 션비로 인쳔에 인명학교룰 셜립호고 그 교감이 되여 밤낫으로 쳥년즈뎨룰 교육호기에 열심호며 혼편으로는 대한즈강회 인쳔지회쟝이 되여 샤회의 인심을 경셩호더니 지작일은 금릉위의 환영회에 참여홀츠로 아침에 일즉이 동지 수인과 동힝호야 경셩에 들어오는길로 경셩고학원에 가셔 원쟝 리우션씨룰 보랴호다가 맛참 리우션씨가 업슴으로 편지룰 써 놋코 바로 농상소로 굿다가 오후 삼시에 립식을 필훈후 홀로 초연히 소나모 아릭 안져셔 즈지호엿는디 유셔 네 벌이 잇스니 하나는 그 모부인끠 고호는 것이오 하나는 하나는 즈긔의 싱각의 변훈 바룰 노리로 지은 것이오 하나

는 전국 지ᄉ의게 경고한 것이오 하나는 전국동포롤 향ᄒ야 ᄌ긔의
아달 형뎨의 교육을 부탁홈이라 그 모부인의 고훈바는 오인이 보지
못ᄒ엿거니와 그 ᄉ샹팔변가(思想八變歌)는 얼는 본즉 누구롤 죽
이랴고 경영홈과 ᄀᆺᄒ야 오희ᄒ기 쉬우나 그 글을 ᄌ세히 본즉 과
연 ᄌ긔가 쳐음 싱각에는 잘못ᄒ면 죽일사롬도 죽이지 못ᄒ고 ᄌ긔
만 죽을가 념려ᄒ얏고 세번지 싱각에는 륙혈포로 얼는놋코 도망ᄒ
리라 ᄒ얏고 네번지 싱각에는 륙혈포를 삿고 다닷번지 싱각에는 남
을 죽이고 ᄌ긔가 살고져홈은 텬리에 어김이라 ᄒ얏고 여삿번지 싱
각에는 남을 죽이고 나도 죽이리라 ᄒ얏고 일곱번지 싱각에는 사롬
하나 죽이고 ᄌ긔하나 죽으면 그만이라 ᄒ얏고 여덟번지 싱각에는
ᄌ긔 한사롬만 죽어셔 전국동포를 경셩ᄒ면 지긔몸에 영화되고 국
가에 힝복이 되리라 ᄒ엿스니 졍지홍씨가 쳐음에는 츙분을 참지 못
ᄒ야 누구를 죽이랴ᄒ야 여러 가지로 싱각ᄒ다가 필야에는 ᄌ긔 한
몸만 죽어셔 전국동포로 ᄒ야곰 나라일에는 싱명을 앗기지 안케홈
이 분명ᄒ며 경고문 ᄆᆺ헤 갈아디 「남으로 ᄒ야곰 죽어 나의 살영화
를 도으라ᄒ면 그 엇지 되리오」 ᄒ엿슨즉 이뜻은 남을 죽여셔 ᄌ긔
의 영화를 구ᄒ랴ᄒ면 되지 안으리라홈이오 ᄯᅩ 츄후로 ᄌ긔의 아달
형뎨의 교육ᄒ일을 국ᄂ동포에게 부탁ᄒ엿스니 가령 졍지홍씨로 ᄒ
야곰 누구를 죽이랴고 경영ᄒ엿스면 법률샹에 죄인이 되리니 어니
누가 동졍을 표ᄒ야 ᄌ긔의 아달을 도아쥴쥴로 싱각ᄒ얏스리오 무
엇으로 보든지 졍지홍씨의 자쳐ᄒ 본의는 단단히 다른 뜻이 업고
ᄌ긔의 싱명을 버려 소위 지ᄉ라ᄒ는 쟈로 ᄒ야금 ᄌ긔의 최롤 본
밧아 죽기롤 두려워ᄒ지 말게홈인쥴로 츄샹홀 것이어늘 세샹에서
이런 쟝ᄒ 사롬의 죽은 본의를 그릇싱각ᄒ는 폐가 잇기로 두어마더
어 ᄌ초지종 긔록ᄒ야 전국동포의게 고ᄒ노라.

『제국신문』 1907년 7월 2일 잡보 「鄭氏永眠」

지스 정지홍씨는 류혈포로 즈쳐ᄒ야 대한젹십즈샤병원에 보니여 구료ᄒ다가 이날 오후구시에 명이 진ᄒ지라 그 먼져 졍씨집에 통긔ᄒ야 그 칠십로모와 부인과 아달이 그병원에 와셔 그 광경을 보다가 필경 소싱홀 도리가 업시 명이 진ᄒ이 그 통곡ᄒᄂᆫ 졍상은 참ᄋ보지 못ᄒ깃더라.

원리 회원즁 유지모모 스오인이 졍씨를 병원으로 인도ᄒ야 구료ᄒ다가 동슈구문안 졍씨 본뎨까지 가셔 그 신톄를 호송ᄒ얏다더라.

『제국신문』 1907년 7월 2일 잡보 「諸氏捐助」

금릉위 박영효씨는 정지홍의 스?을 듯고 그날 셕양에 돈오십환을 치료비로 보니엿고 졍씨 긔졀ᄒ후 학무국장 윤치오씨가 십환 리필화씨가 이십환 장비로 의연ᄒ엿더라.

『제국신문』 1907년 7월 2일 잡보 「鄭氏訪問孤兒院」

금번에 즈쳐ᄒ 정지홍씨가 당일 오전 구시경에 황셩신문샤에 가셔 츄탁셔를 써가지고 농샹소로 가ᄂᆫ 길에 고아원에 들어가 희원쟝을 방문ᄒ다가 맛참 잇지 안이ᄒᆷ으로 부득이 유셔를 뼈두고 갓ᄂᆫ디 그 뜻은 자긔가 셰샹을 하직ᄒ면 그 자뎨가 필경 고아원 교육을 면치 못ᄒ 뜻ᄒᆷ으로 미리 부탁ᄒᄂᆫ 스샹인 듯ᄒ더라.

『제국신문』 1907년 7월 2일 잡보 「鄭氏의 選言金氏」

지작일 박영효씨 환영회에셔 졍지홍씨가 스스로 륙혈포를 노아 즈처흔 몰은 별항에 긔지ᄒ얏거니와 당일 오후륙시경에 금릉위 박영효씨가 졍씨를 위문ᄒ기 위ᄒ야 갓치잇는 김홍죠씨를 젹십ᄉ(즈의 오자)병원에 파송ᄒ야 위문ᄒ고 치료비 오십환을 긔부ᄒ얏는디 졍씨가 김홍죠씨를 더ᄒ야 능히 몰ᄒ야왈 나는 지식이 쳔박흔 사롬으로 시국의 졀박홈을 항상 긔탄ᄒ나 엇지ᄒ여야 죠홀는지 한번 죽는 것으로 동포의게 스레코즈 ᄒ거니와 박영효씨는 지덕이 겸비ᄒ야 삼십년 젼부텨 긔혁ᄒ기를 슈창ᄒ던 사롬이라 젼국이 산두와갓치 의양ᄒ는 금일을 당ᄒ야 국궁진최ᄒ야 죽은 후에야 말기로 명심력 힝ᄒ기를 옹망ᄒ는 바이라 ᄒ얏다더라.

『제국신문』 1907년 7월 2일 잡보 「志士鄭在洪氏遺書」

졍지홍씨가 유벽쳐에셔 륙혈포로 즈긔비를 노와 소리를 질으미 여러 사롬이 모혀간즉 졍씨가 간신한 말노 셩언ᄒ기를 니죡기에 잇는 것을 여러 동포에게 젼파ᄒ야 달나ᄒ는지라. 경무관리 일인이 즉시 죡기를 검살흔즉 무삼 죠희죠각인데 등스판에 인쇄한 유셔이라. 그 글을 자에 긔재ᄒ노라.

대일본 보호를 닙는 한국 국민 졍재홍은 뜻이잇셔 나라를 근심ᄒ는 우리동포 모히신데 한 말슴 경고ᄒ는 글을 삼가들이노라 나라를 위ᄒ야 맛당이 죽을 ᄯ에 죽으면 그 효력이 쳔비나 만비ᄭ지에도 밋치나 그러나 듁기슬코 살기죠화홈은 인졍이라 남으로 ᄒ야금 죽어 나의 살 영화를 도으라 ᄒ면 그 엇지되리오 하날이 나를 이곳셔 죽어 우리동포 여러분으로 ᄒ야금 몸을 버려 나라에 도음이 될 경우를 싱각케 ᄒ심이로다.

　광무십일 륙월 삼십일

△ 스상팔변가(思想八變歌)

(데일변)　나라ᄒ고 상관된 / 공본되게 미운놈

　　　　　한미에 쳐죽여셔 / 이닉분 풀니로다

(데이변)　잘못쳐셔 못맛치면 / 쇽졀업시 나만죽네

(데삼변)　륙혈포로 얼는놋코 / 샬니쒸면 일업도다

(데ᄉ변)　륙혈포를 당장삿네

(데오변)　남죽이고 나살냐면 / 텬리에 못되리로다

(제육변)　죽이고셔 나도 죽자

(데칠변)　한사롬 남죽이고 / 한사롬 나죽으면

　　　　　둘이 원슈될ᄯᅟᅮᆫ이라

(데팔변)　한사롬 나만죽어 / 젼국이 감동ᄒ면

　　　　　이몸에 영화되고 / 국가에 힝복일셰

△ 생욕ᄉ영가(生辱死榮歌)

영화로다 영화로다 / 이내죽엄 영화로다

흙ᄀᆺ치 썩은 말도 / 죽은후엔 금언일셰

군ᄉ길너 젼징보다 / 지ᄉ죽엄 유력ᄒ외

지ᄉ열만 잘죽으면 / 일혼국권 되찻는다

인싱ᄒ번 안이죽나 / 죠만상관 ᄯᅟᅮᆫ이로다

죽지안코 살냐ᄒ들 / 셔셔살짜 어디잇나

남의손에 죽는놀은 / 회싱이 네안이냐

나죽어 영화됨을 / 보고 어셔 ᄯᅡ라오게

△ 追托

밧그로 부귀욕심 / 안으로는 집안영락

다바리고 이즐젹에 / 다시 무엇 걱정ᄒ리
그러ᄒ나 한 부탁은 / 두낫ᄌ식 교육ᄒ일
ᄉ랑ᄒᄂ 동포들은 / 바라노니 힘써주오.
구쥬강ᄉ일쳔구빅칠년 륙월 삼십일.   정재홍
국ᄂ동포즁

『제국신문』1907년 7월 2~15일 광고「志士鄭在洪君 遺族救助義捐金募集趣旨書」

嗚呼라 人未有不死之人이로되 而一死之有名有義也ㅣ 豈容易哉아 志士 鄭在洪君之一死也ᄂ 觀乎 其遺書四種에 可謂名成而義立이니 壯哉라 君乎여 君은 有志愛國之士也라 病國勢之式微ᄒ며 歎社會之不振ᄒ야 欲以一身으로 犧供于全國有志之前 以警醒我國家的 精神ᄒ야 乃以光武十(十一 오자)年 六月 三十日 下午 三時에 一砲自殺ᄒ야 遂行其志ᄒ니 君은 其所謂 浮志士之名而得獻身之義矣로다 然이나 讀其遺書에 其無限感慨와 無限悲痛이 溢於言表호디 竟無一句對岸怨悱之辭ᄒ니 亦可謂得其性情之正而臨死不變者也니 善哉라 君乎여 君於年來에 以謂國權恢復이 專在於人才養成이라 ᄒ고 蕩産鬻家ᄒ야 以充敎育之費ᄒ니 此不足爲君頌美로디 但偏慈在堂ᄒ고 遺孥貧孤ᄒ야 營生無計ᄒ니 此實吾人의 捐救家族所由也라 凡我同志ᄂ 尙表同情인져.
光武十一年 七月 一日.
發起 人 : 尹致오 徐相八 尹晶錫 柳東作 朴宗桓 金益남 劉秉필 池錫永 鄭熙燦 尹錫準 李成鎬 崔岡 尹孝定 李鍾(鎬의 오자)濬
收金期限 自七月一日 至同月三十日內

收金處所　鍾路　皇城新聞社　下漢洞 帝國新聞社.

『만세보』1907년 1월 22일 잡보「自强支會」

大韓自强會에셔는 仁川港에 支會롤 設置ᄒ다더라.

『만세보』1907년 4월 30일 잡보「仁川自强總會」

日昨에 仁川港 大韓自强支會에서 通常總會를 開ᄒ고 蜜啞子 劉元杓氏를 請ᄒ야 演說ᄒ는디 尹孝定氏와 南宮薫氏도 同伴叅會ᄒ얏는디 當日該會場에 港內 一般紳士와 男女老幼들이 雲集ᄒ야 該支會長 鄭在洪氏와 一般會員諸氏의 引導로 該會員 朴用來氏가 先次演壇에 登ᄒ야 演說ᄒ고 蜜啞子의 一行三氏等이 次第出演ᄒ는디 傍聽 數百人이 靜聽歡迎ᄒ야 一大盛況을 呈ᄒ얏고 其

만세보 1907년 4월 30일 잡보 仁川自强總會

翌日에 永化學校와 濟寧學校의 請邀을 因ᄒ야 兩校 學員에 對ᄒ
야 勸勉演說을 ᄒ얏다더라.

『만세보』 1907년 5월 23일 잡보 「仁明開塾」

仁川港 仁明義塾에셔 再昨日에 開塾式을 設行ᄒᄂᄃ 京城 各社
會와 有志紳士諸氏가 多數參席ᄒ얏고 仁川府尹 以下로 港內 各
社會 紳士 紳商이 會同하야 儀式을 擧行한 後에 塾長 徐丙轍氏
가 西北營林廠事務官을 新任홈으로 塾長의 任을 辭免ᄒ 後에 說
明ᄒ되 本人은 知識도 蔑如한디 塾長의 任을 猥忝ᄒ얏다가 今己
辭免ᄒ얏거니와 才智와 德望이 本人보다 十分優勝ᄒ 高明紳士를
塾長으로 敢薦함이 僉位思量에 何如ᄒᄂ지 可否를 願聞한다ᄒ즉
滿座諸氏가 可에 同意ᄒᄂ지라 徐氏가 尹致오氏를 塾長으로 推
薦홈이 滿場一致로 極口贊成ᄒ고 府尹 金潤晶氏가 또혼 塾長得
人이라고 致謝不已ᄒᄂ지라 尹致오氏가 맛참 該塾의 請邀를 因하
야 在座ᄒ얏다가 再三固辭ᄒ되 一般諸氏의 同情를 拂抑치 못ᄒ
야 塾長를 擔任한 後에 生徒의 敬禮를 受ᄒ얏다ᄂᄃ 前報와 如히
塾舍의 宏闊通暢홈과 生徒等의 活氣英邁홈은 可히 仁港의 文明
風氣가 仁明義塾으로 由ᄒᄂ 漸이 되깃ᄂᄃ 該府尹 金潤晶 紳士
鄭在洪 兩氏의 熱心贊成과 港內 有志諸氏의 極力義助홈을 感頌
홀 事이더라.

『공립신보』 1907년 8월 2일 본국소문 「뎡氏自살」

뎡지홍씨는 시국에 분기홈을 이긔지 못호야 금능위 박영효씨 환영 회셕에셔 륙혈포를 노아 자살호얏는딕 격졀흔 유셔가 잇는고로 리 호에 긔지호려호노라.

『공립신보』 1907년 8월 9일 본국소문 「뎡氏유書」

지스 뎡씨의 즈살함은 젼호에 긔지하얏거니와 씨의 유셔가 잇는고 로 좌에 긔지호노라.

뎌일본의 보호를 닙는 한국국민 뎡지홍은 뜻시 잇셔 나라를 근심호 는 우리동포 모힐쎠 한 말숨을 삼가 듸리노라 나라를 위호야 맛당 히 죽을 쎠에 죽으면 그 효력이 쳔비나만비씻지에도 밋츠나 그러나 죽기실코 살기죠은 인졍이라 남으로 호야금 죽여 나의 살 영화를 도으랴 호면 그 엇지 되리요 하날이 나로 이곳셔 죽어 우리 동포졔 군으로 호야금 몸을 버려 나라에 도음이 될 경우에 싱각케 호심이 로다.

광무十一년 六월 三十일

　　　　　　△ 스샹八변가

뎨一변　나라호고 샹관된 / 공변되게 미운놈

한믜에 쳐죽여셔 / 이닉 분 풀니로다

뎨二변　잘못쳐셔 못맛치면 / 속졀업시 나만죽네

뎨三변　륙혈포롤 얼는노코 / 쌜니웰면 일업도다

뎨四변　륙혈포를 당당삿네

뎨五변　남죽이고 나살으면 / 텬리에 못할 일이로다

뎨六변　죽이고져 나도 죽자

뎨七변　한사롬 남죽이고 / 한사롬 나죽으면

량인 샹수될쑨이라

뎨八변　한사롬 나만죽어 / 전국이 감성ᄒ면

이몸이 영화되고 / 국가의 향복일세

　　　　　　　△ 싱욕ᄉ영가

영한(화의 오자)로다 영화로다 / 이ᄂᆡ죽엄 영화로다

흑갓치 썩은 말도 / 죽은 후는 금언일세

군ᄉ 길너 전징보덤 / 지ᄉ죽엄 유력ᄒ외

지ᄉ 열만 잘 죽으면 / 일흔 국권 되찻는다

인싱 한번 아니죽나 / 죠만상관 쑨이로다

죽지안코 살랴ᄒᆫ덜 / 세셔(서서) 살짜 어듸잇나

남의 손에 죽는 날은 / 희싱이 네 아니야

나죽어 영화됨을/ 보고 어셔 짜라오게.

『공립신보』1907년 8월 9일 본국소문「志ᄉ一셩」

지ᄉ 뎡지홍씨가 류혈포로 자포한 후에 곳 젹十ᄌ병원으로 보ᄂᆡ여 치뇨중인듸 박영호(효의 오자)씨가 뎡씨에게 구원비 五十원을 김홍조씨로 숑치ᄒ고 위문ᄒ엿는듸 뎡씨가 위문에 디ᄒ야 답ᄉᄒ기를 나는 직조와 디식이 업는 사람으로 시국에 절박함을 항샹 기탄ᄒ나 엇지ᄒ여야 됴홀넌지 한번 죽는 것으로 동포의게 ᄉ례코져 ᄒ거니와

박영호씨는 직덕고명ᄒ야 三十년전에 기혁을 수창ᄒ던 사람이라 전국이 산두와갓치 밋고바라는 금일을 당ᄒ야 몸을 굽히며 수고를

다힝야 죽은 후에야 말기를 무옴에 삭이고 힘써 힝힝기를 간졀이
바라노라 힝얏다더라.

『공립신보』 1907년 8월 9일 본국소문 「시모시즈」

지스 뎡지홍씨가 병원에서 맛참닌 구원치 못힝고
로 그 신톄를 희씨 본뎨로 옴겨간지라. 그 친고들
이 가셔 됴상힝고 시톄를 만지며 통곡힝더 뎡쉬의
대부인이 강기히 말숨힝기를 이 즈식이 살아셔 나
라를 위힝야 성공치 못힝고 죽어스니 그 시신에
터벌힝는거시 가힝다 힝얏다더라.

공립신보 1907년 8월 9일
본국소문 시모시즈

『공립신보』 1907년 8월 9일 국내소문 「뎡志스장期」

七月초 六일에 지스 뎡지홍씨 장례 셜힝할 터인디 동일 상오十一시
에 뎡동교당에서 장의를 거힝힝고 동三시에 남대문밧 아현공동묘디
에 미장힝다 힝엿더라.

『공립신보』 1907년 8월 9일 잡보 「追悼會豫告」

융분소격에 순졀힝 의인 렬스와 금번 졍변에 혈젼연명한 군인과 이
국지스 져공을 위힝야 리례비 六일 하오五시에 본회에서 튜도회를

셜힝ᄒ오니 림립ᄒ시옵

튜도졔공은

만국평화회특파위원 젼검사 리　쥰씨

시위데一런디대디댱 륙군참녕　박셩

환씨

八변수상에 一포자결혼 지ᄉ　졍지

홍씨

금번 졍변에 젼ᄉ립젼ᄒ 룡렬 군인동

포져씨라.

상항공립협회　고빅

공립신보 1907년 8월 9일
追悼會豫告

『공립신보』 1907년 8월 16일 잡보
「追悼튜도회셜힝」

히아부에 특파위원으로 갓다가 격분

슌사ᄒ 리쥰씨와 이국혈셩으로 ᄌ사ᄒ

뎡지홍씨와 친위디쟝관으로 군디히방

홀 ᄱ에 분사ᄒ 박셩환씨와 기타 젼망

ᄒ 군인과 지ᄉ를 위ᄒ야 거 토요일

하오八시에 상항 공립협회에셔 튜도

회를 셜힝ᄒ얏ᄂ디 리쥰씨의 ᄉ젹은

최유셥씨가 셜명ᄒ고 뎡지홍씨의 ᄉ젹

은 리졍지씨가 셜명ᄒ고 박셩환씨의

ᄉ젹은 량듀삼씨가 셜명ᄒ고 젼망 군

공립신보 1907년 8월 16일 잡보
追悼튜도회셜행

인과 위국 슌사훈 졔씨의 스젹은 림티뎡씨가 셜명ᄒ얏ᄂᆞᆯ디 참셕훈 회원들도 각각 강긔비분훈 말노 연셜이 안앗더라.

『해조신문』 1908년 3월 25일 잡보 「私變公立」

인천 공립보통학교ᄂᆞᆫ 년젼에 희항 신상회샤 샤원들과 미샹회샤 샤원들과 기타 신사 강쥰 졍지홍 한우근 졔씨의 렬심홈으로 항ᄂᆡ 유지샤의 협력을 어더셔 사립학교를 셜시ᄒᆞ려ᄃᆞᆨ 인천부윤 김윤졍씨ᄃᆞᆨ 쏘훈 렬심찬셩ᄒᆞ야 공립학교를 만드럿ᄂᆞᆫ디 김씨가 교쟝이 되고 일인을 고빙ᄒᆞ야 졔반 교무를 판리ᄒᆞ미 교항이 졈차 진보훈다니 과연인지 우리ᄂᆞᆫ 스립이던지 공립이던지 교황의 발달홈만 바라노라.

『해조신문』 1908년 4월 10일 잡보(본국통신) 「仁商美擧」

인쳔항 인명(仁明)학교ᄂᆞᆫ 항ᄂᆡ 각 회샤 신스들이 미삭에 의연금 六十一원을 모집ᄒᆞ야 긔부ᄒᆞᄂᆞᆫ디 미삭 경비가 一빅三十여원이라 七十원이 부족인고로 대단 곤난ᄒᆞ더니 신상(紳商)회샤에셔 미삭 七十원식을 긔부ᄒᆞ기로 담당ᄒᆞᄂᆞᆫ고로 인명학교ᄂᆞᆫ 신샹회샤 졔씨의 찬셩홈으로 영영 유지ᄒᆞ겟다고 항ᄂᆡ 인민이 칭숑불이 훈다더라.

『동아일보』 1924년 4월 18일 「學校遺産과 會金을 불교보각원에 임의로 긔부한 일 인쳔긔자단의 분긔로 여론 비등」

저번에 봉불식(奉佛式)을 거행한 인천 보각원(普覺院) 긔부금 중

에 조선인 자선회(慈善會)돈 륙백구십원과 전 인명학교(仁明學
校)의 남어잇는 재산륙백원중 이백원을 긔부한 것이 문뎨가 되야
인천부내에 잇는 조선인 신문긔자단(記者團)을 비롯하야 각 청년
회와 기타 일반사회의 여론이 매우 놉하간다는대 이제 그 내용의
유래와 뎐말을 동긔자단에서 조사한 바에 의하면 자못 긔괴한 일이
만흘뿐아니라 뜻밧게 사회에서 용납할 수 업는 가지가지의 죄과가
만타는데 먼저 자선회로 말하면 불상한 조선사람을 구조하자는 뜻
에서 촌민의 나무 바리와 참외장사에게서 푼푼히 글거모혀 시작한
지가 임의 십여년이나 되엿는데

당초에는 뎡치국(丁治國)씨외 몃몃 사람으로 간부를 조직하고 고
문으로 부윤과 경찰서댱을 내세워 일종의 야릇한 긔관을 조직하야
가지고 내려온 지 임의 십여년이 되야도 한번의 총회 커냥은 임원
회도 연일이 업시 뎡씨는 자긔 혼자서 부윤과 서댱을 끼고 잇다금
빈민의 구조를 한 것이 겨우 일년에 몃백원을 넘지 못하얏슴으로
현재 남어 잇는 돈은 수천원에 달하는 터인데 이번 보각원을 짓는
데 씨는 독실한

불교신자임으로 적지 안은 긔디와 금전을 뎨공하야왓스나 엇더한
사정으로 인함인지 뎨공된 금품중에 오천원만을 씨의 긔부로 하고
나머지 륙백구십원을 불교 보각원을 관리하는 불교진흥회(佛敎振
興會)로부터 바드려하얏스나 두 회원이 서로 얼기설기 매저잇슴으
로 이것을 자선회가 긔부한 것처럼 하기로 하야 아모 임원회도 열
지 아니하고 그 회의 본목뎍인 일년동안 빈민구제한 금액보다도 더
만흔 돈을 『호박씨 까서 한닙에 넛키』처럼 불교진흥회에 긔부한 것
이라 하며 쏘한

인명학교의 유산을 처분한데 대하야는 원래 그 학교가 일한합병과

함께 비참한 운명을 지은 후 그째 관리자인 최응삼(崔應三)외 네명
이 일천팔백여원의 나마지 재산을 관리하야 지고 내려온 지가 임의
십이년이나 되얏스되 이제까지 아모 리자도 업시 개인끼리 흐지부
지 써오다가 년전에 이르러 겨우 륙백원이 남엇섯는데 이것조차 관
리자의 한 사람인 최씨가 자긔가 회당된 불교진흥회에 그돈을 쓰고
저하야

관리자의 한 사람인 장석우씨와 의론하고 보통학교에 이백원 박문
학교(博文)에 백원 불교진흥회에 삼백원을 하기도 하얏스나 영화
학교에서도 긔부금을 모집중이라는 말에 하는 수업시 불교진흥회에
서 백원을 주리어 이것으로 영화학교에 긔부하기로 한 것이라는데
가이 엄시 업서 전 인명학교 유산도 이것으로 그림자조차 사라지게
되얏다 방금 긔자단에서는 부민의 여론에 참작하야 각청년단톄와
협력하야 가지고 문뎨의 자선회와 밋 인명학교 유산처분문뎨에 대
한 선후책을 강구 중이라고.

**『동아일보』 1924년 4월 20일 「慈善會 管理權을 지금부터 시민에
게 환부하자고 不當寄附와 記者團의 決議」**

인천 조선인 자선회와 전 인명학교(仁明學校)의 유산을 함부로 불
교진흥회(佛敎振興會)에 긔부한 사실에 대하야 인천조선인긔자단
과 각 청년단톄가 결속하야 가지고 지난 허물을 밝히며 압흐로 관
리권을 정당하게 맛하 다스리게 할 방침을 강구 중이라함은 임의
보도한 바어니와 재작 십팔일 오후두시부터 룡강뎡 동아일보 인천
지국 이층에 『제물포』청년회 인천로동
총동맹회와 한응청년회 등 대표자와밋 네 신문사 긔자가 모히며 신

중히 협의한 결과 전 인명학교유산을 불교진흥회에 긔부한 사실에 대하야는 임의 업서진 학교의 마즈막 남은 돈의 처분한 일임으로 사사로히 책임자에게 간권하기로 하얏스며 수천수만명의 불상한 농민의 주머니를 글거 모흔 자선회 돈을 불교진흥회에 긔부한 일에 대하야는 책임자인 그회 회댱 뎡치국(丁治國)씨에게 촉고서(促告書)와 통고문(通告文)의 두가지를 보내기로 하고 아래와 가튼 선언과 결의문을 결의한 후 헤여젓다고.

宣言

下記 團體等은 仁川朝鮮人慈善會長 丁治國氏의 今般에 暴露된 醜態와 幹部의 無責任한 態度에 徵하야 同會의 今後處理權은 府民에게 還附함이 當然하다 認함.

右를 宣言함.

決議文

仁川朝鮮人慈善會의 今後處理權은 府民에게 還附함이 當然하다 確信함.

本團體等은 現在 同會任員에게 對하야 自決을 促하며 一致協力으로 目的貫徹을 期함.

右決議함.

四月 十八日

2. 학술지

대한자강회, 「회원명부」, 『대한자강회월보』 4, 81쪽

會員名簿(회원명부)

橫看) 入會認證을 領有ᄒ야 會員資格이 完全ᄒ 人으로만 限홈.
李承謨 盧日壽 張錫建 康基煥 金時權 金丁哉 金奎弼 金奎植 張
起學 朴用楨 崔俊杓 李圭昇 金成浩 宋準浩 崔仲善 朴亨輔 金永
錫 車炳修 盧勳世 金碩桓 李昌夏 高鏞達 金泳澤 金洙鎔 蔡藍玉
鄭在洪 白周鉉 金相敦 金澤熙 兪鎭衡 張志永 劉壎榮 李承駿.

대한자강회, 「本會會報」, 『대한자강회월보』 7, 63쪽

仁川支會請願書를 南宮薰氏 動議로 可受ᄒ고 該支會視察委員은
金相範氏 特請에 異議가 無ᄒ기로 尹孝定氏가 被選ᄒ다.

대한자강회, 「本會會報」, 『대한자강회월보』 8, 50쪽

金相範氏 動議에 仁港支會視察委員 尹孝定氏의 報告를 可受ᄒ
고 依規認許ᄒ기로 可決ᄒ다.

대한자강회, 「本會續報」, 『대한자강회월보』 8, 71~72쪽

本會에서 各支會 所在 官에게 本支會規則及 罰則을 伴交ᄒ야 公
函ᄒ 全文이 如左ᄒ다.
仁川 등 19개소.

대한자강회, 「會員名簿, 支會員(仁川郡) 合四十人」, 『대한자강회
월보』 12, 67~68쪽

朴榮集 朴元淳 徐相彬 安昌鎬 李承根 廉完基 林鏞煥 姜允模 金
弘潤 李時永 鄭在寬 康洪國 趙容九 崔殷湘 朱明濬 俞鎭億 朴三
洪 韓禹根 朴用來 朴來興 朴勝壼 韓稷 金廷鎭 李東皓 崔鳳賢
河導容 李容海 姜準 李庚鳳 金允星 金斗基 千光殷 南基薰 金
鎭淵 崔夏永 李鍾煥 李恒來 李宗源 鄭寅台 李敬泰

南嵩山人 張志淵, 「鄭在洪氏」, 『대한자강회월보』 13, 1907, 3~5쪽

鄭在洪氏눈 何人也오 大韓自强會 仁川支會長也라. 余嘗從本會
中ᄒ야 始面識ᄒ니 其人也ㅣ 身貌不踰中人ᄒ고 豐顔碩體오 氣宇
磊落ᄒ야 慷慨好言論이라. 自是로 或遇於稠人中ᄒ야 聽其談論
에 雖其爲有志士나 然而未必其愛國熱血之至於判性命而不恤也
로다.

向於朴泳孝氏 歡迎之日예 國內各社會紳士婦女가 騈闐雲屯ᄒ야
式場이 方殷에 茶果가 畢陳이러니 忽然自何起 一聲砲響이 轟然
震地ᄒ야 昏倒一人이 嘔血被體ᄒ고 滿場士女가 齊來觀光ᄒ니 不
是別人이라 乃鄭在洪氏也로다 詢其自砲之理由ᄒ즉 指其手帒中
物日 吾之死由눈 在此라 ᄒ야ᄂᆯ 探其袋ᄒ니 得數封紙塊라 曰遺
書 曰八變歌 曰生辱死榮歌 等의 凡三種文字를 印以寫版ᄒ야 各
有十許枚라 於是에 衆人이 取書朗讀ᄒ즉 其(遺書눈 在下ᄒ니).
嗚呼라 此其死由也라 其警告文에 日好生惡死눈 人之常情이나
所以自殺者눈 使吾同胞 諸君으로 捐軀補國을 各自思想이라ᄒ고
又其八變歌則日 我一人自靖者눈 所以 感惺全國이라 ᄒ고 又其

生辱死榮歌則曰 人生一死는 自是常理나 其關係者는 只有早晚
而已어늘 苟且欲生이라도 奈無生地니 我之死榮生辱을 同胞諸君
이 所宜警惕者라 ᄒ얏스니 盖其主旨가 欲以一段熱血노 洒了全
國同胞之腦髓ᄒ야 使之警惺而激勵也니 如君者는 可謂血性之男
子라 其視趨利附勢ᄒ야 柔儒畏死之夫ᄒ면 豈非霄壤之懸殊哉아.
君死之後에 世之論者ㅣ 或疑其浪死ᄒ야 訛言이 百出에 譏訕가
不一이라. 甚者는 至以瘋癲而目之ᄒ니 嗚呼라 是ㅣ何關於君哉
아. 君之斷斷熱誠이 以爲吾以國民之一分子라 未能達吾所懷之
目的ᄒ고 目擊時事之日非ᄒ니 其於生辱死榮之義에 早已自判於
胸中矣라. 若吾輩가 苟且生活이라가 脫不幸不免於人之犧牲이면
辱莫大焉이리니 豈若今日에 早自潔身之爲榮也리오. 且雖曰 吾
無可死之責이나 若捐此一個性命ᄒ야 以警吾同胞而使自各奮發
於愛國之血誠ᄒ야 臨難忘身을 皆如吾之輕生不顧則庶幾有挽回
國權之道ㅣ리니 然則吾之一死ㅣ 豈不有補於國而爲榮於身後哉
아. 因此審思熟籌ᄒ다가 遂判性命ᄒ니 嗚呼라 此豈浪死之人哉
아 彼不知君者ㅣ 固奚足傷也리오.

或이 又疑之曰 旣自判一死인된 如其八變歌中 第一變 第六變之
思想ᄒ야 除一公憤之賊ᄒ고 然後自斃ᄒ면 應有辭於天下萬世而
死得其當世어늘 胡爲空然自戕乎哉리오 其義를 莫知也로다ᄒ니
此는 容或然矣어니와 觀君之歌컨디 君豈不諒乎 此哉 아마는 其
必有到底思量而有行不得者於其間矣오. 徒爲貽累同胞홀지니 毋
寧自裁之爲世也라ᄒ야 所以有第八之變ᄒ니 嗚呼其志悲矣오 其
情哀矣라. 夫臨危授命ᄒ며 當難獻身은 誠爲難也어니와 從容自裁
於平居無事之日ᄒ야 以謝全國ᄒ며 以警同胞ㅣ 豈非尤難乎哉아.
若夫世之所謂讀書知名者之流가 好橫議立異見ᄒ야 遇有人之卓

節特行者ᄒ면 輒覓疵尋瑕에 排斥是事ᄒ고 已則當國家危急之秋라도 畏死巧避에 誘之曰溝瀆之諒은 我不爲之라ᄒᄂ니 差等人은 不過假借粉飾ᄒ야 陰計其全軀苟活之地者也라. 何足以語慷慨熱血之男子好며 何足與論於獻身愛國的精神乎아. 余ㅣ 悲君之志死而愛君之故로 特述一篇ᄒ야 而警告我全國同胞ᄒ노니 嗚呼 鄭君이여.

松石 鄭鎬冕,「挽芝山 鄭在洪」,『대한자강회월보』13, 54~55쪽

狂風東南來慘憺吹不已天日黯無光　嗚乎義士死疽裂范增背嚼盡張巡齒我來哭一拜寒月照潭水

嗟君胡至是斷斷爲國死斯無此厄斯民無此耻而君一扁舟五湖釣鯿鯉 而君一犁牛南山耕石齒此耻久難雪一砲竟自試精靈 若不昧國權迴旣墮送君歸北邙四千萬行淚

憶昔趨向同相携期終始君去我輩存自强云誰恃榻外他人鼾直撼三千里天公默不言 同胞睡不起回首欲相訴悅然面淚被

埋君無埋血留灑同胞胸一灑復一灑人人鄭在洪

埋君無埋淚流向東海水一波復一波終當洗其耻

埋君無埋骨留擎天南柱埋君無埋臂留射北平虎

君來昨夜夢遺我雙眼鏡鏡磨節愈明心磨節愈勁再拜歲藏之懷旣覺心耿耿寧君不我棄幽明以相警

대한자강회,「회원회록」,『대한자강회월보』13, 61쪽

鄭在洪氏追悼會을 本會에셔 發起ᄒ고 以七月 十四日로 永道寺

에셔 設行ᄒ기로 可決ᄒ고 準備委員은 呂炳鉉 洪弼周 李宇榮 劉 秉玿 金奎植 五氏가 被選ᄒ다.

鄭在洪氏 履歷書製述委員은 張志淵氏가 被選ᄒ다.(7월 1일 평 의회 의결).

편집부, 「내지휘보, 歡迎會况」, 『대한자강회월보』 13, 63~66쪽

六月 三十日에 北署 農桑所內에서 錦陵尉 朴泳孝氏歡迎會을 開 ᄒ얏ᄂ디 盛況이 如左ᄒ더라. …(하략)…

편집부, 「會員動靜」, 『대한자강회월보』 13, 72~78쪽

七月 一日에 仁川支會長 鄭在洪氏가 北署農桑所內 朴泳孝氏歡 迎演壇前에서 六穴砲로 自放ᄒ야 該氏의 腹部가 中傷ᄒ지라. 卽 時 赤十字病院으로 擔去治療ᄒ고 該氏手帒中으로 多數ᄒ 遺書 와 思想八變歌와 生辱死靈(榮)歌 追托書 等이 露出ᄒ얏ᄂ디.

△ 遺書

被大日本 保護韓國國民 鄭在洪은 뜻이 잇셔 나라를 근심ᄒᄂ는 우 리 同胞 모둰데 ᄒ말삼 警告文을 삼가 듸리노라. 나라 爲ᄒ야 맛당 이 죽을 싸에 죽으면 효력이 千倍나 萬倍 가지라도 밋치나 그러나 죽기 실코 살기 조은 人情이라. 남으로 ᄒ야곰 죽어 나의 살영화을 도으라 ᄒ면 그 엇지되리요. 찰아리 니가 이곳셔 죽어 우리 同胞諸 君으로 ᄒ여곰 몸을 바려 나라에 도음이 될 境遇에 싱각게 ᄒ심이 로다.

光武十一年 六月 三十日

△ 思想八變歌

第一變 나라ᄒ고 相關된 / 公변되게 미운놈
　　　　ᄒ미에 쳐죽여셔 / 이니 분 풀니로다

第二變 잘못쳐셔 못마치면 / 속졀읍시 나만죽네

第三變 六穴砲로 얼는노코 / 쌀니쮜면 일읍도다

第四變 六穴砲를 當場삿네

第五變 남죽이고 나살야면 / 天理에 못될리로다

第六變 죽이고셔 나도 죽자

第七變 한스룸 남죽이고 / 한스룸 나죽이면
　　　　兩人相讐 될쑨이라

第八變 한스룸 나만죽어 / 全國이 感悍ᄒ면
　　　　이몸에 榮華되고 / 國家에 幸福일시

△ 生辱死榮歌

榮華로다 榮華로다 / 이니 죽엄 榮華로다

흑갓치 쎠근 말도 / 죽은 후엔 金言일셰

軍士 길너 戰爭보덥 / 志士 죽엄 有力ᄒ외

志士 열만 잘 죽으면 / 일흔 國權 되찻는다

人生 ᄒ 번 아니죽나 / 早晚相關 쑨이로다

죽지안코 살냐ᄒ덜 / 셔셔 살짜 어딕잇나

남의 손에 죽는 날은 / 犧牲이네 아니냐

나죽어 榮華됨을 / 보고 어셔 짜라오게

△ 추탁서

밧구로는 富貴之慾, 안으로는 室家之樂

다 바리고 不顧ᄒᆯ 졔, 다시 무엇 걱정ᄒ리

그러ᄒ나 ᄒ 付托은, 두낫 子息敎育할 닐

사랑ㅎ눈 同胞에게, 바라나니 심쎠쥬ㅇ.

國內同胞中

○ 同日 下午 六時頃에 朴泳孝氏가 鄭在洪氏에게 救療費 五十圜을 同居人 金弘祚氏로 使之傳致ㅎ고 慰問ㅎ얏눈디 該鄭氏가 慰問事에 對ㅎ야 答辭ㅎ기를 我는 才踈識淺호 人으로 時局에 切迫홈을 恒常慨歎ㅎ나 如何히 ㅎ여야 良好홀눈지 一死로 同胞에게 謝코져 ㅎ거니와 朴泳孝氏는 才德이 隆高ㅎ야 三十年前에 改革을 首唱ㅎ던 人이라 全國이 山斗와 갓치 依仰ㅎ는 今日을 遭遇ㅎ야 鞠躬盡瘁에 死而後已홈을 銘心力行ㅎ기를 切望ㅎ노라 ㅎ고 言訖殞絶ㅎ얏더라.

　　△ 志士 鄭在洪君 遺族救助義捐金募集趣旨書(윤효정)

嗚呼라 人未有不死之人이로되 而一死之有名有義也ㅣ 豈容易哉아. 志士 鄭在洪君之一死也는 觀乎 其遺書四種에 可謂名成而義立이니 壯哉라 君乎여. 君은 有志愛國之士也라 病國勢之式微ㅎ며 歎社會之不振ㅎ야 欲以一身으로 犧供于全國有志之前 以警醒我國家的 精神ㅎ야 乃以光武十(十一 오자)年 六月 三十日 下午 三時에 一砲自殺ㅎ야 遂行其志ㅎ니 君은 其所謂 浮志士之名而得獻身之義矣로다. 然이나 讀其遺書에 其無限感慨와 無限悲痛이 溢於言表호디 竟無一句對岸怨悱之辭ㅎ니 亦可謂得其性情之正而臨死不變者也니 善哉라 君乎여. 君於年來에 以謂國權恢復이 專在於人才養成이라 ㅎ고 蕩産鬻家ㅎ야 以充敎育之費ㅎ니 此不足爲君頌美로디 但偏慈在堂ㅎ고 遺孥貧孤ㅎ야 營生無計ㅎ니 此實吾人의 捐救家族所由也라 凡我同志는 尙表同情인져.

光武十一年 七月 一日

發起人 : 尹致旿 徐相八 尹晶錫 柳東作 朴宗植(桓) 金益南 劉

秉珌 池錫永 鄭熙燦 尹錫(鍾)準 李成鎬 崔岡 尹孝定 李鍾濬.

收金期限 自七月 一日 至同 三十日

收金處所 皇城新聞社 帝國新聞社

鄭在洪君略傳(『皇城新聞』 참조)

自國權墮落以來로 如鄭君之發憤自戕者ㅣ 凡已幾人고 子車가 且死에 百身難贖이오 萇弘이 旣逝에 遺血空碧이라 慷慨忠義之倫은 碧落黃泉에 携手同歸ᄒ고 以此廻天捧日之大艱業으로 託諸愚昧劣弱之我輩後人ᄒ니 我輩가 雖欲無悲憤怨懟之辭나 得乎아.

雖然이나 鄭君之死ᄂ 實非鄭君之自殺也로라(志士ᄂ 聽哉어다) 我同胞가 早發憤於十數年以前ᄒ야 國權의 不至墮落ᄒ며 人類가 不爲奴隷러들 鄭君이 可不死오 我同胞가 此戮力於光武九年以後ᄒ야 人民이 有開進之機ᄒ고 國家가 有回蘇之望이라도 鄭君이 可不死어늘 奈之何光陰이 日下에 民知ᄂ 愈錮ᄒ고 危機가 日迫에 國是ᄂ 日紊ᄒ야 時時刺 鄭君之腦ᄒ며 日日激鄭君之血ᄒ야 驅鄭君於不得不自殺之途ᄒ니 然則鄭君之死ᄂ 頑迷之國民이 殺之也며 腐敗之政府가 殺之也오 非鄭君之自殺鄭君也로다.

嗚呼라 鄭君이 旣死ᄒ니 其復有鄭君乎아 有鄭君之志者ㅣ 幾人고 我且痛ᄒ며 我此憤ᄒ며 我且希望ᄒ야 畧掇鄭君之遺事ᄒ니 凡得七八節이라 揮淚以告我同胞하노라.…(하략)…

會員 李達元, 「詞藻; 哭烈士 鄭在洪」, 『서우』 9, 39쪽

人誰無死死爲悲 死以爲榮悲者誰(公有生辱死榮等白故云)

八變歌傳諸種族 一掛書上老偏慈(臨死以八變歌告同胞又以一掛書上老慈故云)

京城社友心肝裂(各社會紳士爲之追悼)
仁港生徒痛哭隨(公傾財創設 仁川仁昌學校及其葬日該校生徒被
服擔轝哭隨故云)
倘識斯公遺恨在
孤兒院裏月昏時(公以孤兒學院任員每盡心贊成未見興旺恨歎不
己)

會員 韓教學,「詞藻; 哭烈士 鄭在洪君」,『서우』11, 40~41쪽

接報瞠然喚奈何斯人斯擧得毋過獻身甘作犧牲死愛國精神一念多
太平生長爾紳民耆如今見幾人醉裏夢中二千萬一時回省自精神
記得前春識面時仁明黌舍獨維持從今港內靑年子牖發新知復仗
誰.

태극학회,「太極學報第七回義捐人氏名」,『태극학보』11, 60쪽

…(상략)…
權鳳洙氏　崔台鉉氏　李儁氏　申佑善氏　鄭在洪氏　李鍾泰氏
李鍾宇氏　李膺鍾氏.
…(하략)…

기호흥학회,「학계휘문」,『기호흥학회월보』7, 1909, 38쪽

仁校義捐 有志諸氏가 仁港 仁明學校의 敎育程度를 觀覽ᄒ고 贊
成ᄒ기 爲ᄒ야 多數捐助ᄒ얏다더라.

3. 기타

『仁川港案』奎 17863-2.

발수신   仁川監理 河相驥(1904년 5월 31일) → 外部大臣 李
　　　　夏榮

건명　　　仁川港 裕盛泰號會社 摠務員 鄭在洪이 '자신의 회사
　　　　雇船 五洋丸이 1904년 4월 25일 오후 1시에 元山港
　　　　에 정박해 있다가 俄國 水雷에 침몰해서, 이를 通信院
　　　　에 보고했는데, 通信院에서는 자신의 소관이 아니라고
　　　　하여 外部에 청원한다'고 하였다는 보고서 제74호.

지령　　　제84호 俄公使가 현재 駐在하고 있지 않아 五洋丸을
　　　　擊沈한 緣由를 어디에서도 알 수가 없음(1904년 6월
　　　　4일).

인장　　　仁川監理之章 1개, 仁川監理署章 1개, 仁川監理署印
　　　　1개, 大臣印 1개, 協辦印 1개, 局長印 1개.

부속문서　別紙抄錄 元山 이북에서 北魚를 수송하던 裕盛泰號會
　　　　社 雇船 五洋丸이 1904년 4월 25일 오후 1시에 元山
　　　　港에 정박해 있다가 俄國 水雷에 침몰했는데, 다른 선
　　　　박은 계속 항해하고 있는데도 유독 정박해 있던 五洋丸
　　　　만 擊沈되었으니, 손해액을 探査한 후에 청원하겠음.

宋相燾,「鄭在洪(3)」,『騎驢隨筆』, 국사편찬위원회, 1955, 84쪽

鄭在洪者, 漢城人, 有氣槩, 素爲民會所推, 光武九年, 日本伊藤
博文, 旣脅監我國, 在洪, 憤念懷報讐之志, 乃投漢京所在美國靑

年會, 以自固而俟其便. 十一年 五月, 博文來自日本, 在洪欲詐
爲博文, 作歡迎會而因於座上殺之, 遂與會衆, 設一宴, 請博文,
博文疑而不至, 而陰事稍稍泄, 在洪知不能免, 歎曰吾安能死於
讐人之手乎, 遂引刀自裁. 其幼子困遊于上海, 國人之在上海者,
見而憐之曰義士之子也, 相與出金, 以衣食之. (金澤榮)

정교, 「정재홍의 자살」, 『대한계년사』, 국사편찬위원회, 1957, 255~256쪽

時京城紳士爲朴泳孝, 設歡迎會於壯洞(在仁王山下)農商所內,
給參會券於來會人, 而收一圜紙幣, 以充當日宴席之費. 三十日
上午十二時, 表勳院摠裁 閔丙奭·陸軍副長 尹雄烈·前參書 金宗
漢·金嘉鎭等及 紳士與婦人來參者甚多, 泳孝稱病不赴, 使從人安
泳中代往謝之, 該會委員長兪星濬說其趣旨, 委員鄭雲復讀祝辭
畢, 方宴飮, 下午三時鄭在洪以六血砲自放其腹部, 致重傷, 衆人
皆大驚, 卽扶在洪, 赴赤十字病院而治之. 其手袋中有遺書及八
變歌. 其書曰, 被大日本保護國國民鄭在洪, 謹獻警告文一言于
憂國同胞之會, 爲國而死於當死之地, 則其效, 及於千倍萬倍, 然
惡死好生, 人情也, 使人死, 而助我生之榮, 何可爲也. 寧我死於
此處, 使同胞諸君, 捨身輔國之境遇思之.

정교, 「정재홍의 팔변가」, 『대한계년사』, 국사편찬위원회, 1957, 256~257쪽

光武十一年 六月 三十日, 其歌, 則第一變曰, 與國相關公憎之

漢, 一棒打殺泄我之憤, 第二變曰, 不善擊而不中, 徒然我死, 第
三變曰, 以六血砲速放快走, 則無事, 第四變曰, 六血砲當場買,
第五變曰, 欲殺他而我生, 於天理不爲, 第六變曰, 殺之後我亦
死, 第七變曰, 只殺他一人, 我死只兩人爲相讐, 第八變曰, 只一
人我死, 若全國感醒爲此身之榮華, 國家之幸福, 又有 生辱死榮
歌曰, 榮華榮華, 此我死榮華, 似土之腐說, 死後則金言, 比養兵
而戰爭, 志士死之有力, 十箇志士若善死, 失國權之可復, 人生誰
無一死歟, 只早晩之相關, 不死而欲生, 立而生地在何處, 死於他
人手之日, 犧牲爾非耶.

其追托書曰, 外則富貴欲, 內則室家之樂, 盡棄不顧之際, 更何憂
矣, 然而一付托, 兩個子敎育事, 相愛之同胞, 惟勉力之爲望, 尾
書國內同胞中.

泳孝聞在洪之事, 使人持治療費五十圜, 代往爲之, 在洪於精神
昏迷中言曰, 錦陵尉來臨乎, 我則未就平生憂國之志, 今焉已矣,
惟願大監益加擔着國事, 不惜身命, 期復國權?蒼生, 則余死無餘
恨也, 言訖而絶. 在洪, 家在南山下南小洞獎忠壇前, 少文而業於
商, 信耶蘇新敎, 設仁明義塾, 務敎育後學.

嘗曰朴泳孝·徐載弼還國擔任時務然後, 我韓有庶幾之望, 先數日
在洪寄書于孤兒院(時前侍從李愚璿, 設院丐乞兒五六十名, 給其
衣食, 略敎文字, 藉此而取人之錢財, 以充己欲, 四年而罷)主, 勉
以維持該院之方, 又讓其該院任員於他人, 二十九日早朝赴該院,
欲議維持之策, 凡三往而不得見其院主, 悵然而歸, 是日詣農商
所, 意以爲伊藤博文來會, 須一砲殺之, 對衆人明白自裁, 以洩忠
憤, 見博文不來, 不勝慷慨, 以爲未遂, 所懷則不可以生還, 遂自
砲而逝, 眞志士也, 聞者莫不慈之.

황현, 『매천야록』, 국사편찬위원회, 1957, 417쪽

教員 鄭在洪自殺, 朴泳孝之還也, 京師諸會人, 設歡迎會, 金嘉鎭·金宗漢·尹雄烈·閔丙奭等咸集, 泳孝稱病, 使安泳重(中의 오자) 代往, 在洪京師人也, 會方中, 忽以六穴砲, 自轟其腹, 衆大驚, 舁致病院數日死, 泳孝歷訪問疾, 賻其死五十圜, 在洪素不文, 檢其囊, 有遺書及 八變歌, 皆國文也, 大槪言, 欲殺讐人, 而勢將相殺而止, 無濟於事, 寧獨自殺, 以表?志, 呑吐模糊, 語意不明, 不知其何所指也, 或言欲殺泳孝, 不敵故自殺, 在洪慷慨憤時局, 盡心敎育, 現帶學校之任, 盖亦志士云.

교원 정재홍의 자살

박영효가 귀국할 때 서울 各會의 회원들은 환영회를 마련하여 김가진, 김종한, 윤웅렬, 민병석 등이 모였다. 그러나 박영효는 신병을 칭하여 안영중을 대신 보내었다.

정재홍은 서울사람이었다. 환영회가 한창일 때 그는 (갑자기) 육혈포를 자신의 배를 향해 발포하였다. 모인 사람들은 크게 놀랐으며 그를 낭가에 떠메고 병원으로 옮겼으나 수일(수시간 후의 착오)에 사망하였다. 이때 박영효는 그를 방문하여 위로하고 사망자에 오십 환을 부의금으로 내놓았다.

정재홍은 본래부터 글을 잘하지 못하였다. 그의 호주머니 속에는 유서와 팔변가가 있었다. 이는 모두 한글로 되어 있었다. 그 내용은 원수를 살해하려고 하였으나 그 형세가 살상에 그치면 일에 아무런 도움이 안 됨으로 차라리 자신이 혼자 죽어 본래의 뜻을 표한다는 것이었다. 그의 말은 매우 모호하고 뜻도 명확하지 않아 무엇을 지칭하는 말인지 잘 알 수가 없었다.

어떤 사람은 그가 박영효를 살해하려고 하였으나 그와 적수가 되지 않음으로 자살하였다. 정재홍은 본래 강개한 뜻을 가지고 시국에 분개하여 교육에 열성을 다하였고, 현재도 학교임원을 맡은 사람이 었다. 모두 그를 지사라고 한다.

국사편찬위원회, 『고종시대사』 6, 탐구당, 1972

京城 거주 鄭在洪은 仁川港에 韓國商民 全用의 埠頭를 光武 10 年 3月 18日(日) 京城 거주 鄭在洪은 仁川港에 韓國商民 全用의 埠頭를 축조할 것에 대하여 農商工部에 認可를 請願하다. 同部는 仁川監理에 訓令하여 즉시 허가하게 하다.

『仁川報牒』 1904년 12월 31일

裕盛泰號會社
설립 1904. 12. 31(설립일 오류)
목적 수상운송(운송업)
본점 인천
지점 원산
중역 정재홍(총무원)

국사편찬위원회, 『고종시대사』 6, 탐구당, 1972, 628쪽

이날(1907년 6월 30일) 十二時에 京城 紳士들이 壯洞 農商所에 서 朴泳孝歸國歡迎會를 開催하였던 바 이 자리에서 仁明義塾 經

營者인 鄭在洪이 拳銃으로 自殺하였다. 그는 이날 歡迎會에 伊藤博文이 나오면 射殺할 計劃을 세웠으나 伊藤이 나타나지 않으므로 憤慨하여 自殺한 것이다.

참고문헌

1. 사료

「鄭在洪自殺原因所調報告」CJA0002383-0027130579(1907. 7. 1), 국가기록원.

「鄭在洪葬儀의 件」CJA0002383-0027130579(1907. 7. 6), 국가기록원.

『仁川港案』규장각#17863-1(1904년 5월 31일).

『仁川港案』규장각#17863-3(1904년 5월 31일).

「仁川港私立仁明學校歷史」(수원박물관 소장).

『대조선독립협회보』, 『대한자강회월보』, 『서우』, 『대한협회회보』, 『서북학회월보』, 『기호흥학회월보』, 『태극학보』.

『독립신문』, 『협성회회보』, 『매일신문』, 『시사총보』, 『황성신문』, 『제국신문』, 『대한매일신보』, 『공립신보』, 『해조신문』, 『경향신문』, 『만세보』, 『대한민보』, 『인천일보』, 『경기일보』, 『중부일보』.

『주한일본공사관기록』.

기독교대한감리회, 『조선감리회연회록』, 1984.

국사편찬위원회, 『대한제국관원이력서』, 1972.

_____, 『고종시대사』5~6, 1972.

김윤식, 『속음청사』, 국사편찬위원회, 1960.

송병기 외, 『한말근대법령자료집』, 국회도서관, 1970-1971.

송상도, 「정재홍」, 『기려수필』, 국사편찬위원회, 1955.

신규식, 『한국혼』, 1920; 예관신규식편찬위원회, 『예관신규식전집』1-2, 2019.

신홍식, 『인천내리교회역사』, 인천내리교회, 1923.

_____, 『인천내리교회역사』, 내리교회, 1978(영인본).

이달원, 「哭烈士 鄭在洪」, 『서우』9, 서우학회, 1907.8.

인천공립보통학교, 「연혁지」, 1907.

인천광역시립박물관『역주 인천과 인천항』, 2009.

인천교육회, 「인천안내」, 인천부, 1921.

인천부사편찬위원회, 「인천부사」, 인천부, 1933.

잠두교회, 「강화읍잠두교회역사」, 1914.

장지연, 「정재홍씨」, 『대한자강회월보』 13, 대한자강회, 1907.

정교, 「정재홍의 자살」·「정재홍의 팔변가」, 『대한계년사』, 국사편찬위원회, 1957.

정호면, 「挽芝山 鄭在洪」, 『대한자강회월보』 13, 대한자강회, 1907.

편집부, 「회원명부, 지회원(인천군 합 40인)」, 『대한자강회월보』 12, 대한자강회,
        1907.

편집부, 「회원동정, 유서 사상팔변가 생욕사영가 추탁서 정재홍군 약전」, 『대한자
        강회월보』 13, 대한자강회, 1907.

한교학, 「哭烈士 鄭在洪君」, 『서우』 11, 서우학회, 1907.10.

홍석창 편저, 『제물포지방 교회사자료집, 1885-1930』, 에이맨, 1995.

황현, 「교원 정재홍자살」, 『매천야록』, 국사편찬위원회, 1957.

相澤仁助(정혜중 역), 『역주 韓國二大港實勢』, 인천시 역사자료관, 2006.

信夫淳平, 『인천개항25년사』, 인천개항25년기념회, 1908.

靑山好惠, 『仁川事情』, 조선신보사, 1892.

2. 단행본

강동진, 『일제의 한국침략정책사』, 한길사, 1980.

강진아, 『동순태호-동아시아 화교 자본과 근대 조선』, 경북대학교출판부, 2011.

경기도교육위원회, 『경기교육사』 상, 경기도교육청, 1975.

경기도사편찬위원회, 『경기도사(한말)』 6, 경기도청, 2004.

_____, 『경기도항일독립운동사』, 경기도, 1995.

고일, 『인천석금』, 경기문화사, 1955.

기독교대한감리회 인천내리교회, 『내리교회95년사』, 동편찬위원회, 1990.

김도형, 『대한제국기 정치사상연구』, 지식산업사, 1994.

김형목, 『대한제국기 야학운동』, 경인문화사, 2005.

_____, 『김광제, 나랏빛 청산이 독립국가 건설이다』, 도서출판 선인, 2012.

_____, 『대한제국기 경기도의 근대교육운동』, 경인문화사, 2016.

김형목,『배움에 대한 목마름을 풀어준 야학운동』, 서해문집, 2018.

_____,『충청도 국채보상운동』-국채보상운동연구총서 13, 국채보상운동기념사
    업회, 2021.

남달우 외,『인천사 연구의 현황과 과제』-인천학연구총서 1, 인천대 인천학연구
    원, 2003.

독립운동사편찬위원회,『독립운동사』7-의열투쟁사, 독립운동유공자기금관리운
    용위원회, 1976.

박용옥,『한국근대여성운동사연구』, 한국정신문화연구원, 1984.

_____,『여성운동』-한국독립운동의역사 31, 한국독립운동사편찬위원회·독립기
    념관 한국독립운동사연구소, 2009.

반병률,『임시정부의 초대 국무총리 성재 이동휘 일대기』, 범우사, 1998.

손정목,『한국개항기 도시변화과정 연구-개항장·개시장·조계·거류지-』, 일지
    사, 1982.

신용하,『독립협회연구』, 일조각, 1976.

신태범,『인천 한 세기-몸소 지켜본 이야기들』, 홍성사, 1983.

양윤모,『인천 지역의 민족운동』-인천학연구총서 44, 보고사, 2020.

오영섭,『한말 순군·의열투쟁』-한국독립운동의역사 14, 한국독립운동사편찬위
    원회·독립기념관 한국독립운동사연구소, 2009.

유영렬,『애국계몽운동(Ⅰ)-정치·사회운동』-한국독립운동의역사 12, 한국독립
    운동사편찬위원회·독립기념관 한국독립운동사연구소, 2007.

이규수,『개항장 인천과 재조일본인』-인천학연구총서 29, 보고사, 2015.

이동언,『경기도 국채보상운동』-국채보상운동연구총서 14, 국채보상운동기념사
    업회, 2021.

이만열,『한국기독교문화운동사』, 대한기독교출판사, 1987.

이성민·박철호,『내리교회110년사』, 인천내리교회, 1995.

이성삼,『영화100년사』, 영화학원, 2003.

이현종,『개항장연구』, 일조각, 1975.

이희환,『인천아! 너는 어떠한 도시?- 근대도시 인천의 역사·문화공간』, 역락,
    2008.

인천광역시교육청, 『인천교육사』, 1995.

인천광역시립박물관, 『인천항 사람들』, 2016.

인천광역시 역사자료관, 『역주 인천과 인천항』, 2009.

인천내리교회, 『내리교회백년사』, 내리교회사편찬위원회, 1995.

인천직할시편찬위원회, 『인천개항 100년사』, 인천직할시, 1983.

_____, 『인천시사』, 인천직할시, 1993.

인하대학교 한국학연구소, 『동아시아, 개항을 보는 제3의 눈』, 인하대출판부, 2010.

전우용, 『한국 회사의 탄생』, 서울대출판문화원, 2011.

최성연, 『개항과 양관역정』, 경기문화사, 1959.

한우근, 『한국개항기의 상업연구』, 일조각, 1970.

홍기표, 『내리백년사』, 기독교대한감리회 인천내리교회, 1985.

3. 논문 및 기타

강진아, 「근대 동아시아의 초국적 자본의 성장과 한계-재한화교기업 동순태 (1874~1937)의 사례-」, 『경북사학』 27, 경북사학회, 2004.

_____, 「한말 채표업과 화상 동순태호- 20세기 초 동아시아 무역 네트워크와 한 국」, 『중국근현대사연구』 35, 중국근현대사학회, 2008.

국가보훈처, 「정재홍」, 『독립유공자공훈록- 2006~2007년도 포상자-』 17, 2009.

국사편찬위원회, 「미국 타운센드 상회, 일상을 바꾼 석유」, 『한국문화사 31-서구 문화와의 만남-』, 2010.

길민정, 「한말 일제초 인천지역 초등교육의 도입과 전개」, 인하대석사학위논문, 2011.

김성학, 「한말 강화지역 사립보창학교의 등장과 성장-민족과 기독교, 황실의 조 우-」, 『한국교육사학』 36-3, 한국교육사학회, 2014.

김영우, 「한말 사립학교에 관한 연구 Ⅱ」, 『교육연구』 3, 공주사범대 교육문제연 구소, 1986.

김윤희, 「개항기(1883~1905) 인천항의 금융 네트워크와 韓商의 성장조건」, 『인천 학연구』 3, 인천대 인천학연구원, 2004.

김형목, 「한말 경기지역 야학운동의 배경과 실태」, 『중앙사론』 10·11, 중앙사학연구회, 1998.

김형목,「한말 국문야학의 성행 배경과 성격」,『한국독립운동사연구』20, 독립기념관 한국독립운동사연구소, 2003.

_____,「대한제국기 인천지역 근대교육운동 주체와 성격」,『인천학연구』3, 인천대 인천학연구원, 2004.

_____,「자료소개; 정재홍의 활동과 관련자료」,『한국근현대사연구』32, 한국근현대사학회, 2005.

_____,「대한제국기 강화지역의 사립학교설립운동」,『한국독립운동사연구』24, 독립기념관 한국독립운동사연구소, 2005.

_____,「대한제국기 경기도 야학운동의 성격」『덕봉 오환일교수정년기념 사학논총』, 논총간행위원회, 2006.

_____,「'한말 정재홍'의 현실인식과 의열투쟁」,『인천학연구』5, 인천대 인천학연구원, 2006.

_____,「'을사늑약' 이전 경기지방 사립학교의 성격」,『중앙사론』26, 한국중앙사학회, 2007.

_____,「자료소개- 잊혀진 의열인 정재홍 유서」,『관보』7월호, 독립기념관, 2007.

_____,「한말 인천지역 계몽운동가, 정재홍」,『한국근현대인물강의』, 국학자료원, 2007.

_____,「정재홍의 계몽활동과 의열투쟁」,『인천학세미나』Ⅲ, 인천대 인천학연구원, 2008.

_____,「한말 경기도 사립학교설립운동의 전개와 성격」,『한국독립운동사연구』32, 독립기념관 한국독립운동사연구소, 2009.

_____,「계몽운동과 국채보상운동」,『인천항일독립운동사』상-인천광역시사 ⑫, 인천광역시사편찬위원회, 2021.

_____,「인천지역 민권운동과 계몽운동을 주도한 박문협회」,『경기일보』2022년 6월 13일.

_____,「총론」,『서울의 국채보상운동』-서울역사중점연구 ⑮, 서울역사편찬원, 2023.

독립운동사편찬위원회, 「의사들의 투쟁」, 『독립운동사』 7-의열투쟁사, 1976.

변영주, 「20세기 전반기 인천지역 경제와 식민지 근대성-인천상업회의소(1916-1920)와 재조일본인」, 『인천학연구』 10, 인천대 인천학연구원, 2009.

윤호, 「개항기 인천의 민족상인 활동에 관한 연구」, 『인천학연구』 8, 인천대 인천학연구원, 2008.

이규수, 「개항장 인천(1883~1910) 재조일본인과 도시의 식민지화」, 『인천학연구』 6, 인천대 인천학연구원, 2007.

이상근, 「인천광역시 지역의 국채보상운동」, 『인천학연구』 2-1, 인천대 인천학연구원, 2003.

이현주, 「한말 인천의 화교유입과 하와이 이민」, 『한국독립운동사연구』 18, 독립기념관 한국독립운동사연구소, 2002.

이희환, 「근대 초기 '새인천'의 형성과정 연구 -연구과제를 중심으로 한 시론-」, 『인천학연구』 창간호, 인천대 인천학연구원, 2002.

_____, 「인천 개항장의 역사문화지리」, 『인천문화연구』 창간호, 인천광역시박물관, 2003.

임승표, 「개항장 거류 일본인의 직업과 영업활동; 1876년~1895년 부산·원산·인천을 중심으로」, 『홍익사학』 4, 홍익대, 1990.

장신, 「한말·일제초 재인천 일본인의 신문 발행과 조선신문」, 『인천학연구』 6, 인천대 인천학연구원, 2007.

정우석, 「인천항 적성회 취지서」, 『천둥소리』 56(봄·여름), 국채보상운동기념사업회, 2024.

조기준, 「한말 민족상인단체의 성격고 -인천신상협회를 중심으로-」, 『논문집』 13, 대한민국학술원, 1974.

조성진, 「정재홍」, 『한국독립운동인명사전』 21, 독립기념관, 2024.

채영국, 「한일근대화의 입구 인천과 요코하마(橫浜)」, 『인천역사』 1, 인천광역시 역사자료관 역사문화연구실, 2004.

하지연, 「타운센드 상회 연구」, 『한국근현대사연구』 4, 한국근현대사연구회, 1996.

한규무, 「상동청년회에 대한 연구, 1897~1914」, 『역사학보』 126, 역사학회, 1990.

_____, 「1900년대 서울지역 기독교회와 민족운동의 동향-정동·상동·연동교회

를 중심으로-」, 『한국민족운동사연구』 19, 한국민족운동사연구회, 1998.

한규무, 「국채보상운동과 한국 개신교계」, 『숭실사학』 26, 숭실사학회, 2011.

한상구, 「1907년 국채보상운동의 전국적 전개양상」, 『인문연구』 75, 영남대 인문
　　　과학연구소, 2015.

허경진, 「19세기 인천에서 불려졌던 〈아리랑〉의 근대적 성격」, 『동방학지』 115,
　　　연세대 국학연구원, 2002.

石川亮太, 「개항기 중국인상인의 활동과 정보매체- 동순태서간자료를 중심으로」,
　　　『규장각』 33, 서울대 규장각한국학연구원, 2008.

＿＿＿＿, 「조선 개항 후 중국인 상인의 무역활동과 네트워크」, 『역사문제연구』
　　　20, 역사비평사, 2008.

櫻井義之, 「官立仁川日語學校について」, 『조선학보』 81, 천리대, 1976.

찾아보기

인천학연구총서 목록

번호	서명	발행 연도
1	인천학 현황과 과제 1	2003
2	인천학 현황과 과제 2	2003
3	인천인구사	2007
4	인천 섬 지역의 어업문화	2008
5	식민지기 인천의 기업 및 기업가	2009
6	인천노동운동사	2009
7	인천 토박이말 연구	2009
8	조선후기~대한제국기 인천지역 재정사 연구	2009
9	인천문학사연구	2009
10	인천 영종도의 고고학적 연구 -신석기시대~원삼국시대-	2011
11	江華 寺刹 文獻資料의 調査研究	2011
12	한국 어촌사회와 공유자원	2011
13	강화 토박이말 연구	2011
14	인천인구사 2	2011
15	인천시 자치구(군)간의 지역불균형 특성분석	2012
16	강화 고전문학사의 세계	2012
17	江華의 檀君傳承資料	2012
18	인천의 누정	2013
19	강화학파의 『노자』 주석에 관한 연구	2013
20	인천 영종도의 옛 유적입지와 환경 변화	2013
21	한국 서해 도서지역 사람들의 생산과 교역	2013
22	지역 경제학의 연구방법론	2013
23	인천 연안도서 토박이말 연구	2014
24	인천체육사 연구	2014
25	인천고전문학의 현재적 의미와 문화정체성	2014
26	霞谷의 大學 經說 研究	2014
27	식민지기 인천항의 통상구조에 관한 실증적 연구	2014

28	대학생의 라이프스타일, 주거만족도와 대미래주거선호도 분석	2014
29	개항장 인천과 재조일본인	2015
30	한국 현대시와 인천 심상지리(心象地理)	2015
31	해항도시 인천 문화의 종교성과 신화성	2015
32	인천 전통시장의 성장과 쇠퇴	2015
33	서해5도민의 삶과 문화	2015
34	조선신보, 제국과 식민의 교차로	2016
35	구술로 보는 인천 민간소극장사	2016
36	다중스케일 관점에서 본 인천의 공업단지	2017
37	식민지기 인천의 근대 제염업	2017
38	인천이 겪은 해방과 전쟁	2018
39	토층(土層)에 담긴 인천의 시간	2018
40	언론에 비친 인천 산업사 연구	2018
41	이주로 본 인천의 변화	2019
42	인천의 도시공간과 커먼즈, 도시에 대한 권리	2019
43	협동과 포용의 살림공동체	2019
44	인천 지역의 민족운동	2020
45	항만하역 고용형태의 변천	2020
46	인천의 전통신앙	2021
47	인천의 장소 특성성, 걷기의 모빌리티와 도시를 경험하는 예술	2021
48	골목상권의 힘, 지역화폐	2021
49	인천의 향토음식	2021
50	1867년 인천 영종도 주민들	2022
51	도시재생의 이해	2022
52	조선시대 경기 서해연안의 목장 연구	2023
53	인천 연안 도서지역 주민들의 삶과 공동체 -덕적면·자월면을 중심으로	2023
54	강화양명학과 개신교의 문화접변에 의한 초기 자본주의의 이해	2024
55	도시경관의 이론과 실제	2024
56	인천 지역경제의 다차원적 접근 -잠재적 성장동력 모색-	2025
57	대한제국기 인천 지역 계몽운동과 의열투쟁을 주도한 정재홍	2025

김형목

중앙대학교 사학과를 졸업하고 동 대학원에서 한국근대사 전공으로 문학석사·문학박사를 받았다. 한국민족운동사학회 회장과 편집위원장, 숭실사학회·동국사학회·한국여성사학회 편집이사, 한국교육사학회·백산학회 연구이사, 나혜석학회 총무·연구이사, 국가보훈처 독립유공자공적심사위원, 한국독립운동인명사전 편찬위원 등 역임했다. 현재 육군본부 군사연구소 편집위원, (사)선인역사문화원 연구소장, (사)국채보상운동기념사업회 이사, 백산학회 지역이사, 한국민족운동사학회 감사·윤리연구위원, 유관순학회 편집위원 등으로 활동 중이다.

주요 저서는『대한제국기 야학운동』,『교육운동』-한국독립운동의역사 35,『김광제, 나랏빛 청산이 독립국가 건설이다』,『여주독립운동사 개설』,『최용신, 소통으로 이상촌을 꿈꾸다』,『대한제국기 경기도의 근대교육운동』,『대한제국기 충청도 근대교육운동』,『충청도 국채보상운동』,『강원도·제주도·국외 국채보상운동』,『최용신 평전』,『상산 김도연 평전』등이 있다.

공저는『일제강점기 한국초등교육의 실태와 그 저항』,『부산지역 근대교육과 학교생활의 변화』,『100년 전 사진으로 만나는 한국 한국인』,『홍성의 근대교육 백년대계』,『나혜석, 한국근대사를 거닐다』,『나혜석, 한국문화사를 거닐다』,『도마 안중근』,『국채보상운동과 여성구국운동의 재조명』,『내포의 한말의병과 독립운동』-내포문화총서 12,『한국인의 평화사상-원효에서 안중근까지』Ⅰ,『충남의 여성의 삶과 자취-충남 여성문화사 총서』Ⅱ,『홍성의 독립운동사』1,『화성독립운동연구』,『공주 독립운동사』,『화성시사- 한말~일제강점기 지역사회 변화와 주민 생활』9,『충남독립운동사』Ⅰ-국권회복운동·1910년대 독립운동,『여성독립운동가 열전』-근대한국학총서 03,『새롭게 본 천안학의 이해』상·하,『인천항일독립운동사』상-인천광역시사 ⑫,『최용신 1909-1935』,『다시 조명해 본 천안학의 이해』,『유네스코 세계유산의 이해-국채보상운동기록물과 한국의 서원』,『서울의 국채보상운동』-서울역사중점연구 ⑮,『남양주의 3·1운동』-남양주연구총서 02,『국채보상운동에 참여한 다양한 계층연구』-국채보상운동연구총서 28,『충북독립운동사』2-애국계몽운동과 1910년대 독립운동,『대구항일독립운동사』-국채보상운동연구총서 30 등이다.

인천학연구총서 57

대한제국기 인천 지역 계몽운동과 의열투쟁을 주도한 정재홍

2025년 2월 20일 초판 1쇄

기 획 인천대학교 인천학연구원
지은이 김형목
펴낸이 김흥국
펴낸곳 보고사

등록 1990년 12월 13일 제6-0429호
주소 경기도 파주시 회동길 337-15
전화 031-955-9797(대표)
팩스 02-922-6990
메일 bogosabooks@naver.com
http://www.bogosabooks.co.kr

ISBN 979-11-6587-785-9 94300
     979-11-5516-336-8 (세트)
ⓒ 김형목, 2025

정가 22,000원
사전 동의 없는 무단 전재 및 복제를 금합니다.
잘못 만들어진 책은 바꾸어 드립니다.